Yamamoto | Hagakure

Jōchō Yamamoto

Hagakure

Die Maximen der Samurai

Zusammengestellt von Tsuramoto Tashiro
Aus dem Japanischen übersetzt und
herausgegeben von Max Seinsch

Mit 15 farbigen Holzschnitten
von Utagawa Kuniyoshi

Reclam

RECLAMS UNIVERSAL-BIBLIOTHEK Nr. 14692
2025 Philipp Reclam jun. Verlag GmbH,
Siemensstraße 32, 71254 Ditzingen
info@reclam.de
Umschlaggestaltung: Philipp Reclam jun. Verlag GmbH
Umschlagabbildung: unter Verwendung eines Holzschnittes
(*Sakai Ukon Masano*) von Utagawa Kuniyoshi (1798–1861)
Druck und Bindung: Esser printSolutions GmbH,
Untere Sonnenstraße 5, 84030 Ergolding
Printed in Germany 2025
RECLAM, UNIVERSAL-BIBLIOTHEK und
RECLAMS UNIVERSAL-BIBLIOTHEK sind eingetragene Marken
der Philipp Reclam jun. GmbH & Co. KG, Stuttgart
ISBN 978-3-15-014692-7
reclam.de

Hagakure

Diese Schrift, die insgesamt aus elf Bänden besteht, wird früher oder später unbedingt verbrannt werden müssen. Denn es handelt sich hierbei um Angelegenheiten wie Kritik an der Politik, Recht und Unrecht unter den Kriegern des Klans, Strömungen in der Welt und der Gesellschaft, oder auch um eigene Gedanken und ähnliche Dinge, die ich, Tashiro Tsuramoto, der Reihe nach so aufschrieb, wie ich sie von meinem ehrenwerten Lehrer Yamamoto Jōchō hörte, der diese Dinge und Angelegenheiten zur eigenen Erbauung in Erinnerung behalten hatte. Sollte jemand dies lesen, würde er ohne Zweifel erzürnen und einen Groll hegen. Darum wurde mir auch von meinem ehrenwerten Lehrer dringend ans Herz gelegt, diese Schrift auf jeden Fall zu verbrennen.

Am 5. Tag des 3. Monats des Jahres 7 der Ära Hōei hatte ich zum ersten Mal die Ehre.

Die Wildkirsche –
Wie viel Meilen weit entfernt
Von der vergänglichen Welt?

Kogan

Die weißen Wolken
Auf ihrer Suche
Nach Blumen.

Kisui

Lehrsätze Band 1

Plauderei in den Schatten des Abends

Als Gefolgsmann des Hauses Nabeshima muss man der Landeskunde, d. h. der Geschichte des Hauses Nabeshima, seinen Traditionen und Gebräuchen, großes Interesse entgegenbringen. Aber in letzter Zeit wird der Landeskunde immer weniger Beachtung geschenkt. Warum sollte man überhaupt Interesse daran haben? Man sollte dies tun, um von der ursprünglichen Entstehung des Klans Kenntnis zu erlangen und zu begreifen, wie durch die Mühen und die Gnade unserer hochverehrten Ahnen der ehrenwerte Klan über viele Jahre gedieh. Durch die große Barmherzigkeit und die Kühnheit von Fürst Tsunatada, durch die Wohltätigkeit und Frömmigkeit von Fürst Risō, sowie durch die Kraft von Fürst Takanobu und Fürst Nippō, die deren Nachfolge antraten, dauert das ehrenwerte Haus Nabeshima bereits über viele Jahre hinweg bis in die heutige Zeit als namhafter Klan ohne seinesgleichen unter dem Himmel an. Die Männer des Klans haben in letzter Zeit selbst diese Umstände schon längst vergessen und vergöttern die Seelen Verstorbener fremder Orte. Aber das ist etwas, was mir unbegreiflich erscheint. Weder Buddha Shakyamuni noch Konfuzius, weder Kusunoki noch Shingen dienten je unserem Haus Nabeshima, und sie passen überhaupt nicht zur Eigenart unseres ehrenwerten Klans.

Sei es zu Friedenszeiten oder während eines Krieges: Solange man die ehrwürdigen Ahnen hochachtet und anbetet, ihre Weisungen in sich aufnimmt und ihnen treu bleibt, reicht das vollkommen aus, unabhängig davon, ob man eine hohe oder niedrige Stellung hat. Was die verschiedenen Wege angeht, gehört es sich, dem Gründer des jeweiligen Hauses Respekt zu zollen, aber als Gefolgsmann des Hauses Nabeshima besteht keine Notwendigkeit, die Angelegenheiten fremder Orte zu studieren. Nur wenn man die Landeskunde des eigenen Hoheitsgebiets begriffen hat, mag es angehen, zum Vergnügen auch andere Dinge zu studieren. Kennt und versteht man die Tradition des Hauses Nabeshima wirklich gut, gibt es nichts, was in irgendeiner Weise unzugänglich wäre. Würde man nun von Männern anderer Häuser nach der Herkunft der Häuser Ryūzōji und Nabeshima gefragt werden, oder nach der Ursache für den Übergang des Herrschaftsgebiets der Ryūzōji auf die Nabeshima; oder sollte man gefragt werden: »Ich habe sagen hören, die Ryūzōji und die Nabeshima seien die kriegerischsten Klans Kyūshūs, aber was für militärische Verdienste und Leistungen haben sie denn aufzuweisen?«, wird man auf diese Fragen nicht einmal mit einem einzigen Wort antworten können, wenn man die eigene Landeskunde nicht kennt.

Nun, darüber hinaus ist es nur nötig, dass ein jeder seine Energie in die Erfüllung seiner Dienstpflicht steckt, alles andere ist völlig unwichtig. Viele Männer erliegen dem Irrtum, dass ihnen ihre Dienstposition nicht gefällt und sie neidisch auf einen anderen Posten sind, und dadurch verbuchen sie fürchterliche Misserfolge. Gute Beispiele für Redlichkeit der eigenen Arbeit gegenüber finden sich in den ehrenwerten Fürsten Nippō und Taisei'in. Auch die Gefolgsleute jener Zeit erfüllten ihre Pflicht erschöpfend. Die Fürsten machten Männer ausfindig, die ihnen zu Diensten sein konnten, während die Gefolgsleute alles versuchten, um ihrerseits von Nutzen zu sein. So befand sich der Wille von Hoch und Tief im Einklang, und der Klan floss von Lebenskraft über.

Die Mühen des ehrwürdigen Fürsten Nippō lassen sich in Worten gar nicht ausdrücken. In erbitterten Kämpfen behauptete er, blutverschmiert und schweißbefleckt, sich und sein Haus mit großem Kriegsglück, obwohl er unter den widrigsten Umständen schon oft den Entschluss gefasst haben soll, *seppuku* zu begehen. Auch Fürst Taisei'in konnte erst zum Landesfürsten aufsteigen, nachdem er nur knapp der Mühsal entgangen war, *seppuku* begehen zu müssen. Darüber hinaus bemühte er sich, abgesehen von seiner Arbeit im Krieg, außerordentlich um die Herrschaft über den Klan, den Schutz des Klan-Gebiets und die Politik des Landes und war dabei immer von einer derart tiefen Ehrfurcht vor seinen Ahnen ergriffen, dass er schrieb:

»Wer das Haus, das der ehrenwerte Fürst Nippō ins Leben rief, nicht würdigt, wird vom Himmel bestraft werden. Um jeden Preis muss man dafür sorgen, dass das Haus bis zu unseren Kindern und Kindeskindern in Frieden und Wohlstand gedeiht. In Friedenszeiten wird es in der Welt nach und nach immer prächtiger und die Menschen leben immer extravaganter, während sie die Umstände zu Kriegszeiten völlig vergessen. Dadurch steigen die Ausgaben, und Hoch und Niedrig stürzen in Armut und fallen im In- und Ausland in Schmach und Schande, bis schließlich der Klan zugrunde geht. Die alten Veteranen des Klans sterben langsam aus, während die jungen Männer nur noch die Moden und Strömungen ihrer eigenen Zeit im Auge haben. Wenn man wenigstens die

alten Sitten und Gebräuche in einem Buch zusammen-
fasste, damit sie auch späteren Generationen überliefert
würden; und wenn man den jungen Männern bei der
Übergabe des Hauses dieses Buch überreichte, würden
sie es hoffentlich durchsehen und sich die alten Zeiten in
Erinnerung rufen.«

So beliebte er sich auszudrücken, umgab sich in seinen letzten Lebensjahren mit Büchern und brachte seine Gedanken
so zu Papier.

Die geheimen Überlieferungen des Hauses sind mir unbekannt, aber nach einer Erzählung alter Veteranen geruhte
unser ehrenwerter Fürst hochselbst zur Zeit der Titelüber-
gabe an seinen Nachfolger eine Militärstrategie des sicheren
Triumphs namens *Kachikuchi* in mündlicher Form zu
übermitteln. Weiterhin befinden sich solche Werke wie das
Shichōkaku chishō und *Senkō san'iki* unter den Büchern seines Besitzes, die er auch so gnädig war, bei der Übergabe
des Klan-Vorstands seinem Nachfolger zu überreichen.

Darüber hinaus hielt er die Strafregeln innerhalb des
Klans, die vielen verschiedenen Organisationsstrukturen
innerhalb der Domäne, die Dienstpflichten gegenüber dem
bakufu sowie die politischen Angelegenheiten des Klans
vollständig im *Tori-no-ko Gochō* fest und führte detailliert
die Statuten für die einzelnen Ämter in Denkschriften aus.
Diesen Mühen ist es zu verdanken, dass der Klan über viele
Jahre hinweg gedieh, was im höchsten Maße zu beglück-
wünschen ist.

Wenn es mir auch nicht zusteht, das zu sagen, so möchte
ich unserem gegenwärtigen Fürsten doch sehr ans Herz legen, über die Mühseligkeiten seiner ehrenwerten Vorfah-

ren Nippō und Taisei'in nachzudenken und zumindest die ihm anvertrauten Bücher sorgfältig zu studieren und sie fest in seinem Herzen zu bewahren. Weil ihn die Gefolgsleute des Klans seit seiner Geburt als »junger Fürst, junger Fürst« verhätschelten, musste er sich nie Mühe geben, kennt sich mit der Landeskunde nicht aus, ist ausgesprochen eigensinnig und macht nur das, was er will. Darunter beliebt seine Arbeit als Landesfürst zu leiden, und weil es in den letzten Jahren auch viele neuzeitliche Exzentrizitäten gibt, hat auch die Klan-Politik angefangen, an Kraft zu verlieren.

Zu solchen Zeiten treten pfiffige Leutchen in Erscheinung, die von dem tiefgründigen Sinn der Welt keine Ahnung haben, aber trotzdem mit ihrem seichten Wissen angeben, Männer, die sich immer neue Sachen ausdenken und dadurch beim Fürsten Anklang finden, die sich wichtig machen und tun und lassen, was sie wollen, und dadurch alles ins Chaos stürzen. Um ein paar Beispiele anzuführen: Die Zwietracht unter den drei Zweigfamilien, die das Fürstenhaus unterstützen; die Einführung des neuen Rangs *chakuza* in der Klan-Hierarchie; die Indienststellung von »Ausländern«, d. h. Männern aus anderen Domänen; die Ernennung des Rangs der *teakiyari* zu *monogashira*, also zu Truppführern von Fußsoldaten, und die daraus folgende Störung und Unordnung der Hierarchie sowie der militärischen Struktur; der Umzug in ein neues fürstliches Anwesen; die Einsetzung eines *karō*, eines Klan-Ältesten, aus den Rängen der *shinrui dōkaku*; der Abbruch des konfuzianischen Tempels *Kōyōken*; die Revision der Klan-Statuten; die Rangeinteilung der buddhistischen Tempel; die Errichtung der westlichen Fürstenvilla und ihr späterer Abbruch;

die Umstrukturierung der *ashigaru*-Truppen; die Veräuße-
rung des fürstlichen Hausrats; usw., usw. Dabei handelt es
sich bei allem um Fehler, die man zur Übergabe des Fürs-
tentitels beging, nur weil man etwas Neumodisches verfolgte. Nur deshalb, weil die Verfahren und Prozeduren der
fürstlichen Vorfahren solide und zuverlässig sind, kommt
die Basis der Domäne kein bisschen in Aufruhr, so dass es,
auch dann, wenn die Politik ein wenig fehlgeleitet ist, im
Klan zu keinen Störungen und alles zuverlässig zur Ruhe
kommt, solange Hoch und Niedrig nur den Weisungen der
ehrenwerten Fürsten Nippō und Taisei'in folgen.

Davon einmal abgesehen: Die Tatsache, dass es unter
den Generationen unserer ehrenwerten Fürsten keinen
Herrn gab, von dem gesagt wird, dass er gewalttätig oder
töricht war, und dass es auch nicht einen gab, der selbst im
Vergleich zu allen Fürsten Japans weiter als an zweiter oder
dritter Stelle hintanstehen würde, zeigt, dass es sich um ein
wirklich vortreffliches Haus handelt. Und das ist ohne
Zweifel der tiefen Frömmigkeit der ehrenwerten fürstlichen Vorfahren zu verdanken. Auch kommt es nicht vor,
dass Bewohner dieses Landes in andere Herrschaftsgebiete
vertrieben werden, und es kommt nur selten vor, dass Leute aus anderen Domänen in Dienst gestellt werden. Und
sowohl den Kriegern, denen der Befehl gegeben wurde, ihren Dienst zu quittieren und *rōnin* zu werden, als sogar
auch den Kindern und Kindeskindern der Krieger, denen
befohlen wurde, *seppuku* zu begehen, ist es gnädigerweise
gestattet, in unserer Domäne wohnen zu bleiben. Und gerade eben dieses glückliche Schicksal, das uns so unverhofft
in einem solch gnädigen Haus von derart tiefem Treue-
bündnis hat zur Welt kommen lassen, und das Ausmaß,

wie tief wir alle, von den Gefolgsleuten bis zu den Bauern und Bürgern, über viele Generationen hinweg für all die fürstlichen Segnungen und Wohltaten in dessen Schuld stehen, lässt sich nur schwer in Worte fassen.

Über diese Umstände gut nachzudenken und seinen Entschluss zu festigen, diese Gnade unbedingt zu vergelten; und, wenn man in unmittelbarem Dienst zum Fürsten steht, sich natürlich vollkommen uneigennützig seinem Dienst zu widmen; oder, wenn man den Befehl erhalten hat, *rōnin* zu werden bzw. *seppuku* zu begehen, das auch als einen Dienst am Fürsten zu betrachten; wenn man versteckt irgendwo tief in den Bergen wohnt, oder selbst, nachdem man schon gestorben ist, fortwährend den Wunsch nach dem Frieden des Hauses im Herzen zu bewahren: gerade das ist das ursprüngliche Anliegen eines Nabeshima-Samurai und das Mark seiner Knochen.

Mir, Jōchō, als buddhistischem Mönch mag es nicht anstehen, das zu sagen, aber ich hatte nie das Verlangen, als Buddha in den ewigen Frieden einzugehen, sondern habe mir in die Tiefen meines Herzens die Entschlossenheit eingraviert, bis zu sieben Mal als Nabeshima-Samurai wiedergeboren zu werden und dem Land Frieden zu bringen.

Man braucht weder Genie noch Talent. Um es in einem Wort auszudrücken, reicht die feste Entschlossenheit völlig aus, das Haus ganz allein auf dem Rücken tragen zu wollen. Wer sollte einem schon überlegen und wem sollte man unterlegen sein, solange es sich nur um einen Menschen handelt?

Im Grunde genommen kann man die persönliche Schulung zu einem ausgereiften Menschen auch nicht ohne große Anmaßung und Arroganz durchführen. Solange man nicht lauthals mit der Absicht antritt, den Klan ganz allein in Bewegung zu bringen, wird man es auch nicht zuwege bringen. Das ist dann allerdings wie ein Wasserkessel, der schnell heiß wird, aber sich genauso schnell wieder abkühlt. Aber da gibt es eine Methode, nicht abzukühlen, nämlich ein Gelübde nach eigenem Stil.

1. Was Bushidō, den Weg des Kriegers, angeht, niemandem nachzustehen.
2. Dem Lehnsfürsten zu Diensten zu stehen.
3. Den Eltern gehorsam zu sein.
4. Ein Herz von großer Barmherzigkeit und Anteilnahme zu fassen und zum Wohle der Menschen zu wirken.

Wenn man diese vier Gelübde jeden Morgen vor den Göttern und Buddhas intoniert, verdoppelt sich die eigene Kraft und Entschlossenheit und geht nicht mehr zurück. Mit der Geschwindigkeit einer Spannerraupe wird das schrittweise, langsam aber sicher ins Herz eindringen. Auch den Göttern und den Buddhas gegenüber bedarf es erst einmal eines solchen Gelöbnisses.

1-1. Dass jemand, der ein Krieger ist, es sich um den *budō*, den militärischen Weg, angelegen sein lässt, ist selbstverständlich und ganz und gar keine Seltenheit. Aber es scheint, dass viele dieser Männer nachlässig sind, oder nicht wirklich zu begreifen scheinen, worum es eigentlich geht. Der Grund, warum ich das sage, besteht darin, dass es nur wenige Leute gibt, die sofort antworten können, wenn man sie fragt: »Was, glauben Sie, ist die Grundlage des *budō*?« Das liegt daran, dass sie es nicht alltäglich klar und fest in ihrem Herzen verankert haben. Und gerade das ist der Beweis dafür, dass sie sich nicht wirklich um den militärischen Weg bemühen, was eine Nachlässigkeit ohnegleichen bedeutet.

1-2. Mir ist klar geworden, dass der *bushidō*, der Weg des Kriegers, seine Erfüllung im Sterben findet. Wenn es um eine Entscheidung auf Leben und Tod geht, braucht man nur den Tod zu wählen, braucht man nur zu sterben. Man braucht nicht darüber nachzudenken. Fasse einen Entschluss und stoße vor! Der Einwand, zu sterben, ohne sein Ziel zu erreichen, sei ein wertloser Tod wie der eines Hundes, ist ein verweichlichter und frivoler *bushidō*, wie er in Ōsaka vorherrscht. Kann man in einer verzweifelten Lage, in der es um Leben und Tod geht, beurteilen, ob man erfolgreich sein kann oder nicht?

Uns Menschen liegt unser Leben am Herzen. Darum argumentieren wir für das, was uns lieb ist. Überlebt man allerdings nur, ohne sein Ziel erreicht zu haben, ist man eine Memme. Diese Trennungslinie ist riskant. Zu sterben, ohne sein Ziel erreicht zu haben, ist ein wertloser Tod und völliger Wahnsinn. Aber ein solcher Tod bringt keine Schande. Das ist die Lebensweise eines Mannes, der nach dem Weg des Kriegers lebt.

Wenn man jeden Morgen und jeden Abend ruhig und entspannt an den Tod denkt, über ihn nachsinnt und sich so stets in einem Zustand befindet, in dem man praktisch schon ein Leichnam ist, verinnerlicht man die Entschlossenheit des *bushidō* und wird ein Leben lang seine Pflicht als Krieger erfüllen können, ohne einen Fehler zu begehen.

1-3. Für einen Krieger reicht es vollkommen aus, von ganzem Herzen seinen Lehnsherrn in Ehren zu halten. Ein solcher Mann ist ein Vasall von höchster Güte. Man denke nur darüber nach, welch tiefen Dank man den Generationen seiner Vorfahren dafür schuldet, dass man in den über Generationen hinweg ruhmreichen Nabeshima-Klan geboren wurde. Man braucht nur sein Leben einzusetzen und von ganzem Herzen an seinen Lehnsherrn zu denken. Wenn man darüber hinaus noch über Weisheit und Talent verfügt und diese angemessen zu Nutzen bringt, ist das auch gut. Aber selbst ein tolpatschiger und nutzloser Mann ist ein verlässlicher Gefolgsmann, solange er nur von ganzem Herzen seinen Lehnsherrn in Ehren hält. Solchen Männern können die, die nur mit ihrer Weisheit und ihren Talenten dienen, nicht das Wasser reichen.

1-4. Es gibt Männer mit dem angeborenen Talent, augenblicklich mit einem guten Ratschlag aufwarten zu können. Und es gibt Männer, denen erst im Nachhinein ein guter Ratschlag einfällt, nachdem sie sich den Kopf zerbrochen haben, als hätten sie ein Kissen ausgewrungen. Wenn man über das Wesen dieses Sachverhalts nachdenkt, so mag es zwar angeborene Überlegenheit und Minderwertigkeit geben, aber um das zu überwinden, braucht man nur auf der Basis der vier Gelübde seine Eigensucht abzuwerfen und kommt beim Nachdenken auf hervorragende Gedanken und Ideen. Viele Menschen glauben, dass, wenn man nur tief genug nachdenke, man auf ausgezeichnete Pläne komme, aber eigennützige Pläne bedeuten nichts anderes als Verschlagenheit. Für den gewöhnlichen Alltagsmenschen ist es schwierig, seinen Eigennutz abzuwerfen. Aber solange man nur den Willen dazu aufbringt, erst einmal die vier Gelübde im Herzen wiederholt, und sich dann etwas einfallen lässt, um seine Eigennützigkeit abzuwerfen, dann wird man keine allzu großen Fehler machen.

1-5. Wer alle Dinge allein mit dem eigenen Verstand zu ermessen versucht, versteigt sich leicht in Eigennutz, weicht vom rechten Weg ab und schlägt fehl. Auch in den Augen anderer Menschen haben solche Urteile, die nur auf dem Ermessen einer einzelnen Person beruhen, keine Überzeugungskraft, erscheinen selbstsüchtig und haben keine Aussicht, Wirksamkeit zu entfalten. Zu Zeiten, in denen einem kein rechtes Urteil in den Sinn kommt, sollte man sich mit jemandem beraten, der über Weisheit und Einsicht verfügt. Weil es sich nicht um seine eigene Sache handelt, wird er ein unparteiisches Urteil fällen, denn er wird von einem objektiven Standpunkt aus denken. Folgt man diesem Urteil, erscheint das auch in den Augen anderer als zweifelsfrei wahr.

Ein Urteil aufgrund der Einbeziehung vieler Ratschläge ist zum Beispiel wie ein großer Baum, der viele Wurzeln geschlagen hat. Eine Entscheidung aufgrund der Findigkeit eines Einzelnen ist wie ein Holzstock, den man gerade erst in den Boden gesteckt hat.

1-6. Die »Goldenen Worte« der Altvorderen und die Geschichten ihrer Leistungen hört man sich auch an, um nicht in Eigennutz zu verfallen. Solange man seine eigene Engstirnigkeit abwirft und die vortrefflichen Weisheiten der Altvorderen berücksichtigt, wird man in seinem Benehmen und Verhalten keine Fehler begehen, vorausgesetzt, dass man sich nur mit anderen unterredet. Dass Fürst Katsushige auf die Weisheit seines ehrenwerten Vaters Fürst Naoshige zurückgriff, steht auch in der Schrift *Ohanashi kikigaki*. Was für ein vortreffliches Ermessen!

Derselbige machte auch seine jüngeren Brüder zu Gefolgsleuten und nahm sie immer zum Dienst nach Edo oder Ōsaka und Kyōto mit. Und weil er sich sowohl über private als auch über dienstliche Dinge mit seinen Brüdern beriet, bevor er eine Sache entschied, beging er auch keine Fehler, so wird gesagt.

1-7. Sagara Kyūma war ein Krieger, der sein Herz und seine Seele mit seinem Lehnsherrn verknüpfte, als sei er eines Herzens und eines Leibes mit ihm, und der ihm diente, als sei er bereits eines toten Leibes. Man muss ihn einen Krieger nennen, der es mit tausend Gegnern aufnehmen konnte. In einem Jahr allerdings fand im Mizugae-Anwesen von Herrn Sakyō eine große Beratung statt, in der Kyūmas *seppuku* beschlossen wurde. Zu jener Zeit gab es bei der Vorstadtvilla von Herrn Taku Nui in Ōsaki ein dreistöckiges Teehaus. Kyūma hatte das Teehaus gemietet, die Nichtsnutze von Saga dort versammelt, Puppenspieler gerufen und sogar selbst eine Puppe gespielt. So hatte er mehrere Tage und Nächte Trinkgelage veranstaltet und die Zeit in einer wüsten Orgie zugebracht. Weil man von dem Teehaus auf die Villa von Herrn Sakyō herunterblicken kann, stellt das eine famose Unehrerbietigkeit dar. Kyūma hatte das allerdings mit Absicht so gemacht. Um von dem Unrecht seines Lehnsherrn abzulenken, der einem verdienten Gefolgsmann befohlen hatte, *seppuku* zu begehen, beging er selbst ein Vergehen mit der vollen Bereitschaft, dafür seinen eigenen Bauch aufzuschneiden. Ist das nicht ein bewundernswerter Krieger?

1-8. Nach einer Erzählung von Ittei: »Sagara Kyūma war ein Mann, der auf Geheiß des ehrenwerten Fürsten Taisei'in Fürst Mitsushige diente. Er war ein Mann von solch außergewöhnlicher Begabung, dass ihm sogar jedes Jahr zum Jahresende das Aufsetzen der fürstlichen Neujahrsbittschriften an die Götter überlassen wurde. So wird die Bittschrift des Jahres vor seinem Tod jetzt bestimmt in der fürstlichen Schatzkammer bewahrt.

Selbst an diesem Kyūma verbleibt letzten Endes eine gewisse Unzufriedenheit. Er hätte vor seinem Tode eigentlich sagen sollen: ›Während ich große Gunsterweisungen erhielt, die ich überhaupt nicht verdiente, gelang es mir nicht, diese Gnade wiedergutzumachen. Weil mein Sohn Sukejirō noch zu jung ist und seine Anlagen und Talente noch nicht abzusehen sind, gebe ich mein Lehen ehrerbietig zurück. Sollte ein Nachfolger eingesetzt werden, der den Familiennamen weiterführt, bitte ich darum, Sukejirō ein Lehen entsprechend seinen Talenten und Befähigungen zu verleihen.‹ Aber Kyūma ließ nichts dergleichen verlauten. Es besteht kein Grund dazu, zu glauben, dass ein Mann von Kyūmas Format sich nicht dessen bewusst war, sich derart ausdrücken zu müssen. Man könnte fast annehmen, er habe das unter einem kränklichen Leiden vergessen.

Bedauernswerterweise wird das Haus Sagara in den nächsten drei Jahren wahrscheinlich zugrunde gehen. Für Sukejirō bedeutete die Gnade, den Namen und damit das Amt seines Vaters weiterführen zu dürfen, eine zu große Last.

Oder auch der gewisse Herr Soundso ist zwar sehr aufmerksam, aber er ist ein Gefolgsmann, dem man nicht einen Hauch davon ansehen kann, dass er charakterlich wächst. In den nächsten vier, fünf Jahren wird auch diese Person wohl ihr Schicksal finden.«

So sprach der ehrenwerte Lehrer Ittei, und alles traf genau so ein. Er war wirklich eine mysteriöse Person, die in die Zukunft sehen konnte. Seitdem versuche auch ich, auf die Geschehnisse in der Domäne achtzugeben, und kann ungefähr einschätzen, wie viele Jahre lang sich ein Gefolgsmann, der zwar Talent, aber nicht die richtige Entschlossenheit besitzt, noch halten kann.

Was den nun lehenslosen Sukejirō angeht: Eines Tages hing am Tor des Großinspektors Yamamoto Gorōzaemon eine Notiz, dass Kyūma Sukejirō Unrecht an Bauern begangen hätte. Als man dementsprechend Nachforschungen unternahm, stellte sich tatsächlich heraus, dass es Unregelmäßigkeiten gegeben hatte. Daraufhin wurden mehrere Gefolgsleute für ihre Vergehen bestraft, und Kyūma Sukejirō wurde befohlen, sein Lehen abzugeben.

1-9. Solange es Gefolgsleute gibt, die unserem Lehnsherrn Folge leisten, ihm die Entscheidung über Gut und Böse überlassen und ihm mit ihrem Leben dienen, braucht man sich über die Zukunft unseres Klans keine Sorgen zu machen. Wenn es zwei oder drei solcher Gefolgsleute gibt, fließt der Klan von Lebenskraft über.

Beobachtet man eine geraume Weile die Welt, erkennt man, dass, solange sich Seine Hoheit der Fürst bei guter Gesundheit befindet, es viele selbstgefällige Männer gibt, die mit ihrer Gescheitheit, ihrer Vernunft oder ihrer Kunstfertigkeit ausgelassen in der Gegend herumhüpfen, angeblich, um unserem Fürsten von Diensten zu sein. Sobald aber Seine Hoheit in den Ruhestand oder gar von uns geht, gibt es viele Männer, die ihm in genau dem Augenblick den Rücken zukehren und versuchen, sich in die Gunst der neuen Machthaber einzuschmeicheln. Ich beobachtete schon einige solcher Personen. Mich daran zu erinnern erregt Ekel in mir.

Männer von großem Wuchs oder von kleinem Wuchs, gescheite oder kunstfertige Männer, sie alle machen ein Gesicht, als ob gerade sie Seiner Hoheit von Diensten sein könnten, aber wenn es dazu kommt, für den Fürsten sein Leben geben zu müssen, kriegen sie es alle mit der Angst zu tun. Ihnen fehlt jedwede Frische und Erquicklichkeit.

Daneben kommt es vor, dass ein Mann, der normalerweise aussieht, als sei er von keinerlei Nutzen, sich in einem kritischen Augenblick als ein heldenhafter Krieger entpuppt, der es allein mit tausend Gegnern aufzunehmen vermag. Das liegt daran, dass er bereits im Voraus bereit war, seinem Fürsten mit seinem Leben zu dienen, und sich in einem Geisteszustand befand, in dem er eines Herzens und eines Leibes mit seinem Herrn war.

Ein derartiges Beispiel gab es beim ehrwürdigen Ableben des Fürsten Mitsushige. Die profilierten Persönlichkeiten, die tagtäglich prächtig das Maul aufgerissen und sich in die Brust werfend das große Wort geführt hatten, kehrten Seiner Hoheit gleichzeitig mit seinem Ableben den Rü-

cken. Es mag zwar Männer geben, die glauben, ein Lehens-
abkommen oder die Pflichttreue wichtig zu nehmen sei ein
Vorsatz aus ferner Vergangenheit, aber in Wirklichkeit ist
das sehr naheliegend und einfach. Sollte man jetzt in diesem Augenblick den Entschluss fassen, für Seine Hoheit zu
sterben, wird dadurch ein Gefolgsmann geboren, auf den
man sich erfreulicherweise verlassen kann.

1-10. Was den fürstlichen Hausrat und die fürstlichen
Utensilien angeht, die Seine Hoheit zu benutzen beliebte,
ist man unwürdig, sie im eigenen Haus zu benutzen, selbst
wenn es sich um Dinge handelt, die vom fürstlichen Haus-
halt veräußert wurden.

1-11. Yamazaki Kurando nahm solche veräußerten Utensilien des fürstlichen Haushalts sein Leben lang nicht in die
Hand. Auch betrat er nie das Haus eines normalen Bürgers.
Das ist die wahre Herzenshaltung eines Lehnsmannes, und
man wünscht sich, genauso zu sein.

Auch Ishii Kurō'emon verwendete solche fürstlichen
Utensilien nicht. Die Krieger jüngster Zeit verlangt es
derart nach solchen veräußerten Waren des fürstlichen
Haushalts, dass jeder der Erste sein will, sie zu kaufen. Dafür dringen sie aggressiv und ungebeten in bürgerliche
Häuser ein, lassen sich bewirten und es sich ein Vergnügen
sein, zu ihrem Kauf in Geschäftshäuser zu gehen. Ich halte
das für einen ganz und gar unsittlichen Lebenswandel und
glaube, dass das der Bestimmung eines Samurai widerspricht.

1-12. Vor dem Ableben unseres Fürsten Mitsushige befand ich mich auf Dienst in Kyōto, als mich unversehens
der nachdrückliche Gedanke überkam, sofort nach Saga
zurückkehren zu wollen. Daraufhin wandte ich mich an

Herrn Kawamura und erhielt so den Auftrag, als Kurier Fürst Mitsushige die Reste des *Kokin denju* zu überbringen. Ich eilte Tag und Nacht ohne Pause nach Saga und erreichte unseren Fürsten mit Müh und Not noch rechtzeitig vor seiner Todesstunde.

Dies passierte seltsamerweise zu einer Zeit, als man in Kyōto noch nichts von der Verschlechterung des Krankheitszustandes unseres Fürsten Mitsushige wusste. Von jungen Jahren an war ich fest davon überzeugt, eben ein wahrer Lehnsmann unseres Fürsten zu sein. Darum glaube ich, dass es sich um eine Eingebung der Götter und Buddhas gehandelt haben muss, von denen meine innigste Überzeugung erhört worden war. Weder habe ich ins Auge stechende Dienste erwiesen noch verfüge ich über irgendwelche Tugenden, aber schon vor langer Zeit habe ich den Entschluss gefasst, bei einem schwerwiegenden Ereignis auch ganz allein Seiner Hoheit das Geleit in den Tod zu geben und den Namen und die Ehre unseres Fürsten keinesfalls zu beschmutzen. Ist es nicht unendlich trostlos, wenn zum Ableben eines Fürsten niemand ihm das Geleit gibt?

Zu dem Zeitpunkt durchschaute ich die Herzen der Menschen. Es gibt niemanden, der für seinen Lehnsfürsten seinen eigenen Leib abwirft. Wenn man bloß sein Leben aufgeben würde, wäre es damit schon genug. Es gibt zu viele Männer, die weder Willenskraft noch Stolz besitzen, feige und habgierig sind und nur an sich selbst denken. Bis heute empfinde ich das als empörend, und mein Unbehagen darüber will nicht verlöschen.

1-13. Ungefähre Richtlinien, wie man etwas aussondern soll, wenn der Befehl erteilt wurde, Dinge zurückzugeben bzw. sie zu verbrennen oder wegzuwerfen:

(Mündliche Mitteilung)

Betreffs der Dinge, die aufgrund der Veränderung des politischen Milieus nicht mehr zur Arbeit des betreffenden Beamten gehören.

Betreffs der Dinge, bei denen es nichts ausmacht, ob sie vorhanden sind oder nicht.

Betreffs der Dinge, welche man mit einem Schloss versehen, versiegeln, sich von einem Beamten des Ranges *toshiyori* abstempeln lassen und so übergeben sollte.

Betreffs der Dinge, durch die man einem Verdacht ausgesetzt werden könnte.

Betreffs der Dinge, bei denen man von zwei Vorgesetzten zurückgehalten wurde.

Betreffs der Dinge, nach denen man sich Stück für Stück bei einer einzelnen Person erkundigte und das Einverständnis erhielt.

Betreffs der Dinge, die man mit dem Inventar verglich und aussortierte.

1-14. Jemanden zu ermahnen und ihn seine Schwächen korrigieren zu lassen ist äußerst wichtig. Es ist ein Ausdruck von großer Barmherzigkeit und Gnade und das erste Grundprinzip des Lehnsdienstes. Allerdings ist die Art und Weise, wie man jemanden ermahnen sollte, zum Verzweifeln schwierig. Die Tugenden und Laster anderer Männer herauszufinden ist einfach. Sie zu kritisieren ist auch einfach. Die meisten Männer glauben, dass es ein Zeichen von Freundlichkeit sei, jemandem etwas, was man nicht leiden kann, oder etwas Unangenehmes zu sagen, und behaupten, derjenige sei unverbesserlich, wenn er das Gesagte nicht akzeptiere. Aber das ist von keinem Vorteil und macht denjenigen nur lächerlich und bringt ihm Schande. Das ist das

Gleiche, als wenn man ihn beschimpfen oder verleumden würde, und bedeutet nichts anderes, als seinen eigenen Unmut an anderen auszulassen.

Um jemand anderen zu ermahnen, muss man erst einschätzen, ob derjenige die Ermahnung wohl akzeptieren wird oder nicht. Zuerst muss man sich mit ihm vertraut machen und Verhältnisse herstellen, in denen den eigenen Worten Vertrauen entgegengebracht wird. Mit Gesprächen über Privatinteressen zieht man dessen Herz an sich. Man gibt sich Mühe, die richtigen Worte zu finden, und wählt den rechten Zeitpunkt aus. Und dann, manchmal mit einem Brief, manchmal in einem Gespräch, zum Beispiel wenn man sich eine Weile trennen muss, lässt man ihn die eigenen Schwächen oder eigene Misserfolge hören. Solches auf diese Weise zu tun, ohne ihn direkt zu ermahnen, und ihn wie beiläufig von selbst auf den Gedanken kommen zu lassen ist am besten. Ferner, die Stärken des Gegenübers zu loben, sich zu überlegen, wie man seine Stimmung bessern könnte, und ihn die Ratschläge so annehmen und ihn seine Schwächen so korrigieren zu lassen, als ob er Wasser trinken würde, wenn er durstig ist: Das bedeutet es, jemanden wahrlich zu ermahnen.

Jemanden so zu ermahnen ist äußerst schwierig und kein leichtes Unterfangen. Weil Schwächen und Mängel in langen Jahren bis in die Knochen gedrungen sind, lassen sie sich nicht so einfach korrigieren. Ich selbst habe da auch kein reines Gewissen. Aber es gehört nicht nur zu den Verpflichtungen eines Gefolgsmannes, seinem Lehnsherrn zu dienen, indem man mit seinen Kameraden und Kollegen vertraut werde, sich gegenseitig Schwächen korrigiere und so eines Herzens werde, sondern es handelt sich dabei auch um große Barmherzigkeit und Gnade. Wie kann man die Schwächen von jemandem korrigieren, indem man ihn nur böswillig beschämt?

1-15. Meinung einer gewissen Person gegenüber: (mündliche Mitteilung)

Betreffs der Angelegenheit, dass ein *rōnin*, ein Krieger ohne Lehen und Amtsposten, einen Groll darüber hege, dass er seines Lehens enthoben wurde. Weil ein gewisser Mann inständig seine Vergehen und Mängel bereute, nachdem er sein Lehen verloren hatte, lehnte er es beim ersten Mal ab, als man ihm nach fünf, sechs Jahren erlaubte, in den Lehnsdienst zurückzukehren. Beim zweiten Mal nahm er an und leistete den Lehnsschwur. Hätte er nun beim ersten Mal, als er ablehnte, gesagt, er kehre nie wieder in den Dienst zurück, oder wäre er Mönch geworden und hätte so abgelehnt, hätte man das wirklich vortrefflich nennen können. Gleichermaßen darf man nicht erlauben, dass ein herrenloser Krieger in den Dienst zurückkehrt, solange er nicht so wie hier seine Mängel eingesehen hat.

Wer immer weiter seinen Ärger in sich hineinfrisst, weil er meint, dass Seine Hoheit hassenswert sei oder kein Mitleid habe, den wird erst recht die Strafe des Himmels treffen. Ein gewisser Herr soll, als er zum *rōnin* gemacht wurde, gesagt haben, dass ihn die gerechte Strafe ereilt habe. Einen solchen Mann wird man nicht aus den Augen verlieren. Daran zurückzudenken, dass die Schuld bei niemand anderem liegt als bei einem selbst, und sein Leben in Demut zu verbringen ist wirklich das Beste. Wenn man so handelt, wird auch die Rückkehr in den Dienst nicht lange auf sich warten lassen.

1-16. Als ich Sawabe Hirazaemon bei seinem *seppuku*

sekundiert hatte, schickte mir Nakano Kazuma aus Edo einen etwas hochtrabenden Brief, in dem er mich pries, ich hätte die Ehre des Klans hochgehalten. Zu jener Zeit hatte ich das Gefühl, dass das etwas übertrieben sei, bloß weil ich bei einem *seppuku* sekundiert hatte. Später allerdings, nachdem ich gut darüber nachgedacht hatte, verstand ich, dass es sich bei dem Brief um die routinierte Tat eines Veteranen handelte. Zweifellos tat er das, um einen jungen Mann, nachdem er eine Aufgabe, selbst nur eine Kleinigkeit, wie ein echter Krieger ausgeführt hatte, zu loben, seine Stimmung aufzumuntern und ihn dazu anzuhalten, mutig und stolz so weiterzumachen. Von Nakano Shōgen erreichte mich auch sofort ein lobendes Schreiben. Beide Briefe habe ich immer noch in Verwahrung. Von Yamamoto Gorōzaemon bekam ich zur Belohnung einen Sattel und eine Rüstung überreicht.

1-17. In Gesellschaft zu gähnen bedeutet das Höchste an schlechten Manieren. Droht, ohne dass man das will, ein Gähnen auszubrechen, kann man es unterdrücken, indem man sich mit der Hand über die Stirn fährt. Oder man leckt sich, ohne den Mund zu öffnen, mit der Zunge über die Lippen, man versteckt das Gähnen hinter dem Aufschlag seines Kimono oder legt sich die Hand auf den Mund. Die Hauptsache ist, man lässt sich nichts anmerken. Mit dem Niesen ist es genauso. Was für ein dummes Gesicht man beim Niesen macht! Auch betreffs anderer Dinge sollte man es sich angelegen sein lassen, Anstand und gutes Benehmen an den Tag zu legen.

1-18. Alle Angelegenheiten des nächsten Tages sollte man immer am Abend vorher durchdenken und sich Notizen machen. Das macht man mit der Absicht, schneller als andere agieren und reagieren zu können. Hat man im Voraus eine Verabredung und muss irgendwohin ausgehen, sollte man nicht nur bereits am Vorabend alles über die andere Partei herausgefunden, sondern auch von den passenden Grußworten bis zu den Umständen des Treffens über alles nachgedacht haben.

Das Folgende sind die Worte meines ehrenwerten Lehrers Jōchō, als ich ihn einmal zum Haus eines gewissen Herrn begleitet habe: »Wenn man als Gast irgendwohin geht, sollte man gut über den Gastgeber nachdenken. Das ist der Weg der Eintracht und des guten Benehmens. Wurde man überdies von einer höhergestellten Persönlichkeit eingeladen, darf man auf keinen Fall gehen, ohne die rechte Lust an den Tag zu legen. Sonst wird das Treffen nicht entspannt verlaufen, wenn man sich begegnet. Darum ist es besser, sich selbst mit Nachdruck einzureden, was für eine dankbare Gelegenheit das sei und dass es bestimmt auch nützliche oder interessante Geschichten zu hören geben werde. Aber im Großen und Ganzen ist es besser, nicht ohne Einladung irgendwohin zu gehen, außer dann, wenn es sich um eine wichtige Angelegenheit handelt. Wurde man eingeladen, ist man ein schlechter Gast, wenn man nicht den Eindruck vermitteln kann, ein sehr angenehmer Gast zu sein. In jedem Fall ist es wichtig, im Voraus darüber nachzudenken, wie man die Zusammenkunft gestalten möchte. Das trifft besonders bei Banketten zu, wenn Alkohol im Spiel ist.

Zum Beispiel ist es schwierig, den richtigen Augenblick abzupassen, aufzustehen und sich zu verabschieden. Man sollte sich bemühen, nicht zu früh zu gehen, noch bevor man die Lust verloren hat. Auch sollte man sich gut überlegen, zu bescheiden zu sein und angebotenes Essen abzulehnen. Das gilt auch für das tägliche Leben. Wird einem immer noch etwas angeboten, auch nachdem man ein-, zweimal abgelehnt hat, mag es in Ordnung gehen, die Einladung zum Essen anzunehmen. Die gleiche Einstellung gilt auch, wenn man beim allzu plötzlichen Abschiednehmen zurückgehalten wird.«

1-19. Wie man die vier Gelübde pflegen kann: Was den Weg des Kriegers angeht, darf man hinter niemandem zurückstehen. Das bedeutet, den Entschluss zu fassen, der Welt seine Kühnheit zu beweisen. (Detaillierter im *Gukenshū*.)

Dass man seinem Lehnsfürsten zu Diensten sein soll, bedeutet, zum Klan-Ältesten zu avancieren und Seine Hoheit dabei zu unterstützen, das Land zu regieren.

(Detaillierter im *Gukenshū*.)

Dass man den eigenen Eltern gegenüber ehrerbietig sein soll, bedeutet, dass die kindliche Pietät den Eltern gegenüber der Loyalität gegenüber dem Lehnsherrn gleichkommt. Pietät und Loyalität sind ein und dasselbe. Wenn man loyal ist, ist man seinen Eltern gegenüber ehrerbietig.

Dass man große Barmherzigkeit zeigen und für die Menschen handeln soll, bedeutet, alle möglichen Männer zu Menschen zu erziehen, die unserem Lehnsherrn von Nutzen sein können.

1-20. Dies ist eine Angelegenheit, als ich betreffs der notwendigen Utensilien für eine Hochzeit allerlei nachforschte: Ein gewisser Herr sagte: »In dieser Liste sind *koto* und *shamisen* nicht aufgeführt, aber die sollten schon vorhanden sein, nicht wahr?« Daraufhin erwiderte eine gewisse Person mit grober Stimme: »*Koto* und *shamisen* sind unnötig!« Das sagte er absichtlich so, um es die Leute in der Umgebung hören zu lassen. Am nächsten Tag sagte dann diese gewisse Person aber: »Am Ende ist es doch komisch, wenn keine *koto* und *shamisen* vorhanden sind. Trag jeweils zwei Instrumente von feinster Qualität in die Liste ein.« So ist es mir von jemandem erzählt worden.

Dieser Jemand sagte dann: »Na, wenn das kein großartiger Mann ist!« Daraufhin erwiderte ich ihm: »Nein, nein, das ist keine gute Einstellung. Das war nur ein Vorwand, um seine eigene Autorität als Fachmann zu untermauern. Überhaupt kommt das bei Ausländern häufig vor. In erster Linie ist das gegenüber einer höhergestellten Person unhöflich und beleidigend. Außerdem trägt das nicht zum Nutzen des Hauses bei. Ein Mensch mit Vernunft und Verstand wird, auch wenn es sich wirklich um unnötige Dinge handeln sollte, so etwas sagen wie: ›Sie haben natürlich vollkommen recht, lassen Sie uns aber bitte später darüber nachdenken‹, und auf diese Weise versuchen, sein Gegenüber nicht der Scham auszusetzen und ihn angemessen zu behandeln. Das bedeutet es, ein Samurai zu sein. Und nicht nur das: Waren das letztlich nicht doch nötige Utensilien? Obwohl man sie am nächsten Tag hinzufügen musste, setzte er da erst einmal eine höhergestellte Person der Scham aus. So jemand taugt zu gar nichts, ist leichtsinnig und von schmutzigem Charakter.«

I-21. In der militärischen Strategie ist die Rede über Begriffe wie *kaku-no shi*, Krieger mit der rechten Bereitschaft, und *fukaku-no shi*, Krieger mit mangelnder Bereitschaft: Bei einem *kaku-no shi* handelt es sich nicht nur um jemanden, der vielen Situationen ausgesetzt war und so viele Erfahrungen sammeln konnte, sondern es handelt sich um jemanden, der im Voraus die verschiedensten Maßnahmen und Gegenmaßnahmen überprüft und eine Sache dann mit Erfolg durchführt, wenn er etwas in Angriff nimmt. Das bedeutet: Ein *kaku-no shi* ist ein Krieger, der sich im Voraus auf alles vorbereitet.

Ein *fukaku-no shi* ist ein Mann, der sich weder vorbereitet noch sonst irgendetwas tut. Selbst wenn es ihm einmal gelingt, etwas mit Erfolg zu erledigen, liegt das nur daran, dass er Glück hatte.

1-22. Zum 100. Todesjahr des ehrenwerten Fürsten Nippō wäre es wünschenswert, wenn alle *rōnin* ausnahmslos wieder rehabilitiert und in den Lehnsdienst zurückgerufen würden. Das wäre eine Gedenkfeier, über die sich unser verstorbener Fürst am meisten freuen würde. Dafür garantiere ich.

Allerdings heißt es in letzter Zeit bei allen Gelegenheiten immer nur: Sparsamkeit, Sparsamkeit, darum wird das wohl etwas schwierig sein.

In den letzten Jahren haben sich die Umstände so entwickelt, dass man die Nachkommen von *rōnin* oder solchen Leuten, die *seppuku* begehen mussten, völlig im Stich und fallen lässt, und dass *teakiyari* und *rōnin* zu einem Rang von Kriegern geworden sind, die überhaupt nicht mehr in Dienst gestellt werden. Weil die Geschichte des Klans und seine Traditionen nicht bekannt sind, wurde den *teakiyari* der Befehl erteilt, Truppführer der Fußsoldaten zu werden.

1-23. Bei Banketten muss man genauestens aufpassen. Sieht man aufmerksam zu, so sind die meisten Gäste nur mit Trinken beschäftigt. Ein Bankett ist gerade dann ein Bankett, wenn man ein schönes, rundes Ende findet. Wenn man da nicht aufpasst, sehen Menschen gemein und vulgär aus. Im Großen und Ganzen kann man an der Trinkweise auch den Charakter und die Persönlichkeit eines Mannes erkennen. Man sollte begreifen, dass auch Bankette Angelegenheiten sind, die in der Öffentlichkeit stattfinden.

I-24. Ein gewisser Herr hat eine Zeitlang strengstens die Wichtigkeit der Sparsamkeit gepredigt, aber das halte ich nicht für besonders gut. Es kommt vor, dass Fische nicht in Wasser leben können, das zu sauber ist. Gerade weil es Wasseralgen und Ähnliches gibt, können sich Fische unter diesen verstecken und im Wasser leben. Dadurch, dass man niederen Menschen gegenüber Kleinigkeiten übersieht und überhört, können sie in Ruhe leben. Auch in Bezug auf das Benehmen und den Lebenswandel der Menschen ist diese Einstellung nötig.

I-25. Ein gewisser Beamter des Stadtamtes kam eines Tages zur Verwaltungsbehörde der Domäne und wollte einem Mann dort von Amts wegen eine Klageschrift zustellen. Aber dieser zweite Beamte wollte die Klageschrift unter Vorgabe von allerlei Vorwänden nicht annehmen. Ein Kollege, der gerade dabeistand, vermittelte: »Nimm die Klageschrift für den Augenblick doch erst einmal an. Wenn sich herausstellen sollte, dass sie nicht nötig war, kannst du sie doch wieder zurückgeben.« Als er daraufhin einwilligte, »Gut, dann will ich sie erst einmal annehmen«, erwiderte der Stadtbeamte verächtlich: »Als ob ich etwas, das dazu bestimmt ist, zugestellt zu werden, wieder mitnehmen würde, ohne es abzugeben!« So erzählte es mir jemand.

Ich dachte eigentlich, dass dieser gewisse Stadtbeamte sich diese Art von schlechtem Benehmen schon längst abgewöhnt hätte, aber er scheint sich seine Hörner noch nicht abgestoßen zu haben.

Selbst wenn man sich gut miteinander versteht, gehört es zwischen zwei Ämtern zu den Umgangsformen, höflich miteinander umzugehen. Eine solche Person auf solch schmutzige, gemeine Art zu beschämen gehört nicht zu den Umgangsformen eines Kriegers.

1-26. Es kam einmal dazu, dass ein Mann von einem gewissen Herrn angesprochen wurde, ihm seine Villa abzutreten. Der Mann erklärte sich einverstanden, aber als man gerade die Verhandlungen um ein Ersatzgrundstück und die damit verbundenen Formalitäten vorantrieb, wurden die Verhandlungen auf halbem Wege wegen Umständen seitens des gewissen Herrn abgebrochen. Weil der Besitzer des Hauses daraufhin heftigen Protest einlegte, entschuldigte sich der Herr und bezahlte ein Abstandsgeld. Daraufhin erklärte sich der Besitzer auch mit dem Abbruch der Verhandlungen einverstanden.

Also wenn das nicht eine verquere Sache ist. In der Regel wird man es für unerfreulich halten, wenn man ununterbrochen aufs Glatteis geführt wird, aber in diesem Fall liegt die Sache anders. Jemandem keine Einwände zuzugestehen, unabhängig davon, um eine wie hochgestellte Persönlichkeit es sich auch handeln möge, ist etwas ganz anderes.

Bei dieser Geschichte geht es um Verlust und Gewinn, das heißt, die Wurzel des Problems ist von schmutziger Natur. Nichtsdestotrotz benutzte der Mann einer höhergestellten Person gegenüber eine drastische Redeweise und war extrem grob und unhöflich. Und nicht nur das, am Ende nahm er auch noch Geld an. Das ist eine Niederlage, ein Verlust im wahrsten Sinne des Wortes. In Zukunft wird ihm das zum Schaden gereichen.

Im Allgemeinen handelt es sich bei Einwänden in Streitsachen oder in öffentlichen Angelegenheiten um Streitereien um Gewinn und Verlust. Wenn man bereit wäre, Verluste zu ertragen, hätte man keine Gegner. Solange man nur einen Verlust erduldet, bedeutet das keine Niederlage. Aber weil die eigene Einsicht nicht ausreicht, will man das nicht begreifen.

1-27. Ishii Mata'emon war ein außerordentlich begabter Mann. Aber durch seine Krankheit wurde er zum völligen Idioten. Eines Jahres, als es eine Beratung zur Auswechslung der Leibdiener Seiner Hoheit gab, stellte ein gewisser Herr an Mata'emon eine Anfrage betreffs des Postens des Gedichtschreibers. Mata'emon antwortete: »Seit meiner Krankheit hat sich mein Gedächtnis verschlechtert, und ich kann nicht einmal Dinge der Gegenwart im Gedächtnis behalten. Selbst wenn ich mich erinnern könnte, könnte ich allen erzählen, dass Seine Hoheit mir befahl, keinem Menschen etwas zu sagen? Und außerdem kann ich mich nicht daran erinnern, ich habe es vergessen.«

1-28. Als einmal ein Feuer in der Villa eines gewissen Herrn ausbrach, machte sich Yamamoto Gorōzaemon als zuständiger Inspektor vom Dienst auf den Weg dorthin, aber die Gefolgsleute des Herrn hatten sich am Eingangstor gruppiert und wollten ihn nicht einlassen. Sie sagten: »Das Feuer ist nicht in diesem Haus ausgebrochen!«

Da wurde Gorōzaemon sofort sehr wütend: »Solltet ihr einen vertrauten Amtsinhaber Seiner Hoheit nicht einlassen, werde ich euch alle niedermähen!« Weil er mit diesen Worten sein Langschwert zog, öffneten die Gefolgsleute des Herrn flugs das Tor. Das Feuer wurde daraufhin von den herbeigeeilten Fußtruppen gelöscht.

1-29. Als Yasaburō mich einmal auf buntem Papier Kalligraphie schreiben ließ, hat er mich den Pinsel mit den Worten führen lassen: »Schreibe ein Schriftzeichen über das ganze Blatt Papier hinweg und mit genug Schwung und Energie, um das Papier zerreißen zu lassen. Schönschreiben oder nicht ist eine Angelegenheit für Kalligraphen. Krieger müssen nur über Schwung und Energie ihrer Schrift nachdenken.«

1-30. Als der junge Fürst einmal vor Abt Kaion ein Buch mit Geschichten vorlas, ließ er verlauten: »Ihr Novizen und Gehilfen, kommt und hört zu. Wenn es zu wenige Zuhörer gibt, verspürt man beim Lesen keinen Eifer.«

Der Abt war davon beeindruckt und sagte zu den Novizen: »Lasst bei allen Dingen diese Art von Energie und Eifer walten.«

1-31. Jedes Mal, wenn man morgens seine Gebete verrichtet, verbeugt man sich als Erstes entgegen Seiner Hoheit, dann in Richtung seiner Eltern, dann vor dem Schutzgott seiner Familie und schließlich zu seinem buddhistischen Schutzgott. Solange man nur den Fürsten hochschätzt, ist das auch eine Freude für die Eltern, und die Götter und Buddhas werden die dahinterliegende gute Absicht verstehen. Krieger brauchen an nichts anderes zu denken als an ihren Fürsten. Je erfüllter man von diesem Gefühl ist, desto eher wird die eigene Aufmerksamkeit alle Bereiche in der näheren Umgebung Seiner Hoheit erreichen. Außerdem sollten Frauen an erster Stelle ihre Ehemänner wie einen Lehnsfürsten behandeln und ihm dienen.

1-32. In der mündlichen Überlieferung des Amts für Etikette werden die zwei Zeichen für Verbeugung oder Verneigung nicht *jigi*, sondern *date* gelesen, also »galant« oder

»großspurig«. Damit soll das galante, großspurige Herz einer Verbeugung zum Ausdruck gebracht werden, das heißt, dass es einer Verbeugung nicht würdig ist, wenn man sie nicht ein wenig großspurig und prunkhaft ausführt.

1-33. Betreffs der Beratung zu den Regengebeten im Frühling des 3. Jahres Shōtoku. In der Verwaltungsbehörde beschloss man folgendermaßen: Für die jährlichen Regengebete am Kinryū-Schrein veranstaltete man jedes Jahr Aufführungen von Akrobaten, Tänzern und Musikern, weshalb Hoch und Niedrig immer für die damit verbundenen hohen Unkosten aufkommen mussten. Deshalb beschloss man, dieses Mal die Aufführungen besonders prächtig zu gestalten, um sicherzugehen. Und sollte das keinen Effekt haben, wolle man sie nie wieder veranstalten. Daraufhin ließ man mit erstaunlicher Pracht die Musikgruppen, Tänzer und Komödianten von 33 Dörfern auftreten.

Die erstaunliche Wunderkraft der Regengebete des KinryūSchreins ist wirklich fantastisch. Aber diesmal hatten sie überhaupt keine Wirkung. Ganz im Gegenteil, an diesem Tag gab es Streit, als der Trommelleiter dem Trommler der großen Trommel die Schlegel aus der Hand riss, weil der die Trommel anders geschlagen hatte, als ihm vorher erklärt worden war. Deshalb kam es am unteren Schrein zu Schwertkämpfen und Schlägereien, und es gab sogar Tote. Auch unter den Zuschauern kam es zu Streitereien, und es gab Verletzte. Zu der Zeit munkelte das gemeine Volk: »Weil die Beratung in der Verwaltungsbehörde zu oberflächlich war, entwickelten sich die Festlichkeiten dieses Jahr durch den Fluch des Gottes Kinryū Gongen plötzlich zu einem unglückverheißenden Ereignis.«

»Unglück zu Zeiten von Schreinfesten ist oft ein schlechtes Omen«, sagte auch Fürst Sanenori. Denkt man darüber nach, dann gab es in diesem Jahr durch die Unregelmäßigkeiten der Beamten der Verwaltungsbehörde einige Männer, die zum Tode durch Enthaupten verurteilt wurden, und der Strand von Terai wurde von einer Flutwelle heimgesucht, bei der es viele Tote gab. An dem Strand steht der untere Schrein des Kinryū.

Auch schlug Hara Jūrōzaemon im Schloss jemanden mit dem Schwert nieder. Bei solchen Vorkommnissen bekommt man tatsächlich das Gefühl, dass die Geschehnisse beim Schreinfest ein schlechtes Omen waren.

1-34. Ein bestimmter Abt war eine für diese Zeit ungewöhnlich vortreffliche Persönlichkeit. Seine Großherzigkeit war unermesslich. Darum lief beim großen Tempel auch immer alles glatt. Kürzlich ließ der Abt noch verlauten: »Weil ich eine derart schwache körperliche Verfassung habe, dass es fast jeder Beschreibung spottet, werde ich, wenn ich diesen großen Tempel in Obhut nehmen und erfolgreich zu verwalten versuche, im Gegenteil auch Fehler begehen. Nun, ich versuche erst einmal alles im Rahmen meiner Möglichkeiten, und sollte mein Befinden manchmal nicht so gut sein, werde ich mir mit einer Vertretung behelfen. Ich versuche nur, mich zu bemühen, irgendwie keine allzu großen Schnitzer zu begehen.«

Der vorletzte Abt dieses Tempels war zu streng, so dass ihm niemand Folge leistete, und der letzte Abt überließ wirklich alles zu sehr anderen, so dass er kein gutes Beispiel darstellte. Mit diesem Abt gab es kaum noch Probleme, und die Mönche des Tempels leisteten ihm gut Gehorsam. Wenn man da seinen Kunstgriff zu ermessen versuchte, so kannte sich der Abt mit allem gut aus, unabhängig davon, ob es groß oder klein war, und aufgrund dessen übertrug er bestimmte Aufgaben gänzlich anderen Leuten. Entscheidungen überließ er den Personen mit dem jeweiligen Amt, und sollte es irgendwelche Probleme geben, gab er klare Antworten und angemessene Anweisungen. Darum läuft die Verwaltung vermutlich auch ohne Probleme.

Erst letztens ließ dieser Abt einen gewissen Dorfältesten zu sich rufen, weil der kleinliche Ansichten vertrat, und schimpfte: »Das steht im Widerspruch zum buddhistischen Gesetz. Schlagt ihn nieder!« Und weil er daraufhin heftig geschlagen wurde, ist dieser Dorfälteste zum Krüppel geworden, so heißt es.

Das war wirklich ein Abt mit vielen interessanten Eigenschaften. Er soll an einer Krankheit gestorben sein.

I-35. Wenn man sich die Gefolgsmänner des Klans in letzter Zeit betrachtet, so sind ihre Blicke meist nach unten gerichtet, genau wie die Augen von Taschendieben. Das liegt wahrscheinlich daran, dass sie entweder egoistischer Gewinnsucht verfallen sind, oder daran, dass sie so tun wollen, als ob sie klug und gescheit seien. Beobachtet man allerdings, wie mutig und beherzt sie sind, dann plustern sie sich nur der Form halber auf.

Den eigenen Leib für den Lehnsfürsten herzuhalten, ein lebendes Gespenst zu werden und den Lehnsfürsten bei Tag und bei Nacht hochzuschätzen, unverdrossen seine Pflicht zu erfüllen und das Land der Domäne unerschütterlich zu machen: solange man seinen Blick nicht auf diese Dinge richtet, wird man nicht ein wahrer Gefolgsmann genannt werden können. Es besteht überhaupt kein Anlass dazu, zu glauben, dass es in dieser Entschlossenheit einen Unterschied zwischen Hoch und Niedrig gibt. In dieser

Angelegenheit muss man sich felsenfest bereitstellen und sogar entschlossen sein, nicht zu schwanken, selbst dann nicht, wenn die Götter und Buddhas einem dazu anraten sollten.

1-36. Einer gewissen Person zufolge soll der ehrenwerte Arzt Kyōan aus Matsugumasaki gesagt haben: »In der Medizin werden Frau und Mann den Prinzipien In-Yō gleichgesetzt und müssen daher auch unterschiedlich behandelt werden. Beim Pulsschlag gab es auch einen Unterschied. Jedoch ist in den letzten 50 Jahren der Puls der Männer dem Puls der Frauen gleichgeworden. Seit mir das aufgefallen ist, habe ich herausgefunden, dass man bei der Behandlung von Augenleiden männlichen Augen die gleiche Behandlung wie weiblichen Augen zukommen lassen kann. Selbst dann, wenn man Männern die männliche Behandlung zukommen lässt, zeigt dies keine Wirkung. Also glaube ich, dass die Welt ans Ende gekommen ist, wo die Vitalität der Männer schwindet und am Ende den Frauen gleich wird. Weil ich das durch tatsächliche Behandlungen erfasst habe, halte ich es geheim.«

Als ich das hörte und mir die Männer dieser Tage ansah, dachte ich, aha, es gibt wirklich viele Männer, die unverwechselbar einen weiblichen Pulsschlag haben. Und es gibt nur wenige Männer, von denen man denken mag, oh, das ist ein Mann! Genau aus dem Grund kann man heutzutage anderen Männern einfach den Rang ablaufen, selbst dann, wenn man sich nur ein bisschen anstrengt. Darüber hinaus gibt es als weiteren Beweis dafür, dass die Männer ihr Mut verlassen hat, die Tatsache, dass es nur wenige Männer gibt, die mit dem Schwert einen gefesselten Verbrecher niedergeschlagen, geschweige denn bei einem *seppuku* sekundiert hätten. Darum haben wir ein Zeitalter erreicht, in dem jemand, den man beauftragt, als Sekundant zu fungieren, als gescheit und bedachtsam gelobt wird, wenn er es versteht, sich geschickt herauszureden.

Vor 40, 50 Jahren noch praktizierten alle Männer etwas, das *matanuki* genannt wird: man stößt seinen Dolch zwischen seine Oberschenkel, um so seinen Mut und seine Kühnheit zu stählen. Das ging so weit, dass alle Männer alleine deshalb *matanuki* ausübten, weil man eine Leiste ohne Narben nicht vor anderen Leuten entblößen wollte. Wenn man davon spricht, was Männer so treiben, handelt es sich üblicherweise um blutrünstige Dinge. Aber in jüngster Zeit ist es in Ordnung, einer Sache aus dem Weg zu gehen, die auch nur ein bisschen Rückgrat verlangt, indem man glattzüngig geschickte Ausflüchte macht, dass es doch dumm und idiotisch sei, sich zum Beispiel auf einen Kampf einzulassen. Man wünschte sich wirklich, die jungen Leute heutzutage würden etwas darüber nachdenken.

1-37. Obwohl es auch Männer gibt, die noch Dienst leisten, bis sie 60, 70 Jahre alt sind, wurde ich am Ende in meinem 42. Lebensjahr Laienmönch. Denke ich heute darüber nach, war es wirklich ein kurzes Leben. Auch dafür bin ich eigentlich dankbar. Obgleich ich mich zu der Zeit dazu entschloss, eines toten Leibes zu sein und, anstatt Seiner Hoheit in den Tod zu folgen, Mönch zu werden, denke ich manchmal, wie viel Mühsal ich über mich hätte ergehen lassen müssen, wenn ich bis zum heutigen Tage gedient hätte. Dass ich die 14 Jahre bis heute in Ruhe und Behaglichkeit leben konnte, ist ein unverhofftes Glück.

Darüber hinaus halten mich die Leute für einen achtbaren Mann und behandeln mich sehr zuvorkommend. Wenn ich in den Tiefen meines Herzens darüber nachgrübele, glaube ich auch, es auf geschickte Weise geschafft zu haben, mich zu verändern. Ich bin es nicht wert, dass sich die Leute so freundlich um mich bemühen, und befürchte fast, dass mich irgendwann die Strafe des Himmels dafür trifft.

1-38. Weil er seinen Herrn auf seiner Runde zu den Neujahrsbesuchen begleitete, sagte ein gewisser Mann: »Dieses Mal habe ich einen Entschluss gefasst. Weil ich glaube, dass wir auf dem Land zum Trinken gedrängt werden, werde ich mich bemühen, nicht zu trinken. Und weil man von mir glauben könnte, ich könne meinen Alkohol nicht gut vertragen und sei ein aufbrausender Trinker, wenn ich sagte, ich sei abstinent, werde ich lieber behaupten, Alkohol bekomme mir nicht. Darum habe ich die Absicht, das zu zeigen, indem ich den Alkohol zwei-, dreimal ablehne. Dann werden mich die Leute auch nicht weiter nötigen. Außerdem habe ich die Absicht, mich so höflich zu verbeugen, dass mir der Rücken wehtut, und, solange mich niemand anredet, auf gar keinen Fall von mir aus den Mund zu öffnen.«

Dies ist ein Mann mit guten Vorsätzen. Über Dinge, die in der Zukunft liegen, im Voraus nachzudenken ist die Grundlage von Männern, die über anderen stehen. Darum sagte sein Herr und Lehrer auch: »Das ist ein guter Vorsatz. Handle so, dass man von dir sagt, dass du im Gegensatz zu früher von schwacher Konstitution seiest und daher ruhiger und gesetzter als früher. Wie man zu Beginn redet und handelt, ist am wichtigsten.«

1-39. In einer Erzählung sagte Abt Tannen: »Weil man immer nur über *munen* und *mushin* lehrt, kann man kein Verständnis entwickeln. Dabei ist *munen* das Gleiche wie *shōnen.*« Dies ist hochinteressant. Auch Fürst Sanjōnishi Sanenori sagte: »Innerhalb eines Atemzugs keinen bösen oder hemmenden Gedanken zu fassen ist der wahre Weg.« Es geht nicht darum, überhaupt keinen Gedanken zu fassen. Richtig zu denken und zu fühlen, und auch nicht einen Augenblick einen schlechten, boshaften Gedanken zu fassen als Voraussetzung: Dann gibt es nur einen richtigen Weg. Es gibt niemanden, der dieses brillante Prinzip wirklich versteht. Um rein und unschuldig zu werden, bleibt einem nichts anderes übrig, als sich zu üben und zu üben.

I-40. Es gibt nichts so Bedeutungsvolles, so Bedeutsames wie die letzten zwei Zeilen jenes Gedichts:

> Verbreitet man falsche Gerüchte,
> Wird es wohl problemlos so durchgehen.
> Aber wie kann man dann antworten
> Auf Fragen seines Gewissens?

Ob das nicht sogar einem *nenbutsu*, einer Intonation an Buddha, gleichkommt?

Die meisten Menschen verstehen das auch gut. Solche Personen, die die gescheiten Männer dieser Zeit genannt werden, spiegeln einem nur etwas vor, indem sie mit ihrem Wissen und ihrer Klugheit ihren äußeren Anschein pflegen. Darum sind sie unbeholfenen Männern unterlegen. Ungeschickte Männer können einem mit ihren Fähigkeiten nämlich nichts vormachen.

Hinterfragt man wie in den zwei Zeilen oben seine eigenen Gefühle, kann man sich selbst gegenüber nicht sein Herz, seine Gefühle verstecken. Man kann sich nicht selbst betrügen. Das eigene Gewissen ist ein guter Aufseher. Um sich nicht schämen zu müssen, wenn man diesem Aufseher begegnet, möchte man eine entsprechende geistige Haltung oder Einstellung haben.

1-41. Ein gewisser Herr scheint altersschwach geworden zu sein. Wenn er hier und dort eingeladen wird, geht er aus und redet anscheinend sehr eifrig. Wenn man ihn sich bloß vor ein paar Jahren in Erinnerung ruft, schlug er nur Dinge und Pläne vor, die den Menschen nützten, und er leistete sehr gerne Dienst. Darum war er ein äußerst tüchtiger und brauchbarer Mann. Man sagt, dass man in dem Gebiet verblöde, das einem vertraut sei, darum mag er möglicherweise dem Dienstblödsinn verfallen sein. Allerdings ist der Altersschwachsinn etwas Gefährliches, selbst dann, wenn man den Menschen von Nutzen war. Werden alte Leute etwa nicht als würdevoller betrachtet, solange sie nicht ausgehen? Und können sie so nicht etwa einen glücklichen Lebensabend genießen?

1-42. Das chinesische Schriftzeichen *gen*, »Illusion«, liest man »*maboroshi*«, d. h. »Trugbild« oder »Phantom«. In Indien, dem Land des Buddha, nennt man Zauberer und Magier »Illusionisten«. Die Welt dieser Leute besteht gänzlich aus einer Ansammlung von Marionetten. Darum benutzt man bei dem buddhistischen Ausdruck *maboroshi-no yo*, die »illusionäre Welt« oder auch die »Welt der Träume«, das Schriftzeichen für »Illusion«.

1-43. Zur Zeit der Verlobung der fürstlichen Prinzessin legte ihr Erzieher Einspruch ein.

Diese Angelegenheit möchte ich von den jungen Männern des Klans gut bedacht wissen. Was jener Mann zu sagen hat, kann man sehr gut nachvollziehen. Und tatsächlich wird es viele Leute gegeben haben, die dachten, dass seine

Einwände gut seien. Er selbst wird sich äußerst wohl gefühlt haben, weil er alles sagte, was es zu sagen gab, und er mag vielleicht sogar der Meinung sein, dass es ihm große Befriedigung einbringen würde, wenn er wegen dieser Angelegenheit *seppuku* begehen müsse.

Aber hier wünsche ich mir, dass gut darüber nachgedacht werde. Solch eine Tat ist von gar keinem Nutzen. Einen solchen Mann für einen Mordskerl oder Haudegen zu halten wäre ein großer Fehler. Der Grund dafür ist erst einmal, dass sein Einspruch nicht durchgekommen ist. Darum musste er von seinem Posten zurücktreten, konnte die Prinzessin nicht mehr großziehen und sie nicht einmal mehr pflegen, als sie schließlich krank wurde und starb, was außerordentlich traurig war. Geht man zu stark aus sich heraus, passiert in den meisten Fällen wie hier etwas anderes, als man geplant hat. Im Großen und Ganzen entpuppen sich solche Mahnungen von Personen, denen so etwas vom Rang her gar nicht zusteht, im Gegenteil als Untreue.

Die Dinge werden ihren richtigen Weg gehen, indem man aufrichtigen Herzens seine Gedanken in aller Stille jemandem mitteilt, der einen entsprechenden Rang hat, und sie so geltend macht, als seien es die Gedanken dieser hochgestellten Person. Das ist wahre Loyalität. Für den Fall, dass diese Person nicht ihr Einverständnis erklärt, sollte man einfach umsichtig versuchen, die Dinge zum Erfolg zu führen, indem man sich zum Beispiel mit einer anderen Person berät und so die eigene Loyalität nicht offen zur Schau stellt. Sollte man keine Fortschritte machen, selbst dann, wenn man sich mit mehreren Leuten bespricht, kann man nichts ändern. Dann sollte man erst einmal aufhören und ein bisschen Zeit verstreichen lassen. Wenn man die Angelegenheit immer aufs Neue wiederholt, wird voraussichtlich das eigene Anliegen irgendwann erhört werden.

Jedoch nur aus dem Grunde, weil man alles zu seinem eigenen Verdienst machen will, um zu zeigen, was für ein Teufelskerl man ist, werden die Dinge nicht zum Erfolg führen, wird die eigene Meinung von keinerlei Nutzen sein, wird man von den Leuten kritisiert werden und so sein Leben ruinieren. Dafür gibt es viele Beispiele.

Das liegt, mit einem Wort, daran, dass in einer solchen Vorgehensweise keine Wahrheit und keine Aufrichtigkeit liegt. Solange man seinen Leib und sein Leben schlankweg fortwirft und von ganzem Herzen nur an das Wohl seines Lehnsherrn denkt, kann es gar nicht passieren, dass man solch eine wichtige Angelegenheit missversteht.

I-44. Es ist schwierig, Ungerechtigkeit und Unsittlichkeit zu verabscheuen und Gerechtigkeit und Rechtschaffenheit zu lieben. Darum kommt es im Gegenteil häufig zu Irrtümern, wenn man z. B. glaubt, Gerechtigkeit durchzusetzen sei das Höchste, und darum einzig und allein mit dem Gedanken handelt, der Gerechtigkeit den Weg zu bereiten.

Über der Gerechtigkeit gibt es den Weg. Dies zu erkennen ist ziemlich schwierig, und ohne ein außergewöhnlicher Mensch zu sein, kann das nicht erkannt werden. Aus der Perspektive dieses Bereichs oder geistigen Zustands fällt auch die Gerechtigkeit eine Rangstufe ab. Solange man dies nicht von selbst erkennt, wird man es nicht verstehen können.

Allerdings auch dann, wenn man das nicht selbst begreifen kann, bedeutet das nicht, dass man diesen geistigen Zustand nicht erreichen könnte. Zu diesem Zweck muss man sich mit anderen Männern unterhalten. Sogar Menschen, die den Weg noch nicht erreicht haben, können ihn von der Seite aus sehen. Das ist die Perspektive eines Dritten, ähnlich wie eine Person im Go-Spiel, die das Spiel von der Seite beobachtet und so die Strategie besser versteht als die Spieler selbst. Auch um reifliche Erwägung zu erlernen und die eigenen Mängel kennenzulernen, gibt es nichts Besseres, als Unterhaltungen und Diskussionen zu führen. Es hilft einem, alle möglichen Erzählungen zu hören und Schriften zu lesen, um die eigene selbstgefällige Denkweise loszuwerden und die objektive Denkweise der Altvorderen anzunehmen.

1-45. Ein bestimmter Fechtmeister sagte einmal in hohen Jahren: »In der Schulung und Ausbildung eines Menschen gibt es Stufen. Im Anfangsstadium der Ausbildung kommt man auf keinen grünen Zweig, und darum glaubt man von sich selbst, dass man ungeschickt und stümperhaft sei, und andere Leute glauben das auch. Auf dieser Stufe taugt man noch zu nichts. Auf der mittleren Stufe taugt man immer noch zu nichts, aber man lernt, die eigene Ungeschicklichkeit und die Mängel anderer Leute zu verstehen. Auf der oberen Stufe hat man alles begriffen und kann sich dessen rühmen. Man freut sich über das Lob anderer Männer und jammert über die Mängel der anderen. Wenn man so weit kommt, ist man auch zu etwas nütze. Aber eine Stufe darüber, auf der Ober-Oberstufe, macht man ein ahnungsloses Gesicht, als ob man von nichts eine Ahnung hätte. Dann kann man sehen, dass andere Leute auch geschickt sind. Die meisten Männer schaffen es bis auf diese Stufe hinauf.

Aber wenn man darüber hinaus auf eine weitere, noch höhere Stufe springt, breitet sich ein unerklärlicher, unbeschreiblicher Bereich vor einem aus. Je weiter man auf diesem Weg voranschreitet, desto besser versteht man, was für eine endlose, grenzenlose Welt das ist, so dass man nicht mehr glauben mag, dass man es endlich geschafft habe. Hier versteht man seine eigenen Mängel und verliert jede Überzeugung, dass man in diesem Leben jemals die Vollendung erreichen könnte. Dies ist ein Weg, auf dem man voranschreitet, ohne jemals Überheblichkeit aufkommen zu lassen oder sich herabzuwürdigen. Fürst Yagyū soll gesagt haben, er kenne keinen Weg, Menschen zu besiegen, sondern nur einen Weg, sich selbst zu besiegen. Der Weg dazu besteht darin, darauf hinzuarbeiten, heute geschickter als gestern und morgen geschickter als heute zu werden, und so sein Leben lang, Tag für Tag, auf die Vollendung hinzuarbeiten. Das ist eine Welt ohne Ende und Grenzen.«

1-46. In der Schrift *Okabegaki* des ehrenwerten Fürsten Naoshige steht: »Erwägungen von wichtigen Angelegenheiten sollten leichtgenommen werden!« Dem fügte mein ehrenwerter Lehrer Ittei einen Vermerk hinzu: »Erwägungen von kleinen, unwichtigen Angelegenheiten sollten wichtig genommen werden!«

Handelt es sich bei wichtigen Angelegenheiten nicht um höchstens zwei oder drei Dinge? Dann sollte man darüber im Bilde sein, indem man normalerweise gut über solche Angelegenheiten nachdenkt. Darum glaube ich, dass man im Voraus Überlegungen anstellen sollte, um die Ergebnisse der Überlegungen dann bei wichtigen Angelegenheiten oder in Krisensituationen hervorholen und auf diese Weise rasch reagieren zu können. Wenn man jedoch mit solch einer Situation vor Augen diese nicht einfach ermessen oder auf sie reagieren kann, weil man gewöhnlich nicht auf solch eine Situation vorbereitet ist, kann man nicht die angemessenen Maßnahmen ergreifen. Deswegen glaube ich, dass im Voraus auf alles vorbereitet zu sein das Herz und die Seele der fürstlichen Verlautbarung ausmacht: »Erwägungen von wichtigen Angelegenheiten sollten leichtgenommen werden!«

1-47. Der Abt Kōnan des Sōryū-Tempels kommentierte in einer Gesprächsrunde über Gelehrsamkeit die Wissens- und Studierfreude von Fürst Taku Mimasaka und Ishida Ittei: »Dass Sie, die verehrten Herrschaften, so kenntnisreich sind, ist wirklich eine gute Sache. Allerdings sind Sie, was die Kenntnis des wahren Weges angeht, dem gewöhnlichen Volk unterlegen.«

Daraufhin erwiderte Ittei: »Es wird wohl keinen anderen Weg geben als den, den uns die Heiligen und Weisen gewiesen haben.«

Da sagte Abt Kōnan: »Kenntnisreiche Leute, oder Besserwisser, kennen den Weg ungefähr so wenig, wie sie mit der Absicht, nach Osten zu gehen, nach Westen gehen. Je mehr man etwas von den Dingen versteht, desto mehr entfernt man sich vom wahren Weg. Der Grund dafür liegt darin, dass man die Worte und Taten der Heiligen und Weisen durch Schriften lernt oder in Erzählungen hört, so dass sich die eigene Einsicht und Erkenntnis erhöht, man sich so für gleichrangig mit den Heiligen und Weisen hält und auf das gewöhnliche Volk wie auf Ungeziefer herabsieht. Das kann man nicht anders bezeichnen, als dass solche Personen den wahren Weg nicht kennen. Der Weg bedeutet, seine eigenen Mängel zu kennen. Immerwährend innere Einkehr zu halten, und sich ein Leben lang zu bemühen, schlechte Eigenschaften zu ändern: das ist der wahre

Weg. Das chinesische Schriftzeichen *sei*, ›heilig‹, liest man ›*hijiri*‹, ›der Weise‹, weil ein Heiliger seine eigenen Schwächen und Unzulänglichkeiten kennt. Der Buddha hat die Vollendung seines Weges mit den vier Schriftzeichen ›*chi-hi-ben-sha*‹ erläutert: ›Sobald man einen Makel erkennt, wird er sofort abgeworfen.‹ Wenn man auf sein Herz und seine Gefühle achtgibt, kann man nicht zählen, wie oft innerhalb eines Tages böse Gedanken aufkommen. Es gibt daher keinen Grund, von sich selbst glauben zu können, dass man gut sei.«

Aufgrund dieser Äußerungen sollen die Anwesenden dem Abt Kōnan von da an tiefen Respekt entgegengebracht haben.

Die Lebensweise eines Kriegers ist allerdings anders. Ist ein Krieger nicht überaus stolz und anmaßend und glaubt er von sich nicht, dass gerade er ein kühner Held ohne seinesgleichen in Japan sei, kann er der Welt seine Kühnheit nicht beweisen. Und das, was wiederum Heldenmut zum Ausdruck bringt, ist der Stolz, der in Prahlerei und Arroganz offenbar wird.

1-48. In dem Buch *Bushidō kōsha-sho* steht: »Es gibt einen Weg für verdienstvolle Krieger, sich in militärischen Angelegenheiten und den militärischen Künsten einen Namen zu machen, ohne sie auszuüben.« Dies wird in Zukunft wahrscheinlich missverstanden werden. Darum möchte ich dem Ausdruck »in militärischen Angelegenheiten und den militärischen Künsten« das Wort »auch« hinzufügen. Das soll bedeuten, dass Krieger und Kampfkünstler mit einem verdienstvollen Namen auch dann ihren Namen und ihre Ehre hochhalten, wenn sie gerade nicht ihre militärischen Fähigkeiten oder ihr Geschick beweisen.

Shida Yoshinosuke sagte wiederum: »Wenn sowieso nichts zurückbleibt oder weiterbesteht, ganz gleich, ob man lebt oder stirbt, ist es besser, weiterzuleben.« Aber Shida war ein Haudegen und sagte das nur aus Spaß. Das junge Volk mag das nicht verstehen und darum erwidern, dass so etwas eine Schande für einen Krieger sei. Aber danach fuhr Shida fort: »Jemand, der darüber nachdenkt, ob er essen soll oder nicht, sollte besser nicht essen. Und zu Zeiten, wenn man darüber nachdenkt, ob man leben oder sterben soll, sollte man besser sterben.«

Shida, der den menschlichen Instinkt, essen und leben zu wollen, ablehnt, sagte, dass man kein belangloses Leben führen soll. Zur gleichen Zeit gab er in Form eines Spaßes zum Ausdruck, dass man nicht nutzlos sterben solle.

1-49. Ein bestimmter Mann meldete sich in der Klan-Verwaltung, nachdem er nach mehreren Jahren Dienst in Ōsaka zurückgekehrt war. Aber weil er im Ōsaka-Dialekt sprach, vergaßen alle Anwesenden ihre Neugier und machten sich über ihn lustig.

Denkt man darüber nach, so bedeutet das, dass man dann, wenn man längere Zeit in Edo oder Ōsaka Dienst leistet, mehr noch als üblich den Dialekt des eigenen Landes benutzen sollte. Sich wie von selbst an den Ōsaka- oder den Edo-Stil zu gewöhnen, sich darin einzufärben, auf die Gepflogenheiten des eigenen Landes als bäuerlich von oben herabzusehen und, sobald man in anderen Domänen auf ein bisschen Vernunft und Wahrheit trifft, darauf neidisch zu werden und es deswegen zu bekritteln ist doch tatsächlich eine armselige und idiotische Sache. Der ländliche und schlichte Aspekt des eigenen Landes ist eine Kostbarkeit. Ahmt man den Stil und die Gepflogenheiten ande-

rer Domänen nach, ist das nur eine Imitation, ein Abklatsch.

Eine gewisse Person sagte dem Abt Shungaku: »Die buddhistische Lotussekte kann man nicht gutheißen, weil sie
eigensinnig und starrköpfig ist.« Darauf antwortete der
Abt: »Gerade weil sie eigensinnig und starrköpfig ist, handelt es sich um die Lotussekte. Wäre sie anders, würde sie
wie die anderen Sekten werden.« Stimmt das etwa nicht?

1-50. In einer Beratung zur Beförderung eines gewissen
Mannes sollte gerade der Beschluss gefasst werden, die Beförderung aufzuschieben, weil er einmal im Vollrausch
wild getobt habe. Da ergriff ein Mann das Wort: »Wenn jemand nur wegen eines einmaligen Fehltritts im Stich gelassen wird, dann wird sich seine Persönlichkeit wohl auch
nicht weiterentwickeln. Man kann eher annehmen, dass
jemand, der einmal einen Fehltritt beging, sich im Gegenteil mäßigen und von Nutzen sein wird, weil er seinen Fehler bereut. Ich möchte Sie daher darum bitten, für die Beförderung zu stimmen.«

Ein anderer Mann fragte ihn: »Mein Herr, übernehmen
Sie die Verantwortung für ihn?«

»Sicher bürge ich für ihn.«

Da fragten die anderen Anwesenden: »Aus welchem
Grund sagen Sie, dass Sie für ihn bürgen?«

»Ich bürge für ihn, weil er jemand ist, der einmal einen
Fehltritt begangen hat. Im Gegenteil: Ein Mann, der noch
nie einen Fehler beging, ist bedenklich.«

Weil er so antwortete, wurde die Beförderung des Mannes beschlossen.

1-51. Nakano Kazuma war nicht nur immer der Erste,
der bei Beratungen über die Bestrafung von Verbrechern

und Missetätern das Wort ergriff, sondern er forderte auch immer ein Strafmaß, das eine Stufe leichter war, als es dem Verbrechen entsprochen hätte. Eine solch kostbare Weisheit kommt nur einmal in jeder Generation vor. Zu jener Zeit gab es selbst unter zahlreichen Anwesenden niemanden außer Kazuma, der als Erster den Mund öffnen wollte. Darum nannte man Kazuma auch »Herr Mundöffner« oder »Herr 25 Tage«.

I-52. Die Überlegungen Seiner Hoheit zu berichtigen und dafür zu sorgen, dass seinerseits keine Irrtümer vorkommen, ist ein Beweis für große Loyalität. Im Großen und Ganzen möchte man dafür Sorge leisten, dass er bereits in jungen Jahren sich bemüht, die Umstände des Klans zu verstehen und um die Mühen seiner ehrwürdigen Vorfahren zu wissen. Dafür sind nach meiner bescheidenen Meinung die Erziehung und Schulung Seiner Hoheit sehr wichtig.

I-53. Früher steckte man sein Schwert bis fast zum Stichblatt in den Gürtel, nach der sogenannten *otoshisashi*-Art. In der heutigen Zeit gibt es niemanden mehr, der sich einmischt, wie man sein Schwert in den Gürtel stecken soll. Im Yagyū-Stil des Fechtens lässt man die Schwerter angeblich so tragen, dass sie nach vorne ragen, ohne sie dabei zu tief einzustecken. In letzter Zeit scheinen Männer bloß noch diese nach vorne ragende *nukidashi*-Art zu verwenden, ohne dass sie sie gelernt oder über ihre Vor- und Nachteile nachgedacht hätten, sondern nur dadurch, dass sie die Haltung und das Aussehen anderer nachahmen.

Sowohl Fürst Naoshige als auch Fürst Katsushige, heißt es, bequemten sich, die *otoshisashi*-Art zu benutzen. Wenn man bedenkt, dass die Männer jenes Zeitalters mit Erfahrung auf dem Schlachtfeld alle die *otoshisashi*-Art verwendeten, lag das wohl daran, dass das vorteilhafter war. Außerdem entsteht bei der nach vorne ragenden *nukidashi*-Art das Risiko, dass einem überraschend das Schwert entrissen wird. Fürst Mitsushige benutzte auf Anleitung von Fürst Katsushige die *otoshisashi*-Art.

1-54. Als Fürst Mitsushige und der junge Fürst Tsunashige auf Dienst in Edo waren, nahm Fürst Mitsushige am Neujahrstag in der kleinen Edo-Villa die Neujahrsgrüße seiner Vasallen entgegen. Da versteckte sich der junge Fürst hinter der Holzbalustrade in der Eingangshalle.

Als Fürst Mitsushige nach seinem Sohn zu fragen beliebte: »Wo ist Shinano?«, antwortete einer der fürstlichen Pagen aus Versehen: »Der junge Fürst beliebt sich gerade zu verstecken.«

Solche törichten, unangebrachten Bemerkungen können einem schon ab und zu passieren.

1-55. Ein bestimmter Mann machte sich lächerlich und geriet in Schande, weil er sich wegen eines Streits nicht revanchierte. Um sich zu revanchieren oder zu rächen, reicht es, einfach nur kopfüber draufloszustürmen. Sollte man dann niedergeschlagen und getötet werden, geht das in Ordnung. Das gereicht einem nicht zur Schande. Weil man glaubt, man müsse über den Gegner siegen, verpasst man den richtigen Augenblick. Oder während man noch sagt, die Gegenseite sei in der Übermacht, und deshalb Beistand sammelt, vergeht Zeit. Man verliert schließlich den Mut und berät sich, ob man es nicht doch besser seinlassen sollte. Auch wenn sich Tausende von Männern auf der Gegenseite befinden sollten, genügt es, ihnen mit der Bereitschaft entgegenzutreten, sie einen nach dem anderen ohne Ausnahme niederzumähen. Oft kann man dies auf diese Art wider Erwarten sogar zustande bringen.

Dass die *rōnin* des Asano-Hauses nach ihrer Vendetta an Kira am Sengaku-Tempel nicht ihren Bauch aufschnitten, war ein Fehler. Außerdem hat es zu lange gedauert, bis sie nach dem Tod ihres Lehnsherrn ihren Feind erschlugen. Wäre Fürst Kira in der Zeit zum Beispiel an einer Krankheit gestorben, so wäre das äußerst bedauerlich gewesen.

Weil die Menschen in der Ōsaka-Gegend aufgeweckt und beredt sind, sind sie sehr geschickt darin, andere Leute dazu zu bringen, sie zu loben. Aber etwas so Unbesonnenes und Unvernünftiges wie den Nagasaki-Streit bringen sie nicht zustande.

Auch die nächtliche Rache der Soga-Brüder hat ziemlich viel Zeit gebraucht. Dass der ältere Bruder Kawazu Jūrō Sukenari beim Betrachten der Wappen verfehlt hat, war reines Pech, aber die Rede des jüngeren Bruders Gorō war wirklich vortrefflich.

Im Allgemeinen sollte man solche Kritik nicht üben, aber ich führe dies auch als Beispiel dafür auf, um den Weg des Kriegers zu untersuchen. Wenn man nicht im Voraus genügend darüber nachdenkt, wird man in den meisten Fällen der Schande ausgesetzt werden, weil man aufs Geratewohl keine Entscheidungen fällen kann.

Man hört sich auch die Erzählungen anderer Männer an und liest Bücher über solche Angelegenheiten, um im Voraus seine Entschlossenheit zu stählen. Besonders in Bezug auf den Weg des Kriegers muss man daran denken, dass man nicht weiß, wann was passieren mag. Darum sollte man sich Tag und Nacht in Gedanken vertiefen und seine

Schlüsse auf einer Liste im Einzelnen aufschreiben. Sieg und Niederlage hängen vom Schicksal ab, aber das Bemühen, sich nicht der Schande auszusetzen, ist etwas anderes. Es reicht aus, dass man bereit ist zu sterben. Hast du einmal eine Niederlage erlitten, nimm sofort Rache! Vergelte sofort! Braucht man dafür etwa Weisheit oder Kunstfertigkeit? Männer, die so heldenhaft sind, dass man sie Haudegen nennt, werden nur blindlings im Todeswahn um sich wüten, ohne an Sieg oder Niederlage zu denken. Von da an wird man auch von Zweifeln befreit.

1-56. Es gibt eine Ursache dafür, dass eine große Anzahl an Gefolgsleuten Fehltritte begehen, indem sie nach Reichtum und Ehre trachten. Solange man die eigene Armut akzeptiert, macht man keine Fehler.

Ein bestimmter Mann ist zwar sehr klug, aber sein Charakter lässt ihn immer die Schwächen in der Arbeit anderer Leute sehen. Dadurch läuft natürlich nicht alles glatt. Hat man nicht von Anfang an das Bewusstsein, dass die Welt voller Mängel ist, wird man mit der Zeit einen bösen Gesichtsausdruck bekommen und niemand wird einem mehr nahekommen. Wie vortrefflich jemand auch sein mag, ohne die Freundlichkeit anderer Leute wird man die eigene Bestimmung nicht entfalten können. Die Nichtbeachtung dieser Regel ist eine Ursache für Fehltritte.

1-57. Ich habe sagen hören: »Der und der ist ein wackerer Bursche. Selbst vor einer gewissen hochstehenden Persönlichkeit hat er es fertiggebracht, sich ziemlich wichtig zu machen.«

Das übersteigt allerdings das, was ihm zukommt. Er möchte nur von den anderen Männern als Haudegen gelobt werden. Damit fällt er weit vom Niveau ab. Ich sehe ihn als jemanden an, der noch lange grün hinter den Ohren bleiben wird.

Ein Samurai ist erst dann stattlich und vortrefflich, wenn er zuerst gute Manieren und Umgangsformen bewiesen hat. Die Sprechweise dieses Mannes ist genauso wie ein Wortaustausch unter gemeinen Bediensteten und als pöbelhaft zu verachten.

Es gibt viele Leute, die Häuser, Möbel und Hausrat und andere Dinge begehren, die ihrem Rang nicht zukommen. Fächer, Papiertaschentücher, Schreibpapier, Bettzeug, und Ähnliches: ein wenig mag man auch gute Dinge benutzen dürfen, aber auf jeden Fall soll man dafür sorgen, dass es sich um Gegenstände handelt, die dem eigenen Rang angemessen sind.«

1-58. Ein gewisser Mann war mit seinem Adoptivsohn unzufrieden, da dieser nicht zuvorkommend genug war, und wies ihn deshalb, nachdem er aufgrund einer langen Krankheit seine Selbstbeherrschung verloren hatte, wegen diesem und jenem zurecht und ließ sich auch an seiner näheren Umgebung aus. Der Adoptivsohn gab sich auch den Anschein, langsam die Geduld zu verlieren und sich zu überlegen, ob er nicht binnen Kurzem in sein Elternhaus zurückkehren und damit die Adoption auflösen sollte. Darum kam die Adoptivmutter zu mir, um Rat zu suchen: »Das ist wirklich eine Sache, um sich den Kopf zu zerbrechen. Er mag zwar krank sein, aber ich wünschte mir, er würde seinen Eigensinn etwas eindämmen. Seien Sie doch so gut, meinem kranken Mann gut zuzureden und ihn zurechtzuweisen.«

Als ich ablehnen wollte, bettelte mich die Adoptivmutter weinend an: »Bitte, tun Sie mir doch den Gefallen!« Da konnte ich nicht weiter ablehnen und erklärte mich einverstanden: »Aber der Adoptivvater wird entgegengesetzter Meinung sein. Außerdem ist er bettlägerig. Schicken Sie daher Ihren Adoptivsohn zu mir.«

Die Adoptivmutter kehrte nach Hause zurück, schien aber nicht ganz überzeugt zu sein. Jedenfalls schickte sie den Adoptivsohn zu mir. Da sagte ich zu ihm: »Mehr als alles andere musst du dich doch wohl glücklich schätzen, als Mensch geboren worden zu sein. Und ist es dir, als jemand, der in diese Welt geboren wurde, nicht eine tiefe Befriedigung, ein Vasall des Nabeshima-Klans zu sein? Das erkennt man sogar in dem Falle, wenn man sich die Bauern und Stadtbürger betrachtet. Obwohl es eigentlich schon dankenswert ist, von seinem leiblichen Vater ein Stück Land zu erben, wirst du, der als jüngster Sohn geboren wurde und eigentlich nicht die Nachfolge des Hauses antreten kann, die Nachfolge eines anderen Hauses antreten und als Gefolgsmann den fürstlichen Vasallen beitreten können. Das ist doch wohl ein seltenes Glück.

Dir das zu verpfuschen und ein Samurai ohne Verbindung zu Seiner Hoheit zu werden bedeutet Treulosigkeit gegenüber unserem Fürsten. Und deinen Adoptiveltern nicht zu Gefallen zu sein bedeutet äußerstes Unglück. Glaubst du, du könntest in dieser Welt leben, wenn du entgegen der Loyalität und der Ehrfurcht gegenüber deinen Eltern handelst? Wenn du wieder zu Hause bist, solltest du gut darüber nachdenken. Für dich bedeutet Loyalität und Pietät im Moment einfach nur, dass du bei deinen Adoptiveltern Gunst zu finden versuchst, mehr nicht.

Du scheinst der Meinung zu sein, dass deine Adoptiveltern nicht die Absicht haben, dich anzunehmen, egal, wie sehr du auch versuchst, ihre Gunst zu gewinnen. Gut, dann will ich dir erklären, wie du die Stimmung deiner Adoptiveltern ändern kannst. Du solltest von ganzem Herzen die ehrwürdigen Schutzgötter der Familie anflehen, und zwar so sehr, dass dir Tränen von Blut entrinnen, auf dass dein Adoptivvater dich – angefangen von deinem Gesicht bis zu allem anderen, also wirklich alles – in sein Herz schließe. Das machst du nicht für dich. Das machst du aus Loyalität und Pietät. Dieses, dein innigstes Begehren wird unvermeidlich von deinen Adoptiveltern erhört werden. Und siehe, wenn du dann nach Hause kommst, werden sich die Blicke deiner Adoptiveltern, mit denen sie dich ansehen, schon geändert haben. Das ist der mysteriöse Weg, auf dem Himmel, Erde und Mensch eine Dreieinigkeit bilden, miteinander in Harmonie sind und sich gegenseitig verstehen.

Und außerdem ist es nicht für lange, ist die Krankheit deines Adoptivvaters doch ziemlich schwer. Es geht doch wirklich nur für kurze Zeit um den Gehorsam gegenüber deinen Adoptiveltern. Das sollte doch nun wirklich einfach sein, selbst wenn du dich auf den Kopf stellen müsstest.«

Nachdem ich das gesagt hatte, vergoss er Tränen, bedankte sich überschwenglich und kehrte nach Hause zurück. Später hörte ich dann, dass, als der Adoptivsohn nach Hause kam, ihn sein Adoptivvater sogleich guter Stimmung mit den Worten empfing: »Die Ermahnung scheint gewirkt zu haben, denn deinem Gesichtsausdruck nach zu urteilen scheinst du dich bereits gebessert zu haben.« Das ist wirklich ein mysteriöses Naturprinzip von unerklärlicher Ursache. Das Wissen der Menschen ist nur ein ferner Abklatsch davon. Dieser Adoptivsohn kam noch einmal wieder, um sich bei mir zu bedanken, weil er dank meiner Ermahnung seiner Loyalität und Ehrfurcht gegenüber seinen Eltern genügen konnte.

Es wird nicht vorkommen, dass man die Götter gemäß solcher wahren Prinzipien anbetet und sie das Gebet nicht erhören. Ich glaube fest daran, dass einem, wenn man so innig betet, blutige Tränen entrinnen, dieses Gebet durch Himmel und Erde dringen und bei den Göttern Gehör finden wird.

I-59. Es ist nicht gut, an einer Überzeugung festzuhalten. Wenn man glaubt, es reiche, eine Überzeugung zu hegen, zu der man nach vielen Geistesanstrengungen gelangt ist, macht man einen Fehler. Man muss sich sein Leben lang üben und trainieren, um durch Anstrengungen das Wesen und die wahre Natur der Dinge zu erfassen und dann dafür zu sorgen, dass diese Anstrengungen in ausgezeichneter Weise Früchte tragen.

Bei einer Überzeugung anzulangen und zu glauben, damit werde man dem Weg gerecht, geht wider alle Vernunft. Man sollte überlegen, ob die eigene Überzeugung nicht doch noch unzulänglich sei und es nicht eine bessere Lösung gebe, und ein Leben lang danach suchen, wie man dem wahren Weg gerecht werden könne. Solange man sich übt und trainiert, ohne beruhigt auf der Stelle zu treten, wird man das wahre Prinzip des Weges entdecken.

I-60. Ich habe die Sprüche und Aussagen aufgeschrieben, die mein Vater Yamamoto Jin'emon immer von sich gab. Hier sind einige daraus.

Sieht man in eine Richtung, sieht man in alle Richtungen.

Jemand, der aufgesetzt lacht, ist ein gemeiner Feigling,

wenn es sich um einen Mann handelt, und wollüstig und unzüchtig, wenn es sich um eine Frau handelt.

Bei einer mündlichen Mitteilung oder einer Erzählung sollte man in die Augen des Gegenübers blicken. Eine Verbeugung ganz am Anfang reicht. Beim Sprechen die Augen niederzuschlagen ist unvorsichtig.

Die Hände in den *hakama*, den Hosenrock, zu stecken ist unvorsichtig.

Wenn man Geschichten, Romane oder andere Bücher sieht, muss man sie sofort verbrennen. Bücher zu lesen ist die Arbeit des Hofadels, während es doch wohl die Aufgabe der Nakano-Sippe ist, Eichenholz zu ergreifen und sich in den Kampfkünsten zu üben.

Ein Samurai, der nicht in eine Truppe eintritt und sich kein Pferd hält, ist kein Samurai.

Auf Haudegen und wahre Kämpen kann man sich verlassen.

Man sollte morgens um vier Uhr aufstehen, sich jeden Tag baden, bei Sonnenaufgang essen und bei Sonnenuntergang schlafen.

Krieger stecken sich auch dann einen Zahnstocher in den Mund, wenn sie nicht gegessen haben. Zu Hause betragen sie sich wie ein zahmer Hund, draußen wie ein wilder Tiger.

1-61. Wie sollte man antworten, wenn man gefragt wird: »Was soll man sich als Mensch am meisten angelegen sein lassen und am meisten üben?« Als Erstes wollen wir folgendermaßen antworten: Das Wichtigste ist, sich in jedem Augenblick den Tod vor Augen zu halten und über diesen nachzusinnen.

Die Allgemeinheit sieht aus, als sei sie schlaff und unentschlossen, als hätte sie ihr Herz verlassen, aber ein energisches Gesicht voller Lebenskraft ist ein Gesicht, das über den Tod nachsinnt. Und während man sich dann mit allen möglichen Dingen befasst, gibt es etwas, das sich nach und nach in den Tiefen der eigenen Brust festsetzt und Gestalt annimmt. Und zwar ist das die Loyalität gegenüber dem Lehnsherrn, die Pietät gegenüber den Eltern, die Tapferkeit auf dem Weg des Kriegers, und darüber hinaus etwas, was mit allen Wegen in Verbindung steht und Gültigkeit hat. Dies zu entdecken ist schwierig. Es stets und andauernd im Herzen zu behalten ist noch schwieriger. Darum kann man im Moment nichts anderes tun, als sich ein Herz zu fassen und sich in jedem Augenblick dem Tod gegenüberzustellen.

1-62. Früher war die Beziehung zwischen dem *yorioya*, dem Führer einer militärischen Truppe, und den *kumiko*, den Mitgliedern seiner Truppe, so eng und intim, dass nichts mehr zwischen diese passte. Weil zu Zeiten Fürst Mitsushiges eine Stelle in der berittenen Leibgarde frei wurde, wurde in einer Konferenz unter den ehrwürdigen Klan-Ältesten beschlossen, den jungen und talentierten Mawatari Gendayū an diese Stelle zu berufen.

Gendayūs Vater Ichinosuke, der davon hörte, war zwar schon in Ruhestand getreten, eilte aber sogleich zu seinem Mannschaftsführer Nakano Kazuma und erklärte entschieden: »Tja, was kann ich dazu sagen …? Weil die Mitglieder unserer Mannschaft außer mir alle von derselben Familie und von einer Sippe sind, war ich immer von besonderer Entschlossenheit und hatte mir ein Herz gefasst, die Sippenmitglieder zu übertreffen und Ihnen, meinem Mannschaftsführer, von Nutzen sein zu müssen. Auch meinem Sohn Gendayū gebe ich immer zu hören, wachsam und aufmerksam zu sein und sich keine Blöße zu geben, weil es sich um eine Mannschaft von einer Sippe handelt, und immer so zu arbeiten, dass er die Sippenmitglieder überflügele. Indes wurde Gendayū nun aus der Mannschaft hinausgeworfen, was einen zu großen Ehrverlust bedeutet und wirklich beschämend ist. Weil deshalb selbstverständlich Gendayū als der gegenwärtige Hausherr, aber auch ich, der ich mich schon im Ruhestand befinde, der Welt vor Scham unser Gesicht nicht mehr zuwenden kann, haben wir beide, Vater und Sohn, uns entschlossen, *seppuku* zu begehen.«

Kazuma war völlig verblüfft und sagte: »Das ist ein ungeheures Missverständnis. Die diesmalige Umgruppierung der Mannschaft bedeutet für die Sippe Gendayūs nichts anderes als eine große Ehre. Auch die ehrenwerten Klan-Ältesten haben die Begabung Gendayūs anerkannt, und es handelt sich daher um eine Berufung aufgrund einer einstimmigen Entscheidung. Darum halte ich es eher für angebracht, dass sich Vater und Sohn zusammen freuen.«

Daraufhin sagte Ichinosuke: »Ich hätte mir gewünscht, Sie hätten bei der Beratung gesagt, Sie könnten ihn nicht erübrigen, weil er ein Mannschaftsmitglied genau wie alle anderen Ihrer Sippe sei. Aber dass Sie sofort einwilligten, sich von ihm zu trennen, bedeutet wohl, dass Sie gewöhnlich nicht an ihn dachten, ohne einen Unterschied zu machen. Deshalb ging es mir durch Mark und Bein, dass Sie uns den Rücken zugekehrt haben, was mich zutiefst verbittert.«

»Oje, was kann ich da sagen? Sie haben natürlich völlig recht. Ich werde sofort versuchen, den ehrenwerten Klan-Ältesten abzusagen.«

Weil Kazuma sich derart entschuldigte, sagte Ichinosuke: »Ich hatte eigentlich die Absicht, mich nicht von der Stelle zu bewegen, solange ich nicht zumindest diese Worte zu hören bekäme!« Mit diesen Worten kehrte er heim.

Kazuma ging sofort zum Schloss und erklärte den versammelten Klan-Ältesten: »Ob ein Mensch morgen noch lebt oder stirbt, kann man nicht vorhersehen. In meinem Fall hat mir Ichinosuke diesen Morgen ohne Rückhalt in meinen Eingeweiden herumgewühlt. Auf jeden Fall fühle ich mich so. Weil es sich nun so und so weiter und so fort verhält, möchte ich Sie bitten, Gendayū von der Beförderung zu entschuldigen.«

Darum wurde der Posten in der Leibwache jemand anderem zugesprochen.

I-63. Bis vor 50, 60 Jahren haben Krieger jeden Morgen gebadet, sich die Stirn und den Scheitel rasiert, ihre Haare parfümiert, ihre Finger- und Fußnägel geschnitten, sie mit Bimsstein und Sauerklee poliert und auf diese Weise unverdrossen ihre äußere Erscheinung in Ordnung gehalten. Natürlich haben sie auch ihre Waffen und Rüstungen abgestaubt und sie gewartet, ohne sie je Rost ansetzen zu lassen.

Dass sie sich so sehr um ihre äußere Erscheinung gesorgt haben, hört sich nach Geckenhaftigkeit und Stutzerei an, hatte aber nichts mit Modehascherei zu tun. Sie alle waren von verzweifelter Entschlossenheit, auf dem Schlachtfeld zu fallen, und wenn nicht heute, dann morgen. Darum befürchteten sie, dass ihre alltägliche Entschlossenheit in Zweifel gezogen und sie vom Feind lächerlich gemacht würden, sollten sie unordentlich und ungepflegt fallen. Deshalb hielt man, ob alt oder jung, seine äußere Erscheinung in Ordnung. Das mag zwar mühselig und umständlich erscheinen, aber das ist nun einmal die Pflicht eines Kriegers. Außerdem handelt es sich auch nicht um besonders zeitraubende Dinge, selbst wenn man viel zu tun hat.

Solange man alltäglich seine Entschlossenheit, auf dem Schlachtfeld zu fallen, in sich einsinken lässt, es fertigbringt, ein toter Leib, ein wandelnder Leichnam zu sein, und sich im Lehnsdienst, in seiner Pflicht und in den militärischen Künsten übt und stählt, wird man nicht in Schande fallen.

Die heutigen Samurai denken nicht einmal im Traum an solche Dinge. Sie verbringen ihre Tage in Gewinnsucht und Eigennutz und empfinden es nicht einmal als Schande, wenn sie sich wegen irgendeiner Angelegenheit lächerlich gemacht haben. Es ist in der Tat eine traurige Sache, dass sie derart in Ausschweifungen und Unsitte abstürzen, als ob sie keinen Wert auf Scham und Ansehen legten, solange sie nur selbst mit ihrem Tun im Reinen sind. Wie könnten sie nur ein solch peinliches Benehmen an den Tag legen, wenn sie im Voraus die Entschlossenheit gefasst hätten zu sterben. Hierüber gilt es tief nachzudenken.

Innerhalb von kaum 30 Jahren haben sich die Charaktereigenschaften wiederum sehr geändert, und die jungen Samurai reden nur noch von Geld und Gold, der Berechnung von Gewinn und Verlust, wie man mit der Haushaltskasse zu Rande kommt, reden von der Beurteilung von Kleidungsstücken oder über erotische Angelegenheiten. Würden sie nicht über solche Sachen reden, käme angeblich kein Leben ins Gespräch. Was für eine kuriose Welt sich da entwickelt hat! Früher hatte man ursprünglich keine vulgären Gedanken im Herzen, bevor man 20, 30 Jahre alt wurde, und führte so etwas daher auch nicht im Munde. Wenn jemand Älterem aus Versehen so etwas aus dem Mund rutschen sollte, bereute er es sofort hinterher.

Dass die Welt so geworden ist, liegt daran, dass das Leben luxuriös geworden ist und man nur noch den Lebensunterhalt und den Erwerb für wichtig erachtet. Solange man nur keinem, dem eigenen Rang unangemessenen Luxus frönt, sollte man doch eigentlich angemessen leben können.

Dass die jungen Männer in letzter Zeit Geizhälse als sparsam loben, ist wirklich unerhört. Geizhälse lassen es an Pflichtgefühl mangeln. Und Leute, denen es an Pflichtgefühl mangelt, gehören zum gemeinen Pöbel.

1-64. Ittei zufolge können auch Leute mit schlechter Schrift lernen, einigermaßen schön zu schreiben, wenn sie fleißig üben, indem sie eine gute Vorlage nachahmen. Lehnsmänner werden dann auch zu einigermaßen guten Dienstleuten, wenn sie sich einen guten Dienstmann als Beispiel nehmen. In diesen Zeiten gibt es allerdings nur wenige gute Dienstmänner, die man sich als Beispiel nehmen könnte. Darum sollte man sich selbst ein Beispiel setzen und von diesem lernen. Wie kann man sich also ein gutes Beispiel setzen? Man beobachtet, wer im Großen und Ganzen gute Manieren und Umgangsformen hat, wer mutig ist, wer eine gute Ausdrucksweise hat, wer einen anständigen Lebenswandel führt, wer rechtschaffen und wer entschlossen ist und sofort Entscheidungen fällen kann. Kurz: man sucht sich aus vielen Leuten diejenigen heraus, die etwas Bestimmtes besitzen, was man ihre beste Eigenschaft nennen könnte, und indem man nur diese guten Punkte auswählt, setzt man sich selbst ein gutes Beispiel.

Auch in den Künsten können die Lehrlinge die guten Eigenschaften ihrer Meister nicht erreichen, da sie nur deren schlechte Angewohnheiten sehen und imitieren, und sind daher von keinerlei Nutzen. Unter Männern mit den richtigen Umgangsformen gibt es auch solche, die unaufrichtig sind. Versucht man solche Männer zu imitieren, so wird man wahrscheinlich, von den Umgangsformen einmal abgesehen, nur die unaufrichtigen Aspekte imitieren. Solange man auf die guten Seiten achtgibt, wird alles zu einem guten Beispiel und zu einem guten Lehrmeister.

1-65. Wenn man wichtige Schreiben, Briefe oder Memoranden überbringt, muss man sie auch auf dem Weg in der Hand halten, ohne sie auch nur einen Augenblick loszulassen, und sie sofort übergeben, sobald man am Bestimmungsort ankommt.

1-66. Vasallen müssen Tag und Nacht auf der Hut sein, ohne in ihrer Aufmerksamkeit nachzulassen, in der Form, als ob sie sich gerade in Anwesenheit ihres Lehnsfürsten oder in einer förmlichen Situation befinden würden. Wenn man unvorsichtig oder zerstreut ist, nur weil man sich gerade in einer Ruhephase befindet, kommt das auch in förmlichen Situationen zum Vorschein. Diese Art von Umsicht und Wachsamkeit ist wichtig.

1-67. Es gibt Situationen, in denen man nicht ungeduldig oder reizbar sein darf.

Betreffs des Umzugs in eine andere Einsiedelei (mündliche Übermittlung).

Irgendwann kommt die passende Jahreszeit oder Gelegenheit, und darum ist Geduld bei entsprechenden Angelegenheiten am wichtigsten. Es kommt auch vor, dass man rasch und ohne nachzulassen reagieren muss, wenn man glaubt, dass der richtige Zeitpunkt erreicht sei. Denn es kann passieren, dass man deshalb Fehler begeht, weil man über dies und das nachgrübelt und unschlüssig ist. Andererseits gibt es auch Situationen, in denen man von Anfang an auf einen Schlag losstürmen sollte, als ob man etwas in die Erde stampfen wollte. Auch kommt es vor, dass es im Gegenteil besser ist, sich zu gedulden, je mehr die Liebenswürdigkeiten und das Interesse, das einem von den Leuten entgegengebracht wurde, langsam aber sicher erlischt. Bei solchen Gelegenheiten ist ein Wort des Dankes besonders wichtig. Auf alle Fälle ist es von großer Bedeutung, Haltung zu bewahren, ohne die Spannung und Entschlossenheit zu verlieren.

1-68. Es gibt viele Leute, die deshalb gestrandet sind, weil sie dem Alkohol frönten. Das ist wahrhaftig eine traurige Sache. Als Allererstes sollte man gut über seine eigenen Grenzen nachdenken und dann nicht über diese hinaus trinken. Aber selbst dann, wenn man um diese Grenze weiß, kommt es vor, dass man zu viel trinkt. Besonders bei Banketten darf man sich nicht gehenlassen und muss bereit sein, sofort zu reagieren, sollte etwas Unvorhergesehenes passieren. Auch muss man sich bewusst sein, dass ein Bankett eine Angelegenheit ist, die in der Öffentlichkeit stattfindet.

1-69. Unabhängig von Hoch und Niedrig in der sozialen Stellung werden Menschen, die ihre sozialen Grenzen überschreiten, am Ende etwas Gemeines oder Niederträchtiges anstellen und sich im Anschluss davonmachen wie der gemeine Pöbel. Bei Dienstboten ist besondere Vorsicht geboten.

1-70. Es gibt viele Männer, die glauben, man sei ein tüch-

tiger, brauchbarer Krieger, wenn man sich auf die Kampf-
künste fixiert, Lehrlinge annimmt und anfängt, Unterricht
zu erteilen. Aber es ist zu schade darum, sich derart anzustrengen, um endlich mit Müh und Not ein Kampfkünstler
zu werden. Bei den Künsten genügt es, wenn man sie nur
im Großen und Ganzen beherrscht. Überhaupt erscheinen
Männer, die viele Künste beherrschen und Talente besitzen,
als gemein und niedrig und sind nachlässig und oberflächlich, wenn es um maßgebliche Angelegenheiten geht.

I-71. Nimmt man einen Befehl wortlos entgegen, so erscheint man unmutig und unzufrieden, unabhängig davon,
ob der Befehl gut oder schlecht war. Man muss eine angemessene Antwort geben. Dafür ist es wichtig, im Voraus
auf solch eine Situation vorbereitet zu sein.

Auch dann, wenn einem ein Dienstposten übergeben
wird, wird man es einem vom Gesicht ablesen können,
sollte man sich im innersten Herzen über diese Tatsache
freuen und mit ihr prahlen wollen. Ich habe schon einige
solcher Männer gesehen, aber das ist wirklich kein schöner
Anblick. Ein Mann, dem seine eigenen Mängel bewusst
sind, überlegt sich, ob er dieses Amt, das ihm überlassen
wurde, wohl gut ausfüllen könne, obwohl er doch eigentlich untauglich sei: »Oh, wie ungelegen und wie besorgnis-
erregend!« Selbst wenn er das nicht in Worte fasst, kann
man ihm das vom Gesicht ablesen, und er erscheint deshalb
zurückhaltend und vornehm. Männer, die leichtfertig nach
dem Wind pfeifen, missverstehen den wahren Weg, erscheinen unsicher und unzuverlässig und werden wahrscheinlich nur Fehler machen.

I-72. Sich seinen Studien zu widmen ist eine gute Sache,
bringt aber auch Schaden. Es verhält sich genau wie mit der

Ermahnung von Abt Kōnan. Auch wenn man Personen betrachtet, die es wohl zu etwas bringen werden, sind die Männer, die studieren, um ihre eigenen Mängel zu erkennen, von Nutzen bereits so, wie sie sind. Aber es ist sehr schwierig, so zu werden. Die meisten Menschen vermehren nur ihr Wissen und finden Geschmack an Spitzfindigkeiten und Sophisterei.

1-73. Besucht man Leute, denen ein Unglück passiert ist, um ihnen sein Beileid oder sein Mitgefühl auszusprechen, sind die Beileidsworte wichtig. Bereits anhand nur eines Wortes oder eines Satzes erkennt man die Persönlichkeit desjenigen, der sie ausspricht. Überhaupt ist es eine schamvolle Angelegenheit, wenn Krieger jämmerlich niedergeschlagen und schwermütig sind. Sie sind von keinerlei Nutzen, solange sie nicht mutig voranschreitend Schwierigkeiten überwinden und dabei frohen Herzens sind. Männer zu ermutigen und ihnen frischen Antrieb zu geben ist auch eine wichtige Sache.

1-74. Als Tennō Godaigo aus dem Land Oki zurückzukehren beliebte, drückte er seine Dankbarkeit aus, als Akamatsu Enshin und Kusunoki Masashige ihm entgegenritten. Enshin machte nur einen Fußfall und zog sich wortlos von der erlauchten Gegenwart zurück. Aber Masashige richtete eine ehrerbietige Antwort an den Kaiser. Dabei handelte es sich um eine gediegene, vortreffliche Ansprache. Diese Rede sollte man sich unbedingt einmal im *Taiheiki* ansehen.

1-75. Als ein bestimmter Mann einen Flüchtling verfolgte, begegnete ihm eine Sänfte. Der Mann rannte hinzu, riss die Tür der Sänfte auf und rief: »Bist du nicht etwa derjenige welcher?« Aber als er genauer hinsah, handelte es sich um eine komplette Verwechslung. Da soll er unverzüglich gesagt haben: »Entschuldigen Sie bitte vielmals, aber ich warte ungeduldig auf einen Freund.«

1-76. Als letztes Jahr eine wichtige Beratung stattfand, vertrat ein bestimmter Mann seine Meinung mit der festen Entschlossenheit, den Leiter der Beratung mit dem Schwert niederzuschlagen, sollte seine Meinung nicht akzeptiert werden. Als seine Meinung dann allerdings akzeptiert und umgesetzt wurde, sagte dieser Mann wiederum: »Ich habe das Gefühl, dass es in der näheren Umgebung Seiner Hoheit an fähigen Personen mangelt. Deswegen fühle ich mich etwas hoffnungslos, weil meine Meinung allzu einfach angenommen wurde.«

1-77. Es kommt manchmal vor, dass jemand zu einer Behörde kommt, in der man gerade äußerst beschäftigt ist, und dann, ohne auf diese Tatsache aufmerksam zu werden, irgendein Anliegen vorträgt. Bei diesen Gelegenheiten werden die meisten Beamten grob, und es gibt sogar Männer, die in Zorn geraten. Das ist außergewöhnlich unpassend. Es gehört zur Etikette eines Kriegers, sich zu beruhigen und jemanden höflich zu empfangen, und zwar je beschäftigter er ist, desto eher in solchen Situationen. Ein spitzer, bissiger Empfang ist ein Empfang, wie er beim gemeinen Pöbel vorkommt.

1-78. Es gibt Zeiten, in denen man jemanden um ein Anleihen bittet und stattdessen etwas von ihm geschenkt bekommt. Wenn sich das öfters wiederholt, ist das nichts anderes als Bettelei, was schändlich und schmachvoll ist. Solange das, was man hat, für die eigenen Bedürfnisse irgendwie ausreicht, sollte man nicht von seinen Bedürfnissen reden.

I-79. Es gibt die Maxime des strömenden Regens. Wird man unterwegs von einem Regenschauer überrascht und fängt deshalb, weil man nicht nass werden möchte, an zu laufen oder versucht, sich von Vordach zu Vordach zu bewegen, wird man trotzdem nass. Wenn man aber von Vornherein bereit ist, nass zu werden, wird einem das gleiche Nasswerden nicht zur Last. Diese Art von Verständnis trifft auf alle Dinge zu.

I-80. Solange man sämtliche Künste und Fertigkeiten zum Nutzen der militärischen Dienstpflicht ausübt, sind sie von Nutzen und nichts Schlechtes. Aber es besteht die Gefahr, zu einem Liebhaber der Künste zu werden und nicht mehr von ihnen loszukommen. Besonders in Bezug auf die Wissenschaften und die Gelehrsamkeit ist diese Gefahr groß.

I-81. In China gab es einmal jemanden, der die Bilder von Drachen außerordentlich gern hatte. Selbst Kleidung und Hausrat verzierte er mit Drachenmotiven. Eines Tages erschien der Drachengott, der von dieser tiefen Vorliebe beeindruckt war, in der Gestalt eines echten Drachen vor seinem Fenster. Daraufhin fiel dieser Herr in Ohnmacht.

Es gibt tatsächlich Leute, die alltäglich den Mund vollnehmen und großtun, aber dann, sobald sie auf Unannehmlichkeiten stoßen, genau das Gegenteil von dem tun, was sie vorher gesagt haben.

I-82. Ein berühmter Lanzenkämpfer rief einen seiner Lehrlinge an sein Sterbebett und hinterließ ihm die folgenden Worte: »Weil ich dir die Geheimnisse meines Kampfstils bereits übermittelt habe, ohne etwas auszulassen, habe ich dir nichts mehr zu sagen. Nur, solltest du die Absicht haben, Lehrlinge anzunehmen, solltest du jeden Tag darauf achten, dein Bambusschwert nicht aus der Hand zu legen. Das soll aber nicht etwa bedeuten, einen Kampf auszutragen.«

In der Lehre eines Kettengedichtmeisters heißt es wiederum, vom Vortag einer Dichterzusammenkunft an seine Gefühle ruhig und entspannt zu halten und sich im Voraus vorzubereiten, indem man Gedichtsammlungen liest. Das geschieht um des völligen Aufgehens in einer Sache willen, kurz, dass man in einer Sache völlig versunken sein soll. Genauso sollte jedermann in seiner Dienstpflicht versunken sein.

I-83. Die goldene Mitte ist für alles der ideale Zustand, aber in Bezug auf den Weg des Kriegers muss man den Willen haben, alltäglich alle anderen zu überbieten.

Beim Bogenschießen wird gelehrt, beide Arme horizontal zu halten, aber weil besonders der rechte Arm oft höher gerät, erreicht man das gleiche Ergebnis, als wenn man beide Arme horizontal gehalten hätte, wenn man jemanden den rechten Arm niedriger haltend schießen lässt. Solange man den festen Vorsatz fasst, verdienstvolle Krieger zu übertreffen, und es einen Tag und Nacht danach verlangt, einen vortrefflichen Feind zu erschlagen, wird in einer Schlacht das eigene Gemüt aufwallen und man wird seine Tapferkeit beweisen können, ohne zu versagen.

Dies ist die Erzählung eines erfahrenen Veteranen. Krieger müssen jeden Tag diese Gesinnung pflegen.

I-84. Der alte Tessan bemerkte einmal: »Ich dachte immer, dass es im Jūjutsu, anders als beim Sumō, ausreicht, wenn man nur gewinnt, selbst nachdem man einmal nach unten geraten ist. Aber in den letzten Jahren kam mir etwas in den Sinn. Sollte, während man unten liegt, irgendjemand dazwischentreten und den Kampf unterbrechen, wird daraus eine Niederlage. Ein Sieg am Anfang bedeutet den Sieg bis zum Ende.«

1-85. Für die Kinder von Kriegern gibt es eine ihnen geziemende Art der Erziehung. Zuerst muss man ihnen von klein auf Mut einflößen und darf sie nicht einmal geringfügig erschrecken oder hinters Licht führen. Ein Hauch von Ängstlichkeit, selbst dann, wenn man noch klein ist, wird zu einer Schwäche fürs Leben.

Dass Eltern dieser Zeit, ohne darüber nachzudenken, ihren Kindern Furcht vor dem Donner beibringen, sie nicht in die Dunkelheit gehen lassen oder ihnen furchteinflößende Sachen sagen, um sie vom Weinen abzubringen, ist noch schlechter. Aber auch dann, wenn man sie zu sehr ausschimpft, solange sie noch klein sind, werden aus ihnen ängstliche Kinder. Außerdem muss man dafür sorgen, dass sich Kinder keine schlechten Eigenschaften angewöhnen. Nachdem man sich einmal eine schlechte Eigenschaft angewöhnt hat, kann man sie nicht mehr korrigieren. Dem Alter angemessen sollte man ihnen dann langsam Arten und Formen der Begrüßung und korrekte Umgangsformen beibringen und dafür sorgen, dass bei ihnen keine Gier aufkommt. Das heißt, dass Kinder abhängig von der Erziehung prächtig aufwachsen, solange sie nur normal veranlagt sind.

Auch heißt es, dass Kinder von Ehepaaren, die sich nicht gut verstehen, zu pietätlosen Menschen werden. Das ist selbstverständlich. Selbst Vögel und wilde Tiere wachsen direkt nach der Geburt dadurch heran, dass sie sehen und hören. Darüber hinaus kommt es vor, dass sich die Beziehung zwischen Vater und Kind in dem Fall verschlechtert, dass die Mutter dumm oder töricht sein sollte. Weil eine Mutter ihr Kind einfach ohne allen Grund liebhat und verhätschelt und sie Partei für das Kind ergreift und es in Schutz nimmt, wird das Kind rebellisch und trotzig, sobald der Vater es ermahnt. Als Resultat der leichtfertigen und oberflächlichen Gedanken einer Frau legen Mütter ihre Zukunft in die Hände ihrer Kinder und leisten ihnen daher Beistand.

I-86. Ist man nicht standhaft auf alles vorbereitet und hält an seiner Entschlossenheit fest, kommt es vor, dass einem der Boden unter den Füßen weggezogen wird. Oder es kommt dazu, dass man, zum Beispiel bei Versammlungen, angesprochen wird und, während man sich unterhält, unwillkürlich jemandem nach dem Munde redet, er habe ganz recht, selbst dann, wenn das Gesagte mit den eigenen Gedanken absolut nicht übereinstimmt. Sieht da jemand von der Seite zu, hat es den Anschein, als sei derjenige genau der gleichen Meinung. Darum darf man, wenn man mit jemandem zusammentrifft, auch nicht einen Augenblick in seiner Umsicht nachlassen. Darüber hinaus muss man sich vornehmen, falls man angesprochen wird, nicht hintergangen oder übers Ohr gehauen zu werden oder, sollte das Gespräch nicht mit den eigenen Gedanken übereinstimmen, so zu reagieren, dass man seine eigene Meinung schildert und auf die Mängel in der Argumentation des Gegenübers hinweist. Selbst in dem Falle, dass es sich nur um eine Kleinigkeit handelt, kann aus einer kleinen Sache ein ernster Irrtum werden. Darauf gilt es aufzupassen.

Außerdem ist es besser, Leuten, von denen man nicht viel hält, nicht zu nahe zu kommen. Sonst wird man geschickt eingehakt und zu einem Verbündeten gemacht, egal was man auch zu tun versucht. In diesem Bereich muss man langjährige Erfahrung und Übung anhäufen, um unerschütterlich zu bleiben.

1-87. Gerade als ein bestimmter Mann dachte, dass gerade er eine beträchtliche Belohnung verdient hätte, weil er seit mehreren Jahren äußerst diensteifrig gewesen war, traf endlich ein offizielles Schreiben ein. Aus diesem Grunde feierte er im Voraus mit Freunden und Kameraden. Indes, als der Inhalt des Schreibens dann vorgelesen wurde, handelte es sich um nicht mehr als eine Gehaltserhöhung für seinen bisherigen Posten. Die Anwesenden hielten das auch für unerwartet, aber eine Belohnung ist eine Belohnung. Als sie aufs Neue ihre Freude und Glückwünsche äußerten, sagte dieser Mann mit einer äußerst unwirschen Miene: »Das ist mir außerordentlich peinlich. Letzten Endes kam es zu diesem Ergebnis, weil ich ein Mann bin, der nicht von Nutzen ist. Darum werde ich meine Befreiung vom Dienst beantragen und mich in den Ruhestand zurückziehen.« Aber weil die davon überraschten Gäste, die sich gut mit ihm verstanden, ihn beschwichtigten und zurückhielten, gab dieser Mann seine Gedanken an Rücktritt auf und setzte seinen Dienst fort.

Dies ist die Geschichte eines Mannes, der überhaupt nichts vom Geiste des Lehnsdienstes aus vollem Herzen versteht, sondern sich einfach nur zu viel auf sich selbst und seine Fähigkeiten einbildet. Von einer Belohnung ganz zu schweigen, selbst wenn man vom Samurai zum Fußsoldaten degradiert würde, oder auch wenn einem befohlen würde, *seppuku* zu begehen, obwohl man sich nichts hat zuschulden kommen lassen, wäre man gerade dann ein wahrer Lehnsmann, wenn man ohne Verzögerung mutig voranschritte. Zu sagen, dass einem etwas peinlich sei oder dass man Schande auf sich geladen habe, geschieht aus Selbstsucht und Eigenliebe heraus. Hierüber muss man gut nachdenken und es verstehen. Wahre Haudegen, allerdings, bilden eine Ausnahme.

1-88. Dass Kunstfertigkeiten einem helfen, in der Welt voranzukommen und Karriere zu machen, ist etwas, was Samurai aus anderen Domänen behaupten. Die Samurai des Nabeshima-Hauses sagen, dass Kunstfertigkeiten einen Mann zugrunde richten. Um welche Kunstfertigkeit es sich auch immer handeln mag: Jemand, der Fähigkeiten in einer Kunstfertigkeit besitzt, ist ein Künstler, kein Samurai. Man muss sich ein Herz fassen, damit von einem gesagt wird, man sei ein wahrer Samurai. Besitzt man auch nur ein wenig Kenntnis einer Kunstfertigkeit, ist diese erst dann von Nutzen, sobald man begriffen hat, dass sie dem Leben als Samurai zum Hindernis wird. Dies gilt es gut zu verstehen.

1-89. Sowohl die Körperhaltung als auch die äußere Erscheinung sollte man immer in einem Spiegel prüfen und verbessern. Das ist ein kostbares Geheimnis. Weil Männer nur selten in den Spiegel sehen, ist ihre Körperhaltung schlecht. Um die eigene Ausdrucksweise zu üben, muss man sich zu Hause verbessern, wenn man spricht. Um das Textschreiben zu üben, sollte man zuerst einen ersten Entwurf niederschreiben, selbst wenn es sich um einen Brief von nur einer Zeile handelt. Dabei sollte der Brief nicht zu auffällig und prunkvoll sein und doch gleichzeitig Ruhe ausstrahlen und etwas Schneidiges, Kraftvolles haben. Außerdem sollte man sich vorstellen, dass der eigene Brief beim Empfänger zu einer Bildrolle gemacht würde, und deshalb besonders schön schreiben. So lernte ich es von Abt Ryōzan, als ich in Ōsaka war.

1-90. Es heißt: »Man darf sich nicht davor fürchten, einen Fehler zu korrigieren.« Auch wenn man eine unpassende Bemerkung macht, wird jedes Missverständnis aufgehoben, sobald man sich sofort verbessert. Versucht man, einen Fehler zu verschleiern, ist das derart schändlich, dass es einen selbst peinigt. Gesetzt den Fall, dass man etwas gesagt hat, was man nicht hätte sagen dürfen: Solange man sich schnellstens entschuldigt, wird das keine Folgen haben und man braucht nicht anzunehmen, dass man in der Schuld des Gegenübers steht. Sollte es jemanden geben, der einem darüber hinaus immer noch Vorwürfe macht, sollte man sich auf alles gefasst machen und sagen: »Weil ich aus Versehen etwas Falsches sagte, habe ich versucht, die Umstände zu erklären und mich zu entschuldigen, aber wenn Sie mir nicht verzeihen können, kann man nichts machen. Ist es nicht auch das Gleiche, als wenn Sie es nicht gehört hätten, da ich es doch sagte, ohne zu wissen, dass ich es nicht hätte sagen sollen? Es werden doch über jeden alle möglichen Gerüchte verbreitet, um wen es sich auch immer handeln mag.« Auf diese Weise sollte man sich auf alles gefasst machen.

Gerade deshalb, weil aus so etwas solche Situationen erwachsen können, darf man nicht aus Versehen Gerüchte über andere Leute oder die Geheimnisse anderer Leute ausplaudern. Auch muss man beim Reden die Wahrheit seiner Worte an die Anwesenden anpassen.

1-91. Beim Schreiben mit dem Pinsel ist es wichtig, richtig und sorgfältig zu schreiben, aber das allein führt nur dazu, dass die Schriftzeichen steif und unreif aussehen. Es gibt darüber hinaus eine Art zu schreiben, die nicht Normen und Regeln verhaftet bleibt. Für viele andere Dinge auch gilt das gleiche Prinzip.

I-92. Eine gewisse Person sagte: »Wenn man von *rōnin*, also von Kriegern spricht, die Posten und Lehen verloren haben, glauben die Leute, das bedeute zahllose Strapazen und Mühen ohnegleichen, und sind daher maßlos enttäuscht und wissen weder ein noch aus, sobald sie einmal ihre Anstellung verlieren. Ist man dann allerdings erst einmal *rōnin* geworden, geschieht nichts von dem, was man sich ausmalte, und es ist auch nicht so mühselig. Darum bedeutet es kein Problem, *rōnin* zu werden.«

Genau, da hat er ganz recht. Auch was den Tod angeht: Man kann in aller Seelenruhe sterben, solange man sich stets an den Gedanken gewöhnt hat, sterben zu müssen. Und obwohl Unglücksfälle meist nicht so schlimm sind, dass man sich von vornherein darüber Sorgen zu machen bräuchte, ist es doch wirklich töricht, sich über die Zukunft zu ängstigen. Es gilt, sich im Voraus darauf einzustellen, dass das eigene Finale als Gefolgsmann seinen Höhepunkt darin finden wird, dass man als *rōnin* endet oder *seppuku* begeht.

I-93. Männer, die fürchten, in ihrem Amt einen Fehler zu begehen, sind feige und unnütze Kerle. Weil sie nun einmal auf diesen ihren Posten gesetzt wurden, ist es überhaupt kein Wunder, wenn sie im Dienst Fehler machen. Allerdings ist es gerade dann eine Schande, wenn man draußen in der Öffentlichkeit oder in privaten Angelegenheiten einen Fehler begeht.

Weil man selbst unbeholfen und plump ist, muss man

sich darum bemühen und sich Gedanken darüber machen, wie man seine Dienstpflicht erfüllen kann.

1-94. Es gibt das Sprichwort: »Wenn du das Herz und die Gefühle von jemandem sehen möchtest, mach dir Sorgen.« Jemand, mit dem man alltäglich unbeschwert Umgang pflegt, der aber dann oberflächlich und nachlässig reagiert, sobald man krank wird oder einen Unfall hat, ist eine Memme. Gerade dann, wenn jemand im Unglück ist, muss man ihm sich besonders zuneigen, ihn besuchen und sich nach seinem Ergehen erkundigen, oder ihn ermutigen, indem man ihm ein Geschenk schickt. Jemanden, der einem Wohlwollen erwies, darf man sein Leben lang nicht oberflächlich behandeln. An solchen Dingen erkennt man die Herzen der Menschen. Während die meisten Menschen in Unglückszeiten die Hilfe anderer in Anspruch nehmen, gibt es viele Leute, die sich hinterher nicht mehr an diese Hilfe erinnern mögen.

1-95. Anhand von Aufstieg und Niedergang kann man Gut und Böse eines Mannes nicht beurteilen. Aufstieg und Niedergang hängen vom Schicksal, Gut und Böse dagegen hängen vom wahren Weg der Menschen ab. Das jeweilige Gut und Böse eines Menschen an seinem Aufstieg und Niedergang festmachen wird man nur in Verbindung mit Ermahnungen oder Belehrungen.

1-96. Mein Vater Yamamoto Jin'emon behielt einen Dienstboten auch dann, wenn dieser sich ungebührlich betragen hatte, für das jeweilige Jahr weiterhin im Dienst, als wäre nichts gewesen. Erst am Ende des Jahres entließ er ihn, ohne etwas von dessen Unbetragen nach außen dringen zu lassen.

1-97. Betreffs des *seppuku* von Nabeshima Jirō'emon gab

es einem gewissen Herrn gegenüber einen vierfachen Einspruch:

Nimmt man bei einer Bestrafung nicht Rücksicht auf die Öffentlichkeit, führe das dazu, dass Seine Hoheit in der Welt in Verruf gerate. In diesem Fall sei es besser, den Fall nicht zu verfolgen, selbst dann, wenn Seine Hoheit den Befehl dazu erteile.

Sollte es dann beim Verhör Aussagen geben, die die Wahrheit umgehen, das heißt, sollte der Verhörte Ausflüchte machen, entspreche es den moralischen Prinzipien, ihm aufgrund dieser Ausflüchte zu vergeben.

Weiterhin müsse ihm bei der Urteilsberatung aufgrund der Leistungen seines Großvaters Nabeshima Daizen verziehen werden, der bei der Rebellion von Shimabara die Fahne des Rebellenführers Amagusa Shirō eroberte und sie dem Shōgun präsentierte.

Sollte ihm trotz der obengenannten Punkte nicht verziehen werden, dürfe er erst am Ende dieses Verfahrens einer Strafe unterzogen werden.

1-98. Morooka Hide'emon wurde wegen des Benzai-Hügel-Grenzstreits vor Gericht gerufen und antwortete auf alle Fragen. Aber als man ihn aufforderte, seine Aussagen vor den Göttern zu beschwören, weigerte er sich mit den Worten: »Das Wort eines Samurai ist härter als Eisen. Nachdem ich einmal mein Wort gab, besteht keine Veranlassung, auf die Götter und Buddhas zu schwören.« Das war, als er 26 Jahre alt war. (Dies ist die wesentliche Ursache dafür, dass der Benzai-Hügel-Prozess gewonnen wurde.)

1-99. Als dieselbe Person sich vor der Gegenwart Seiner Hoheit einfand, nahm sie, weil Seine Hoheit sich nach Shōgen zu erkundigen beliebte, den Auftrag an, bei seinem *seppuku* zu sekundieren.

I-100. Betreffs des Ablaufs der Sekundierung beim *seppuku* Nakano Shōgens. Als Augenzeugen waren Nabeshima Jūdayū und Ishii Saburōdayū anwesend. Saburōdayū verbarg den Leichnam sofort hinter einem Wandschirm, nachdem er verkündet hatte, dass er sich vom Tode Nakanos überzeugt habe.

I-101. Betreffs der Bewandtnis mit dem *seppuku* von Yamamura Miki. Die Umstände beider Männer. Wie er, Tsunetomo, nach der Überprüfung der Deposita Nakano Kazuma Bericht erstattet habe. Wie er, als ihm Mikis Bewachung befohlen wurde, schweigend ins Innere gegangen sei. Wie er einen Arzt rief, weil Mikis Frau krank war. Wie er sich nach der Bewandtnis in Bezug auf Mikis Aussage erkundigte.

I-102. Männern gegenüber, die neu in Dienst gestellt werden, ist Vorsicht und Sorgfalt notwendig. Der Lehnsdienst ist etwas, in dem man seine Fähigkeiten entfaltet, von Nutzen ist, sich einen Namen macht, und ist etwas, das man für seine eigenen Kinder und Kindeskinder leistet. Diese Wesensart wird sich wahrscheinlich auch auf die Kindeskinder übertragen.

Vasallen, deren Familien eine lange Diensttradition haben, haben es in ihren Herzen, Seiner Hoheit selbst dann zu Diensten zu stehen, wenn sie eine Schuld auf ihre eigenen Schultern laden müssten. Damit verhält es sich wie mit der Ermahnung eines gewissen Mannes in dem Fall, als es Misshelligkeiten mit den Domänen der drei Nebenlinien gab.

I-103. Ittei-*sensei* sagte: »Was immer es auch sei, wird in Erfüllung gehen, wenn man es sich nur wünscht. In Saga gab es früher keine Pilze namens Matsutake, aber Männer, die diese Pilze in Ōsaka und Kyōto kennengelernt hatten, wünschten sich, dass diese Pilze auch irgendwie auf den Bergen unseres Landes Saga wachsen mögen. Und jetzt wachsen sie auch auf dem Berg Hokuzan, wo man viele finden und ernten kann. In Zukunft wird es wohl auch unter den Bergen unseres Landes einen Berg mit Zypressen geben. Das ist einer meiner Träume für die Zukunft, weil sich viele Leute Zypressen wünschen. Darum ist es richtig und angemessen, dass die Leute Wünsche haben.«

1-104. Die Gesichtszüge eines Mannes zu beobachten ist für einen General eine wichtige Sache. Einer Überlieferung zufolge stand in einer Schriftrolle, die Kusunoki Masashige seinem älteren Bruder Masatsura überreichte, als er den Feldzug nach Minatogawa antrat, ausschließlich das Schriftzeichen »Auge« geschrieben. Das liegt daran, dass beim Betrachten der Gesichtszüge die Augen den Geheimschlüssel bergen.

(Mündliche Mitteilung)

1-105. Ein Geschehnis, das normalerweise nicht vorkommt, ein unheimliches, überweltliches Ereignis zu nennen und dann in Aufregung zu geraten, es könne sich um ein böses Omen handeln, ist töricht. Dass Sonne und Mond gleichzeitig am Himmel zu sehen sind, ein Komet, Wolken, die wie Fahnen flattern, Dinge, die leuchten und glitzern, Schnee im 6. Monat, Donner und Gewitter im 12. Monat, und Ähnliches sind alles Dinge, die im Laufe von 50 oder 100 Jahren vorkommen mögen. Es handelt sich dabei um Ereignisse, die durch die Fluktuationen von In und Yō, den negativen und positiven Energien, in Erscheinung treten. Wenn es nicht normal wäre, dass die Sonne im

Osten auf- und im Westen untergeht, wäre auch das eine unheimliche, überweltliche Begebenheit. Das ist genau das Gleiche.

Oder auch, dass zu Zeiten von Naturkatastrophen in der Welt immer irgendwelche Übeltaten auftreten. Das passiert nur, weil die Menschen wie Fahnen flatternde Wolken sehen und deshalb glauben, es werde irgendetwas passieren. So fabrizieren die Leute von selbst unheimliche Ereignisse in ihren eigenen Herzen, und aus dem Grunde, weil sie dann auf Übeltaten warten, entstehen aus dieser Herzenshaltung heraus auch tatsächlich solche Übeltaten.

Darüber hinaus gibt es alte Märchen und Geschichten, die von solchen unheimlichen Begebenheiten Gebrauch machen.

1-106. Dass Chōryō die *Seki Kō*-Schrift überliefert habe und dass Yoshitsune von Tengu gelernt habe, wurde behauptet, um einen neuen Stil der Fechtkunst zu errichten und sich so aufzuspielen und wichtigzumachen.

1-107. Als ich eines Jahres, als für die Befestigung Nagasakis das Gefolge Seiner Hoheit formiert wurde, die Liste sah, auf der ich selbst nur der zweiten Truppe zugeteilt worden war, verließ ich das Amt und warf dem Beamten im Vorbeigehen die Worte hin: »Ich kann nicht akzeptieren, dass ich bei der Truppenaufstellung von der Seite Seiner Hoheit abgestellt worden bin. Weil ich, bei Yumiya Hachiman und all den anderen Göttern, meinen Stempel nicht unter diese Liste setzen werde, bitte ich dementsprechend um Kenntnisnahme. Ich glaube, das liegt nur daran, dass ich ein Sekretär bin. Sollte ich nun meines Amtes enthoben werden, weil es mir nicht gebühre, so etwas zu sagen, soll mir das recht sein, und sogar *seppuku* zu begehen möge mir dann einen Segen bedeuten.« Daraufhin wurde in einer Beratung die Formation neu aufgestellt. Solange man jung ist, ist es nötig, sich derart wichtigzumachen und großzutun. Über diesen Sachverhalt gilt es gut nachzudenken.

1-108. Um seine äußere Erscheinung zu verbessern, sollte man sich immer im Spiegel betrachten und sein Aussehen in Ordnung bringen. Als mir in meinem 13. Lebensjahr erlaubt wurde, meine Stirnhaare wachsen zu lassen, habe ich mich entschlossen, mich für ein Jahr zu Hause zurückzuziehen. Die ganze Sippe sagte damals über mich: »Binnen Kurzem wird er als Misserfolg enden, weil er ein gescheites Gesicht hat. Was Seine Hoheit besonders schlecht leiden kann, sind Männer, die so tun, als ob sie gescheit seien.« Darum setzte ich es mir in den Kopf, meinen Gesichtsausdruck zu ändern.

Ein Jahr lang rackerte ich mich ab, Tag und Nacht nur in den Spiegel zu sehen, und als ich nach einem Jahr unter die Leute ging, sagten alle von mir: »Er neigt zur Schwächlichkeit.«

Dies ist meiner Meinung nach die Basis des Lehnsdienstes. Männer, die ihre Intelligenz zum Vorschein kommen lassen, werden von den Leuten nicht ernst genommen. Solange man sich nicht fest zusammennimmt und Standhaftigkeit beweist, sieht die äußere Erscheinung nicht gut aus. Höflich und sorgfältig, schlicht und elegant, und alles in allem ruhig und still zu erscheinen ist am besten.

1-109. Sollte man sich in dringenden Situationen mit niemandem beraten können, lässt sich, um eine gute Entscheidung zu fällen, eine Lösung finden, indem man den vier Gelübden entsprechend nachdenkt. Darüber hinaus ist nichts weiter vonnöten.

I-110. Das Amt eines Inspektors bringt Schaden, wenn er nicht eine Position einnimmt, von der aus er die Gesamtlage überblicken kann. Das Amt des Inspektors wurde für den Nutzen der Klan-Politik und der Klan-Regierung eingerichtet. Weil Seine Hoheit mit seinen eigenen Augen und Ohren nicht alleine in alle Ecken und Enden blicken kann, ist es nötig, dass Seine Hoheit seine eigenen Handlungen, das Recht und Unrecht seiner Klan-Ältesten, Gut und Böse der Verwaltung, Gerüchte und Gerede in der Welt, die Lebensweise des gemeinen Volkes, usw. korrekt zu hören bekommt und über den Weg der Politik reflektiert. Dass ein Inspektor seine Augen nach oben richte, ist der ursprüngliche Zweck seines Amtes. Sollte er dagegen nur die Übeltaten des gemeinen Volkes aufdecken und hinterfragen und diese nach oben übermitteln, werden die Übeltaten kein Ende finden und es wird im Gegenteil Schaden bringen. Unter dem gemeinen Volk gibt es nur wenige ehrliche Leute. Aber die Übeltaten des gemeinen Volkes bringen keinen Schaden für die Domäne. Auch sollte ein Beamter, der einen Delinquenten verhört, bei der Untersuchung immer darauf achten, dass die Rechtfertigung des Übeltäters anerkannt wird und ihm sein Leben erhalten bleibt. Dies gereicht letzten Endes auch Seiner Hoheit zum Nutzen.

I-111. Es gibt viele verschiedene Arten und Weisen, Seiner Hoheit eine Ermahnung zu erteilen. Eine Ermahnung aus Aufrichtigkeit und Treuherzigkeit heraus sollte so erteilt werden, dass sie nicht nach außen dringt, und sollte seine Mängel berichtigen, ohne seine Gefühle zu verletzen. Eine solche Ermahnung sollte sein wie die Treue Hosokawa Yoriyukis gegenüber Ashikaga Yoshimitsu.

Es ist schon ziemlich lange her, als Seine Hoheit einmal auf der Reise unterwegs nach Edo verlauten ließ, dass er am Straßenrand eine Rast einlegen wolle, um auf Nachzügler zu warten. Da wandte sich ein bestimmter Offizier an das Gefolge und sagte: »Ich werde mein Leben aufs Spiel setzen, um Seine Hoheit eines Besseren zu belehren. Am Straßenrand eine Rast einzulegen, obwohl wir ohnehin schon im Zeitplan verspätet sind, ist unverzeihlich. Deshalb, meine Herren Kameraden, verabschiede ich mich schweren Herzens von Ihnen.«

Daraufhin unterzog er sich in Vorbereitung auf den Tod einer spirituellen Reinigung, zog einen weißen Unterkimono an und machte sich auf den Weg, Seiner Hoheit unter die Augen zu treten. Aber nach kurzer Zeit kam er zurück und wandte sich wieder an das Gefolge: »Zu meiner außergewöhnlichen Freude hat Seine Hoheit die Ermahnung meiner Wenigkeit angenommen. Es ist mir daher ein unverhofftes Glück, Sie alle wiedertreffen zu können.«

So etwas ist hochtrabendes Gerede. Dies ist einzig und allein ein Akt, einen Fehler Seiner Hoheit nach außen aufzuzeigen, seine eigene Treue zur Schau zu stellen und einen guten Ruf zu gewinnen. So etwas kommt besonders oft bei Männern vor, die aus anderen Domänen in Dienst gestellt wurden.

I-112. Berechnende Männer sind Feiglinge. Der Grund dafür liegt darin, dass man mit Berechnung alles danach beurteilt, ob man Verlust oder Gewinn macht. Darum verlässt die Berechnung von Gewinn und Verlust nie die Herzen solcher Männer. Der Tod aber bedeutet Verlust, während zu leben Gewinn bedeutet: Weil solche Männer deshalb unwillig sind zu sterben, werden sie feige. Oder auch Personen, die sich in den Wissenschaften zu betätigen verstehen, verstecken ihre Ängstlichkeit und die Begierde in ihren Herzen hinter ihrer Klugheit und Logik. Das ist etwas, was die Menschen falsch verstehen.

I-113. Seitdem es verboten wurde, seinem Lehnsherrn durch Selbstentleibung in den Tod zu folgen, gibt es keine Gefolgsmänner mehr, die Seiner Hoheit mit ihrem Leben Beistand leisten. Weil einem selbst in Kindesjahren die Nachfolge als Familienoberhaupt überlassen wird, verspürt man im Lehnsdienst keinen Ansporn mehr, sich besonders anstrengen zu müssen. Seit man die Position der *kogoshō*, der jungen Pagen vor ihrer Mündigkeitszeremonie, abschaffte, haben sich die Sitten und Gewohnheiten der Samurai verschlechtert. Es ist nicht gut für die Gefolgsmänner, wenn die Barmherzigkeit Seiner Hoheit zu groß ist. Darum wünschte ich mir, dass die Position der *kogoshō* jetzt wieder eingeführt würde. Weil man sich mit 15, 16 Jahren die Stirnhaare rasiert und damit volljährig wird, weiß man sich nicht zurückzuhalten, denkt nur noch ans Schlemmen, Saufen und an vulgäres Geschwätz, ist Worten, die man eigentlich nicht im Munde führen darf, und schlechten Sitten gegenüber unvorsichtig und gibt sich, hat man nur ein bisschen Freizeit, nichtswürdigen Dingen hin: So werden keine guten Vasallen geboren. Männer, die früher als *kogoshō* dienten, sind deshalb von Nutzen, weil sie seit jungen Jahren mit vielen verschiedenen Aufgaben vertraut sind. Fukushima Hachi'emon feierte erst mit 42, Nabeshima Kanbei erst mit 40 Jahren die Volljährigkeit.

I-114. »Der Weg des Kriegers bedeutet, im Todeswahn um sich zu toben und zu wüten. Um einen solchen Mann zu töten, haben selbst 20, 30 Männer mehr als genug zu tun,« beliebte Fürst Naoshige zu sagen.

Bei klarem Verstand lassen sich keine großen Taten vollbringen. Man muss von Sinnen sein und im Wahn um sich toben. Was den Weg des Kriegers angeht, wird man, solange man bei klarem Verstand und besonnen bleiben kann, nur umso schneller hinter anderen Männern zurückbleiben. Darum gilt es, bis in den Tod hinein um sich zu toben, ohne an Loyalität oder Pietät zu denken. Ich glaube, dass darin Loyalität und Pietät von selbst enthalten sind.

I-115. Diese Angelegenheit wurde letztens bereits vernommen. Diesmal lautete die Geschichte folgendermaßen.

Als Shida Kichinosuke sagte: »Sollte nichts gewonnen werden können, unabhängig davon, ob man lebt oder stirbt, ist es besser zu leben«, wollte er mit diesem Satz nur die Kehrseite seiner Worte zum Ausdruck bringen. Er sagte auch: »Zu einem Ort, von dem man sich nicht sicher ist, ob man hingehen soll oder nicht, sollte man besser nicht hingehen.« Dem schloss er die Worte an: »Etwas, bei dem man sich nicht sicher ist, ob man es essen soll oder nicht, sollte man besser nicht essen. Und wenn man sich nicht sicher ist, ob man sterben soll oder nicht, ist es besser zu sterben.«

I-116. Wird man in ein großes Unglück oder eine Krise hineingezogen, reicht es bei weitem nicht aus, die Fassung nicht zu verlieren. Sobald man auf ein ernstes Problem stößt, muss man frohen Mutes vorwärtsschreiten. Dann hat man schon eine Stufe überwunden. Bevor Herr Muraoka seinen Namen änderte, sagte er, es sei genau wie in dem Sprichwort: »Wenn das Wasser steigt, steigt auch das Schiff.«

I-117. Hört man Geschichten von Meistern und Könnern, dann zu glauben, dass man selbst solchen Leuten überhaupt nicht das Wasser reichen könne, ist erbärmlich. Ein Meister ist ein Mensch, man selbst ist ein Mensch. Denkt man darüber nach, warum man ihm unterlegen sein sollte, und fängt man einmal an, sich einer Sache hinzugeben, befindet man sich bereits auf dem Weg, selbst ein Meister zu werden.

Ittei-*sensei* lehrte: »Sollte man schon mit 15 Jahren die Wissenschaften anstreben, ist man bereits ein Weiser. In diesem Fall wurde man nicht dadurch ein Weiser, dass man sich auf seinen Entschluss hin seiner Ausbildung widmete und sich übte.« Es heißt, dass bereits beim ersten religiösen Erwachen die wahre Lehre Buddhas im Herzen aufblühe. So steht es auch in den buddhistischen Schriften.

I-118. Ein Krieger muss in allem aufmerksam und vorsichtig sein und er muss auf der Hut sein, auch nicht um Haaresbreite hinter anderen Männern zurückzustehen. Manchmal kommt es vor, dass jemand im Laufe eines Gesprächs aus Unachtsamkeit Dinge sagt wie: »Ich selbst bin ängstlich«, »In einem solchen Fall würde ich wahrscheinlich fliehen«, »Das ist ja furchtbar« oder »Das tut weh«. Dies alles sind Worte, die man weder im Scherz noch mit Absicht, weder im Schlaf noch aus Versehen von sich geben darf. Sollten Männer mit Herz so etwas zu hören bekommen, würde man bis in die Tiefen des eigenen Herzens durchschaut. Darum sollte man im Voraus auf solches achtgeben.

I-119. Solange man die Gesinnung des martialischen Weges fest im Herzen trägt und ohne Zweifel zu hegen unverrückbar an seiner Entschlossenheit festhält, wird man zweifellos in Zeiten, wenn es darauf ankommt, als Erster ausgewählt werden. Das liegt daran, dass im alltäglichen Verhalten und in der alltäglichen Redeweise die eigene Persönlichkeit zum Vorschein kommt. Jeder einzelne Satz und jedes einzelne Wort ist besonders wichtig. Den Leuten die eigenen Gefühle und Gedanken zu erklären ist unnötig. Die Menschen erkennen das im allgemeinen Leben.

I-120. Als ich mich noch für den Lehnsdienst übte und trainierte, nahm ich nie, weder zu Hause noch an anderen Orten, meine Beine aus der formellen Sitzposition, das heißt, ich setzte mich nie ungezwungen hin. Ich sprach auch nicht. Musste ich sprechen, ließ ich es mir immer angelegen sein, bei 10 Worten mit einem Wort auszukommen. Yamazaki Kurando war zum Beispiel genau so ein Mann.

I-121. Selbst wenn mir der Kopf dabei abgeschlagen würde, bin ich des festen Willens, eine große Aufgabe zu bewältigen, gerade so, wie es von Yoshisada oder Ōno Dōken gut bekannt ist. Warum sollte ein Mann einem anderen Mann unterlegen sein? Mitani Gyokyū soll gesagt haben: »Selbst wenn ich an einer Krankheit sterben sollte, werde ich der Welt zeigen, wie ich den Tod zwei, drei Tage hinausschiebe.«

I-122. In einem Sprichwort der Altvorderen heißt es: »Erwäge und entscheide alles in einem Zeitraum von sieben Atemzügen.«

Fürst Ryūzōji Takanobu sagte: »Wenn man lange Zeit nicht seinen Verstand gebraucht, verfault er.«

Fürst Naoshige sagte: »Für alle Dinge gilt, dass von zehn Dingen, die sich schleppend und zähe dahinziehen, sieben schlecht sind. Krieger müssen in allen Dingen schnell und rasch handeln.«

Sind Geist und Gefühle nicht entspannt und beruhigt, wird man ohne Mühe auch keine Entscheidungen fällen können. Befindet man sich in einer unbefangenen, klaren und kraftvollen Gefühlslage, kann man auch in einem Zeitraum von nur sieben Atemzügen eine gute Entscheidung fällen. Das ist eine Gefühlslage, in der man sich erfrischt und wohl fühlt, weil man einen festen Entschluss gefasst hat.

1-123. Männer, die auch nur ein bisschen Verstand besitzen, werden bald anmaßend und freuen sich, wenn ihnen nachgesagt wird, sie seien Personen mit einem besonderen Charakter. Sie erklären sich selbst zu Personen mit solchen angeborenen Eigenschaften, aufgrund derer sie in der heutigen Welt zu kurz kämen, und verhalten sich anderen Leuten gegenüber nachlässig und hochmütig. Solche Männer wird früher oder später die Strafe des Himmels treffen.

Aber auch andere Männer mit Talent sind nicht von Nutzen, wenn sie nicht von den Menschen gemocht werden. Männer, die selbst dann, wenn sie tatkräftig von Nutzen und im Lehnsdienst aktiv sind, in anderen Bereichen bescheiden und zurückhaltend sind und sich freudig vor ihren Kollegen bescheiden, werden von niemandem gehasst.

1-124. Selbst dann, wenn man Seiner Hoheit eine Ermahnung erteilen will, um so einen fürstlichen Fehler zu korrigieren, entspricht es der Lehnspflicht, eine Person mit einem dementsprechenden Rang die Ermahnung erteilen zu lassen, sollte man selbst nicht den passenden Rang haben. Um diesen Weg zu beschreiten, muss man sich mit höhergestellten Persönlichkeiten vertraut stellen. Würde man das nur zum eigenen Vorteil machen, wäre das reine Kriecherei. Dass es nicht zur Kriecherei wird, liegt an dem

Selbstverständnis, dass man selbst den Klan auf den Schultern trägt. Versucht man das nur, kann man es vollbringen.

I-125. Männer auszubilden und zu trainieren, um für den Klan vortreffliche Gefolgsmänner heranzuziehen, entspricht der Lehnspflicht. Männer mit den entsprechenden Anlagen sollte man in der Lehre anleiten. Es gibt keine größere Freude, als wenn die eigenen Fähigkeiten durch solche Männer von Nutzen sein können.

I-126. Dass die Beziehungen zwischen einem Fürsten im Ruhestand und dem gegenwärtigen Fürsten, zwischen Vater und Sohn oder zwischen Brüdern sich zum Schlechten wandeln, liegt an Habsucht und Gier. Dass die Beziehungen zwischen einem Herrn und einem Diener nie schlecht sind, ist der beste Beweis für diese These.

I-127. In jungen Jahren Dienst zu leisten und Karriere zu machen, hat keine Aussichten auf Erfolg in der Zukunft. Selbst dann, wenn man reich an Talenten geboren wird, schenken die Menschen einem kein Vertrauen, weil man noch nicht reif ist.

Ungefähr ab 50 Jahren Karriere zu machen ist besser. Es ist effektvoller, wenn die Karriere auch in den Augen der Leute als fast schon zu spät empfunden wird.

Auch dann, wenn man einen Misserfolg verbucht oder das eigene Haus ruiniert, werden Männer mit guten Absichten sich schnell wieder fangen, weil es sich nicht um einen Misserfolg aus persönlicher Habgier handelte.

I-128. Aus der Fassung zu geraten, weil man zum *rōnin* verurteilt wurde und sein Lehen verlor, ist im höchsten Maße töricht. Die Vasallen aus der Regierungszeit Fürst Katsushiges sollen immer wieder gesagt haben: »Solange man nicht sieben Mal *rōnin* geworden war, kann man nicht wirklich ein wahrer Gefolgsmann genannt werden. Wer sieben Mal hinfällt, wird acht Mal aufstehen.«

Es heißt, dass sogar Naridomi Hyōgo, der für seine glänzende Arbeit im Wasserbau und Uferschutz berühmt ist, sieben Mal *rōnin* war. Gefolgsmänner müssen sich lediglich vorstellen, ein Stehaufmännchen zu sein. Es mag auch durchaus vorkommen, dass Seine Hoheit jemanden seines Lehens enthebt, nur um ihn auf die Probe zu stellen.

I-129. Krankheiten verschlechtern sich durch das eigene Gemüt oder die eigene Stimmung. Weil ich selbst das große Verlangen hatte, Seiner Hoheit selbst in hohen Jahren noch von Nutzen zu sein, habe ich, obwohl ich als Kind eines siebzigjährigen Vaters einen schwächlichen Körper hatte, mein Gemüt völlig geändert und stählte mich von Grund auf, bis ich schließlich nicht mehr krank wurde. Dafür enthielt ich mich der Fleischeslust und züchtigte mich. Daraus erwächst mir ein sicheres Selbstvertrauen. Es heißt, eine Viper kehre, selbst dann, wenn man sie sieben Mal verbrenne, immer zu ihrer ursprünglichen Gestalt zurück. Ich empfinde ein großes Begehren. Aus den Tiefen meiner Seele heraus bin ich der festen Überzeugung, dass ich bis zu sieben Mal als Samurai des Hauses Nabeshima wiedergeboren und das Ziel meiner Ambitionen erreichen werde.

I-130. Gemäß der ehrenwerten Meinung Fürst Naoshiges gebührt es ambitionierten Samurai, mit vielen Freunden vertrauten Umgang zu pflegen. Deswegen pflegte ich selbst auch mit vielen Männern, vom Samurai bis zum einfachen Fußsoldaten, ziemlich vertrauten Umgang. Ich überzeugte mich davon, dass diese Männer die Absicht haben, dann gute Arbeit zu leisten, wenn es darauf ankommt. Sollte man sie fragen: »Stimmen Sie nicht zum Wohle Seiner Hoheit zu?«, würden sie alle auf einmal zustimmen. Darum ist das gleichbedeutend damit, dass man selbst gute Vasallen hätte, und ist daher von Nutzen für den Klan.

I-131. In der Kriegersaga *Yoshitsune* heißt es: »Ein General sollte seine Männer oft ansprechen.« Für das Verhalten zwischen einem Truppführer und seinen Männern gilt das Gleiche. Spricht der Truppführer seine Männer so an: »Wohlan, gut gemacht! Strengt euch nun noch einmal für mich an, ihr beherzten Männer!«, scheuen sich die Truppmitglieder auch nicht, ihr eigenes Leben für ihn zu geben. Das gilt natürlich nicht nur dann, wenn es darauf ankommt, sondern auch unter normalen Umständen. Auf jeden Fall ist ein Wort des Lobes wichtig.

I-132. Yamamoto Jin'emon Zenchū sagte immer wieder, es sei für einen Samurai oberstes Gebot, über talentierte Menschen zu verfügen. So sehr man auch Seiner Hoheit von Nutzen sein will, kann man alleine kein Militär aufstellen. Gold und Silber kann man bei Gelegenheit auch leihen, aber Männer versammeln sich nicht aus dem Stegreif. Darum sollte man sich mit vielen Männern im Voraus vertraut machen und sie in Dienst stellen. Männer in Dienst zu stellen bedeutet, sogar eine Schale Reis zu teilen, ohne einfach nur selbst zu essen. Gibt man so seinen Gefolgsleuten zu essen, werden sie einem folgen.

Darum hat man von Jin'emon zu jener Zeit auch oft gesagt: »Es gibt niemanden wie Jin'emon, der solch kostbare Gefolgsmänner sein eigen nennen könnte, dass sie einem Vermögen gleichkommen. Und nur Jin'emon hat Vasallen, die ihn selbst noch übertreffen.« Unter den Männern, die Jin'emon angestellt hatte, gab es viele, die zu direkten Samurai Seiner Hoheit berufen oder zum Rang der *teakiyari* befördert wurden. Oder auch, als er zum Truppführer ernannt wurde, wurden ihm außerordentliche Reisrationen als Gehalt zugeteilt mit der Auflage: »Jin'emon möge die neuen Truppmitglieder unter den Männern aussuchen, die ihm gefallen, und sie neu in Dienst stellen.« Die neuangestellten Männer waren alles Gefolgsleute unserer Familie.

Es heißt, Fürst Katsushige habe zum monatlichen Feiertag immer heiliges Wasser vom Tempelbrunnen kommen lassen, und dann habe er immer gesagt: »Lasst einen Mann Jin'emons das Wasser schöpfen gehen. Seine Männer schöpfen immer vom Tiefen.« Und wenn sich Seine Hoheit ihn derart ans Herz legte, konnte Jin'emon auch nicht anders, als ihm mit voller Aufrichtigkeit zu dienen.

1-133. Dies ist etwas, was Jin'emon sagte: »Wahre Haudegen sind zuverlässige Männer. Zuverlässige Männer sind Haudegen. Seit Jahren beobachtete ich Beispiele dafür. Zuverlässig zu sein bedeutet, dass sie so tun, als ob nichts sei, und nicht zu einem kommen, solange man sich in guter Verfassung befindet. Aber sobald man einmal auf einen absteigenden Ast gerät und Schwierigkeiten hat, kommen sie heimlich und helfen einem. Das bedeutet es, zuverlässig zu sein. Solche Männer sind mit Sicherheit wahre Haudegen.«

1-134. Als einem bestimmten Mann, der *rōnin* war, der Wunsch in Erfüllung ging, in den Dienst zurückgerufen zu werden, und sein Sohn zu seiner ersten Audienz mit Seiner Hoheit zum ersten Mal aufs Schloss ging, sagte er seinem Sohn: »Darfst du dich ehrerbietig vor Seiner Hoheit verneigen, musst du dir darüber im Klaren sein, wie überaus dankenswert das ist. Dass einem in Vergessenheit geratenen Mann auf diese Weise eine Audienz gestattet wird, ist eine unverdiente Ehre, und es gibt kein größeres Glück. Du musst dir in deinem Herzen schwören, dass du Seiner Hoheit von jetzt an mit Leib und Seele von Nutzen sein wirst. Dieses Gefühl wird augenblicklich das Herz Seiner Hoheit erreichen, und so wirst du ihm von Nutzen sein können.«

Dem fügte er weiter hinzu: »Bevor du dich vor Seiner Hoheit verneigst, musst du im Herzen den Vorsatz fassen, im Palast nicht umherzugaffen, den Mund zu öffnen oder irgendetwas zu sagen, und dich nicht zu bewegen, wenn du dich setzt. Und solltest du von jemandem angesprochen werden, ist es am besten, zehn Worte in einem Wort zusammenzufassen. Schaut man aus den Augenwinkeln heraus, kann man alles klar erkennen. Betrachtet man hier und da alles oder schwatzt, zerstreuen sich die inneren Gefühle nach außen und können sich nicht beruhigen. Dann sieht man wie ein Trottel aus. Das nennt man die rechte Herzenshaltung, wenn das Herz und die Gefühle sich gesetzt und beruhigt haben. Dies ist wichtig und darf auch nicht vergessen werden, wenn man sich an den Palast gewöhnt hat.«

I-135. Herumklügelnde, vernünftelnde Männer machen für alles die Zeitumstände schlecht. Das ist die wahre Ursache von Unheil und Übel. Männer, die ihren Mund halten können, werden zu Zeiten einer guten Regierung gebraucht und in Dienst gestellt werden, und zu Zeiten einer schlechten Regierung werden sie einer Strafe entgehen.

I-136. Bei heiligen Texten handelt es sich um Dinge, die von tiefer, geheimnisvoller Bedeutung sind.

I-137. Auf folgende Weise zu reden ist eine Ausrede: »Wenn man Seiner Hoheit widerspricht und Einwände vorträgt, wird er nur noch eigensinniger werden und die Situation wird sich im Gegenteil noch verschlechtern. Darum sollte man sich mit Einwänden zurückhalten und in aller Würde die Worte Seiner Hoheit annehmen, selbst dann, wenn sie ein bisschen unvernünftig seien.«

Erhebt man einen Einwand und setzt dabei sein Leben aufs Spiel, wird man auch erhört werden. Nur dann, wenn man seine Einwände halben Herzens vorträgt, geht man den Gefühlen Seiner Hoheit gegen den Strich, wird zwischendurch schroff unterbrochen, und es bleibt einem dann nichts anderes übrig, als sich zurückzuziehen. Heutzutage gibt es nur noch solche Männer.

Weil Sagara Kyūma sich letztes Jahr Seiner Hoheit widersetzte und ihm heftige Einwände vortrug, geriet Seine Hoheit in Zorn und erteilte den Befehl, dass er *seppuku* zu begehen habe. Ikuno Oribe und Yamazaki Kurando suchten Kyūma auf und übermittelten ihm die Absicht Seiner Hoheit. Da sagte Kyūma: »*Seppuku*? Bestens, bestens! Allerdings gibt es noch eine Sache, die ich Seiner Hoheit mitteilen möchte, und dass ich ihm das nicht mehr übermitteln kann, tut mir so leid, dass ich nicht sterben könnte, selbst wenn ich wollte. Meine beiden Herren, könnten Sie mir nicht aus alter Freundschaft den Gefallen tun, Seiner Hoheit diese Sache an meiner Statt mitzuteilen?« Darum überbrachten die beiden Seiner Hoheit Kyūmas erneute Einwände. Es heißt, dass Seine Hoheit noch heftiger in Zorn geriet, aber verlauten ließ, man solle eine Weile mit Kyūmas *seppuku* warten. Und binnen Kurzem wurde er vernünftig und beliebte ihm zu verzeihen.

Als Nakano Kazuma den Posten eines *toshiyori* innehatte, wurde den fünf Männern Hamuro Seizaemon, Ōkuma Godayū, Ezoe Jinbei, Ishii Genzaemon und Ishii Hachirōzaemon der Befehl erteilt, *seppuku* zu begehen, weil sie der

Ansicht Seiner Hoheit den Rücken gekehrt hätten. Daraufhin erschien Kazuma in Gegenwart Seiner Hoheit Tsunashige und sagte: »Erweisen Sie den obengenannten Personen bitte die Gnade, ihnen das Leben zu schenken.« Da geriet Seine Hoheit in Zorn und erwiderte: »In einer Beratung wurde entschieden, sie zum Tode zu verurteilen. Willst du etwa sagen, es gäbe irgendeinen Grund, ihnen das Leben zu schenken?« Als Kazuma das hörte, antwortete er: »Es gibt keinen besonderen Grund.« Darüber geriet Seine Hoheit in heftigen Zorn, dass es eine Unverschämtheit sei, ohne bestimmten Grund ihre Begnadigung zu beantragen.

Daraufhin zog sich Kazuma fürs Erste zurück, erschien aber bald darauf wieder in der fürstlichen Gegenwart: »Finden Sie es doch bitte in Ihrem Gutdünken, die obengenannten Personen zu begnadigen.«

Weil Seine Hoheit ihn daraufhin wie vorher beschimpfte, zog sich Kazuma wieder zurück, erschien aber sofort wieder in seiner Gegenwart und wiederholte insgesamt sieben Mal das gleiche Anliegen. Schließlich bequemte sich Seine Hoheit, rasch umzudenken, und begnadigte sie: »Wenn er sieben Mal das gleiche Anliegen vorträgt, obwohl er sagt, dass es keinen besonderen Grund gebe, mag es sich durchaus lohnen, ihnen das Leben zu schenken.«

Umstände wie diese kommen sehr häufig vor.

1-138. Um anderen Männern überlegen zu sein, gilt es, sich selbst von anderen Männern beschreiben und kommentieren zu lassen und auf ihre Meinung über sich zu hören. Weil die Leute im Allgemeinen alles allein aus ihrer eigenen Sichtweise heraus erledigen, findet man bei ihnen nichts Besonderes, was sie anderen Männern gegenüber hervorragender erscheinen lassen würde. Berät man sich mit jemandem, ragt man gerade um dieses Umstands willen aus der Menge heraus.

Ein bestimmter Mann kam zu mir, um in Bezug auf einige amtliche Dokumente um Rat zu fragen. Dieser Mann ist jemand, der besser als ich weiß, wie man einen Text in Form bringen und vollenden kann. Dass er dennoch jemanden bittet, seinen Text zu korrigieren, zeigt, dass er anderen gegenüber überlegen ist und eine Stufe über ihnen steht.

I-139. Was die eigene Ausbildung und das Training angeht, kommt man nie an einen Punkt, an dem man sagen könnte, man habe das Ende erreicht. Glaubt man, man habe das Ende erreicht, hat man dem wahren Weg bereits den Rücken gekehrt. Stirbt man, während man sein Leben lang der Meinung ist, dass die eigene Ausbildung noch nicht ausreiche, dass noch etwas fehle, so wird man erst dann im Nachhinein ein Mann genannt werden, der den Weg bis zum Letzten verfolgte und perfektionierte.

Selbst dann, wenn man sein ganzes Leben darauf verwendete, ist es äußerst schwierig, derartig rein und unverfälscht zu werden, dass man jede Befangenheit von sich abwerfen und sich mit ganzer Seele auf eine Sache konzentrieren kann. Etwas Verfälschtes, Unreines kann nicht der wahre Weg sein. Es gilt sich vorzunehmen, Lehnsdienst und Heldenmut zu Einem zu vereinigen.

I-140. In der eigenen Ausbildung und im Training zwei Wegen zu folgen führt zu nichts Gutem. Was gibt es noch anderes zu verlangen, solange man zielstrebig den Weg des Kriegers verfolgt? Der eine Weg verbindet und durchdringt auch alles andere. Sollte man aber, während man noch den Weg des Kriegers lernt, dennoch seinen Kopf in die Lehren des Konfuzianismus oder des Buddhismus stecken, kann man nicht einmal den einen Weg perfektionieren. Hat man dies allerdings verstanden und konsultiert andere Wege als Hinweis oder zum Vergleich, mag das dem Weg des Kriegers als Ansporn dienen.

I-141. Die rechte Herzenshaltung zum Schreiben eines Gedichts besagt, dass die Partikel zum Verbinden der Wörter sehr wichtig sind. Denkt man darüber nach, so gilt es, gut auf die alltägliche Sprechweise zu achten.

I-142. Für Krieger ist das richtige Wort am rechten Platz sehr wichtig. In nur einem Wort offenbart sich der Heldenmut eines Mannes der Welt. Was einer friedlichen Welt den Mut eines Mannes zeigt, sind die richtigen Worte. Aber ich habe erkannt, dass man auch in einer chaotischen Welt, zum Beispiel im Kriegszustand, an einem Wort Tapferkeit von Furcht unterscheiden kann. Dieses eine Wort ist eine Blume des Herzens. Aber das lässt sich nur schwer in Worten ausdrücken.

I-143. Krieger müssen in ihren Herzen immer den Vorsatz tragen, nichts auch nur geringfügig Feiges zu sagen oder zu tun. An solchen trivialen Worten lassen sich die tiefsten Tiefen eines Herzens ausloten.

I-144. Es gibt nichts, was unmöglich ist. Wenn man seine ganze Seele in eine Sache legt, lassen sich dadurch sogar Himmel und Erde durchdringen. Nicht, dass man es nicht könnte: Die Menschen sind nur zu unentschlossen, um so etwas ins Auge zu fassen. Selbst ohne Kraftanstrengung Himmel und Erde in Bewegung zu versetzen wäre möglich, wenn man sich nur ein Herz fasste.

I-145. Mein Vater Jin'emon sagte immer: »Wie sehr man sich auch verbeugt, zum Beispiel wenn man sich bedankt, man wird sich nicht den Rücken brechen. Wie sehr man am Ende eines Briefes auch seinen Respekt zum Ausdruck bringt, der Pinsel wird nicht abbrechen.«

Weil die Leute sich heutzutage nur wenig verbeugen, sehen sie tölpelhaft aus, und der äußere Eindruck ist auch nicht gut. Eine Verbeugung ist dann schön, wenn sie ohne Unterschied achtungsvoll und ehrerbietig vollzogen wird. Oder auch dann, wenn man einen längeren Besuch abstattet, sollte man sich am Anfang und am Ende jeweils einmal tief verbeugen und sein Verhalten zwischendurch der Atmosphäre im Raum anpassen. Eine Verbeugung fällt leicht unzureichend aus, wenn man jemanden begrüßt, dem man eben erst begegnet ist. Den Menschen in letzter Zeit fehlt diese Form der Höflichkeit, weil sie voreilig und hastig geworden sind.

I-146. Mein Vater Jin'emon sagte immer wieder: »Ein Lehnsmann hat auch dann einen Zahnstocher im Mund, wenn er nichts gegessen hat. Zuhause verhält er sich ruhig wie ein Hund, draußen verhält er sich wild und ungestüm wie ein Tiger.«

Ein Krieger muss sich mit seiner äußeren Erscheinung Mühe geben und gleichzeitig dafür sorgen, dass die Ausgaben zu Hause gering bleiben. Die meisten Männer machen es genau umgekehrt.

I-147. Männer, von denen man sagt, sie seien bewandert und meisterhaft in einer der feinen Künste oder Handwerkskünste, sind wie Dummköpfe. Weil sie sich nur an einer Sache festklammern und an nichts anderes denken, werden sie in den Künsten äußerst geschickt. Aber als Männer für den Lehnsdienst sind sie von keinerlei Nutzen.

I-148. Fürsten, die man weise und gute Herrscher nennt,

machen nichts anderes, als gut auf die Ermahnungen ihrer Vasallen zu hören und entsprechend diesen zu handeln. Weil sich zu Füßen eines solchen Herrschers seine Gefolgsmänner mit äußerster Energie anstrengen, ihm gute Ratschläge zu geben und ihm von Nutzen sein zu wollen, lässt sich der Klan gut regieren. Die Samurai eines solchen Herrschers verkehren eng und vertraut mit ihren Kameraden und fragen diejenigen ihrer Kameraden mit Wissen und Verstand um Rat betreffs der Punkte, auf die sie selber achten müssen. Und solche Männer, die sich ein Leben lang üben und trainieren, während sie an ihren eigenen Mängeln Selbstkritik üben, werden zu Schätzen des Klans.

I-149. Bis man 40 Jahre alt wird, sollte man alle Dinge aktiv und energisch in Angriff nehmen. Wenn man langsam auf die 50 zugeht, ist es dem Alter angemessen, etwas zurückhaltender zu werden.

I-150. Unterhält man sich mit jemandem, sollte man sich mit der Gesprächsführung an den Gesprächspartner anpassen. Selbst dann, wenn man etwas Gutes sagt, ist dies von keinerlei Nutzen, solange es nicht zum Gesprächspartner passt.

I-151. Es gilt, sich mit den einflussreichen Persönlichkeiten, die an der Seite Seiner Hoheit dienen, gut zu stellen. Solange man dies nur für sich selbst tut, handelt es sich um reine Kriecherei. Man muss sich einen Weg bereiten, für den Fall, dass man Seiner Hoheit etwas mitzuteilen hat. Allerdings ist das unnötig, falls es sich bei diesen einflussreichen Persönlichkeiten um Männer ohne gute Absichten oder Loyalität handelt. Was immer man auch tut, tue man zum Wohle Seiner Hoheit.

I-152. Sagt einem jemand seine Meinung oder ermahnt

einen, muss man das dankbar akzeptieren, selbst wenn es von keinem Nutzen ist. Ist man nicht dankbar, wird er einen nie wieder ermahnen, selbst dann nicht, wenn er etwas sieht oder hört, auf das man besser achten sollte. Es ist daher von Vorteil, irgendwie dafür zu sorgen, dass die Leute einem unbeschwert ihre Meinung sagen können und sich auf diese Weise von ihnen ermahnen zu lassen, so dass sie einem auch den Gefallen tun, einen zu ermahnen.

1-153. Bei einer Ermahnung an Seine Hoheit ist die Art und Weise, wie man sie vorbringt, wichtig. Trägt man eine Ermahnung nur deshalb vor, weil man den Fürsten zu einer Person ohne jeden Fehl und Tadel machen möchte, wird er sie nicht nur nicht annehmen, sondern er wird sich im Gegenteil zum Schlechteren verändern. Vergnügungen und Unterhaltung möge er genießen, wie es ihm beliebt, aber solange er die Herzenshaltung hat, dafür zu sorgen, dass das einfache Volk in Frieden leben kann und dass die Vasallen sich in ihrem Lehnsdienst angespornt fühlen, werden die Gefolgsmänner versuchen, ihm von Nutzen zu sein, und das Land und der Klan werden sich gut regieren lassen. Sagt man ihm, dass das doch wohl keine große Mühe bedeute, wird er ohne Probleme zustimmen.

Ermahnungen und Einsprüche Seiner Hoheit gegenüber sind völlig unnütz, wenn man sich nicht im Geist der Harmonie reiflich darüber ausspricht. Mit einer steifen, förmlichen Sprechweise gerät das Ganze zu einem Stierkampf, und selbst einfache Dinge werden sich nicht berichtigen lassen.

1-154. In der Welt gibt es viele Menschen, die gerne Belehrungen von sich geben. Aber Leute, die sich darüber freuen, belehrt zu werden, gibt es nur wenige. Nein, Männer, die solchen Belehrungen gehorchen, sind eher selten. Wird man über 30 Jahre alt, gibt es auch immer weniger Personen, die einem den Gefallen tun, einen zu belehren. Wenn einem so der Weg der Belehrung verschlossen wird, entwickelt man sich zu einem eigensinnigen, egoistischen Menschen, wird sein Leben lang Verfehlungen anhäufen und Dummheiten nachmachen, bis man schließlich als Nichtsnutz endet. Es gilt unbedingt, mit jemandem, der sich mit den moralischen Prinzipien auskennt, vertrauten Umgang zu pflegen und auf diese Weise Belehrungen zu erhalten.

I-155. Männer mit schwachem Ehrgeiz entwickeln sich meistens zu verschrobenen Charakteren, schmähen die Leute und die Gesellschaft, sind eingebildet und bringen keinerlei Vorteil. Sie sind Männern mit starkem Ehrgeiz unterlegen. In diesem unserem Zeitalter sind solche Männer von keinem Nutzen.

I-156. Es heißt, ein großer Geist komme erst spät zur Reife.

Solange es sich nicht um einen Dienstauftrag handelt, für den man 20, 30 Jahre braucht, um ihn zu vollenden, kann man keine großen Verdienste erwerben. Das Gleiche gilt für den Lehnsdienst: Will man sich so schnell wie möglich verdient machen, wird man sich auch in Dinge außerhalb der eigenen Dienstpflicht einmischen. Wird von einem gesagt, dass man tüchtig sei, obwohl man noch jung ist, wird man mehr und mehr in Fahrt kommen, frech und unverschämt werden und stolz und hochmütig seine Tüchtigkeit heraushängen lassen. Infolgedessen wird man leichtfertig und unaufrichtig werden, bis die Leute schließlich hinter dem Rücken mit dem Finger auf einen zeigen.

Sich in seiner Ausbildung und seinem Training abzumühen und Karriere zu machen ist kein wahres Verdienst, wenn es nicht etwas ist, was von den Leuten auf natürliche Weise gefördert und begünstigt wird.

1-157. Um welches Amt es sich auch handeln möge: Man wird keinen Fehler begehen, solange man den Sinn dieses Amtes angemessen begreift, jeden einzelnen Tag so tut, als sei er der letzte, mit Sorgfalt arbeitet und alles mit der Absicht, Seiner Hoheit von Nutzen zu sein, sorgsam angeht. Weil man durch einen solchen Amtsposten auch seine eigenen Ziele erreichen kann, gilt es, einen Posten zu bekommen, der zu einem passt.

1-158. Einen Amtsposten mit der Begründung abzulehnen, er gefalle einem nicht, und zu sagen, man werde sein Amt niederlegen, um in den Ruhestand zu gehen, bedeutet für einen Vasallen mit langer Lehnstradition, Seine Hoheit im Stich zu lassen, und ist praktisch das Gleiche, als wenn man eine Rebellion anzettelt. Die Krieger anderer Domänen erachten es als selbstverständlich, ihr Amt niederzulegen, wenn ihnen etwas nicht in den Kram passt. Aber die Samurai unseres Nabeshima-Klans müssen, was ihnen befohlen wird, unabhängig von Vor- und Nachteilen mit Würde akzeptieren und, sollte ihnen etwas nicht gefallen, nach Herzenslust protestieren.

1-159. In dem Buch *Kusunoki Masashige Hyōgo-ki* steht: »Selbst wenn es sich um eine List handeln oder zum Nutzen des eigenen Lehnsherrn sein sollte, darf ein wahrer Krieger um keinen Preis kapitulieren.«

Dies ist die wahre Gestalt loyaler Gefolgsmänner.

1-160. Für Gefolgsleute reicht es vollkommen, wenn sie einfach nur ihren Lehnsdienst verrichten. Eine wichtige

Aufgabe abzulehnen, weil man Angst hat, einen Fehler zu begehen, ist die Tat einer Memme, die immer bereit ist, wegzulaufen. Eine solche Aufgabe aufgetragen zu bekommen und dann trotz aller guten Absichten im Misserfolg zu enden ist das Gleiche, wie auf dem Schlachtfeld erschlagen zu werden.

I-161. Männer, die gerne die verschiedensten Aufgaben übernehmen, immer die Stimmung Seiner Hoheit oder ihrer Vorgesetzten zu lesen versuchen und nur für den eigenen Gewinn und die eigene Gier arbeiten, werden, selbst dann, wenn sie zehn Mal Erfolg haben, alles verlieren und einen schändlichen Zusammenbruch erleiden, sobald sie in ihren Plänen auch nur einmal einen Fehler begehen. Das liegt daran, dass sie von vornherein keine feste Loyalität verspüren und ihr Eigennutz und ihre Verschlagenheit tief verwurzelt sind.

I-162. Sollte in der Sippe oder in der Mannschaft etwas vorkommen, das mit dem Weg des Kriegers verbunden ist, wie zum Beispiel eine Sekundanz bei einem *seppuku* oder eine Verhaftung, wird man zu einer solchen Zeit, zu der es darauf ankommt, die Aufmerksamkeit der Leute genießen, wenn man von vornherein das Selbstvertrauen besitzt, in einer solchen Situation der Einzige zu sein, der mit dieser Situation fertig werden kann. Es gilt, sich stets vorzunehmen, anderen Männern im Heldenmut einen Schritt voraus zu sein, zu glauben, man sei wirklich niemandem unterlegen, und auf diese Weise seine Tapferkeit auszubilden.

I-163. Hat man auch auf dem Schlachtfeld den Willen, sich von niemandem überholen zu lassen, und nimmt man sich vor, allein die feindlichen Linien zu zerschlagen, wird man anderen Männern nicht unterlegen sein und der

Kampfeswille wird wild in einem aufsteigen. Auf diese Weise wird man der Welt seinen Heldenmut beweisen können, so überliefern es unsere heldenhaften Veteranen.

Und sollte man im Kampf tödlich verwundet werden, muss man sich fest vornehmen, den eigenen Leichnam in Richtung des Feindes zu liegen kommen zu lassen.

1-164. Würden alle Menschen ihre Herzen und ihre Gefühle miteinander in Einklang bringen und dem Weg des Himmels Folge leisten, würde Frieden herrschen. Solange man aber nicht eines Herzens wird, kann man das nicht Loyalität nennen, auch wenn man prächtige, vortreffliche Dinge von sich gibt.

Schlechte Beziehungen zu seinen Kameraden zu haben, nicht an den gelegentlichen Zusammenkünften teilzunehmen und nur bissige Bemerkungen von sich zu geben ist etwas, was man aus engherziger, engstirniger Dummheit heraus tut. Es gilt, daran zu denken, dass irgendwann ein großes Problem auftauchen könnte, und deshalb bei jeder Zusammenkunft freundlich zu grüßen, ohne etwas gegen die Anwesenden zu haben, und mit der Einstellung Umgang mit ihnen zu pflegen, dass es einem nicht lästig sei, wie oft man auch zusammenkommt.

Außerdem kann man in dieser vergänglichen Welt nicht wissen, was von einem Augenblick zum nächsten passieren mag. Wäre es nicht unerträglich, zu sterben, solange die Leute schlecht von einem denken? Allerdings, so sehr man auch sagt, dass man liebenswürdig und leutselig sein soll, ist die Frivolität und die Oberflächlichkeit eines Geschäfte treibenden Mönchs, einer Verkäuferseele hässlich und schäbig. Das kommt daher, dass eine solche Person nur für sich selbst handelt.

Aber solange man anderen Menschen den Vorrang lässt, ohne Zwist im Herzen die Umgangsformen bewahrt, bescheiden und zurückhaltend bleibt und etwas für andere Leute tut, ohne an den eigenen Vorteil zu denken, als ob man sich immer zum ersten Mal träfe, dann wird sich das persönliche Verhältnis mit ihnen nicht verschlechtern. Für Ehepaare gilt genau das Gleiche.

Sich bis zum Ende zurückzuhalten und besonnen und umsichtig zu sein ist wie eine Herzenshaltung ursprünglicher Aufrichtigkeit. Dann kann es auch zu keinen Misshelligkeiten und zu keinem Zwiespalt kommen.

1-165. Man muss alles von einem höheren Standpunkt aus betrachten als andere Menschen. Weil es nur zu einem polternden Zusammenstoß kommt, wenn man alles unschlüssig und zögerlich von der gleichen Höhe aus betrachtet wie andere Leute, wird man die Dinge nicht klar sehen und erkennen können.

Weil alle einen bestimmten Mann verspotteten, dem sein gesamtes Gehalt konfisziert worden war, sagte ich ihnen: »Und das, obwohl es sich bei seinem Vergehen um keine große Sache handelte. Das war wirklich Pech für ihn und tut mir leid.«

Oder als jemand einmal sagte: »Weil die Freundlichkeit Seiner Hoheit nur eine Täuschung ist, um die Menschen zu benutzen, kann ich ihm nicht dankbar dafür sein.« Darum gab ich ihm zu hören: »Also wirklich, da möchte man kaum glauben, dass es sich um einen Mann im Lehnsdienst handelt. Handelte es sich um einen Mann mit tiefreichendem Loyalgefühl, würde er sich nur umso mehr freuen, selbst wenn Seine Hoheit ihn täuschen oder hinters Licht führen würde.«

I-166. Ein bestimmter buddhistischer Abt ist ein gescheiter Mann mit großen Fähigkeiten, der immer mit allen Dingen fertig wird, indem er sie anderen Leuten überlässt. Heute gibt es in Japan niemanden, der ihm überlegen wäre. Er hat noch nie den kleinsten Fehler begangen. Menschen, die die Kraft und die Fähigkeit besitzen, sich vom Wesen der Dinge zu überzeugen, gibt es zur Zeit nur noch selten.

I-167. Heutzutage gibt es weder gute Männer, noch gibt es Männer, die Geschichten zuhören, die ihnen von Nutzen sein könnten, geschweige denn Männer, die sich üben und trainieren.

Seit einiger Zeit treffe ich mit mehreren Herrschaften zusammen, aber alle sprechen nur mit Takt und Rücksichtnahme. Drückt man seine Gedanken klar und deutlich aus, macht man sich wohl unbeliebt.

I-168. Ich habe erkannt, dass Altersschwäche oder Greisenblödsinn in den eigenen Eigentümlichkeiten und schlechten Angewohnheiten hervortreten. Solange man bei klarem Verstand ist, schafft man es, seine Energie und Geisteskraft zu konzentrieren und seine Eigenheiten zu verbergen. Aber verfällt man langsam, kommen die schlechten Angewohnheiten eines ganzen Lebens ans Tageslicht und gereichen einem zur Scham. Dabei gibt es viele verschiedene Eigenheiten oder Charakteristiken, aber mit 60 Jahren gibt es niemanden, der nicht an Altersschwachsinn litte. Zu glauben, man selbst sei nicht altersschwachsinnig, ist bereits ein Beweis dafür, dass man altersschwachsinnig ist.

Ittei-*sensei* litt meines Erachtens am Altersschwachsinn der Spitzfindigkeit und Vernünftelei. In seiner greisen Gestalt stattete er mit der Überzeugung, den Klan allein auf den Schultern zu tragen, den hohen Persönlichkeiten der Domäne immer wieder Besuche ab und wurde freundlich behandelt. Die Menschen waren davon immer sehr beeindruckt: »Wer könnte das auch anderes sein als Ittei-*sensei*?« Wenn man jetzt darüber nachdenkt, war das reiner Altersschwachsinn. Das sollte uns ein gutes Beispiel sein.

Da ich selbst auch schon spüre, wie mir das Alter langsam in den Leib dringt, bin ich seit dem dreizehnten Todestag Seiner Hoheit auch nicht mehr zum Tempel gegangen und verbiete es mir letztlich, auszugehen. Ein Mensch muss im Voraus erkennen, was in der Zukunft liegt.

I-169. Bei neuen Zeremonien, Riten oder Verfahren wird, selbst dann, wenn es sich um etwas Positives handeln sollte, unweigerlich ein unerwarteter Mangel oder Fehler auftauchen.

Vor einigen Jahren, vor der Abreise zum Respektsbesuch Seiner Hoheit in Edo, wurde eine shogunale Proklamation verkündet, dass bei dieser Gelegenheit eine Nō-Theater-Aufführung stattfinden solle. Darum wurde auf einer Beratung des fürstlichen Leibgefolges und der *toshiyori*-Offiziere beschlossen, dem Gefolge einige Speerträger aus der berittenen Leibgarde als Samurai hinzuzufügen, weil man sowieso mehr Männer bräuchte und dies eine gute Gelegenheit für Seine Hoheit sei, die Männer der Speerträger zu Gesicht zu bekommen. Erfahrene Veteranen, die sich gut mit der Klan-Politik auskannten, legten zwar Einspruch ein, dass man damit einen schlechten Präzedenzfall setze, aber binnen Kurzem wurde daraus eine Kontroverse, aufgrund derer fünf Männer der fürstlichen Leibwache, darunter Hamuro und Ōkuma, ihres Lehens enthoben wurden.

Oder auch, als 20 Männer mit einer Untersuchung beauftragt wurden, damit Seine Hoheit die alltäglichen Lebensumstände seiner Samurai kennenlernen möge: Seitdem sind so viele Vergehen an den Tag gekommen, dass diese Untersuchungsbeauftragten mit der Arbeit nicht mehr fertig werden konnten.

1-170. Man könnte meinen, dass, solange man die Hauptsache eines Problems oder einer Aufgabe im Griff habe und nicht verfehle, es kein Problem darstellen sollte, bei den Zweigen und Blättern, also den Kleinigkeiten oder Nebensächlichkeiten oberflächlich zu arbeiten. Allerdings sind die Kleinigkeiten und Nebensächlichkeiten in Wirklichkeit sehr wichtig. Auch bei Kleinigkeiten gehört es sich, sich um ihren Zustand zu kümmern.

1-171. Der Abt des Ryūtaiji-Tempels erzählte: »Als ich in der Gegend von Ōsaka und Kyōto war, hörte ich einen Weissager sagen, dass auch Mönche keine Karriere machen sollten, bevor sie 40 Jahre alt werden, weil sie sonst dazu tendierten, Fehler zu machen. Mit 40 nicht den rechten Weg zu verlieren beschränkt sich nicht nur auf Konfuzius. Sowohl Weise als auch Dummköpfe werden, wenn sie die 40 erreichen, gemäß ihrem Stand und ihren Fähigkeiten das Leben zu verstehen lernen und so nicht mehr irregehen.«

1-172. Für wahres Heldentum stellt, mehr noch als einen Feind zu erschlagen, für seinen Herrn zu sterben das höhere Verdienst dar. Das kann man durch die Loyalität Tsugunobus verstehen.

1-173. Als ich jung war, legte ich ein Tagebuch an, welches ich »*Zannenki*« oder »Protokoll des Bedauerns« nannte, und zeichnete darin meine täglichen Fehltritte und Schnitzer auf. Aber weil es keinen Tag gab, an dem ich nicht

20, 30 Fehler begangen hätte, und es einfach kein Ende nahm, gab ich dies schließlich auf. Selbst jetzt noch, wenn ich im Bett auf die Ereignisse des Tages zurückblicke, gibt es keinen Tag, an dem ich mich nicht versprochen hätte oder an dem mir nicht etwas misslungen wäre.

Nun, dies ist wirklich eine schwierige Sache. Männer, die sich in ihrem Leben nur auf ihre Talente und ihre Begabungen verlassen, mögen noch nicht einmal in der Lage sein, an so etwas denken zu können.

1-174. Liest man etwas vor, sollte man aus dem Bauch heraus lesen. Liest man nur mit dem Mund, reißt irgendwann die Stimme ab. Das lernte ich vom Zeremonienmeister.

1-175. Zu glücklichen Zeiten sind Prahlerei und Arroganz gefährlich. Hält man sich zu solchen Zeiten nicht doppelt so sehr zurück wie normalerweise, wird man im Misserfolg enden. Männer, die in guten Zeiten über die Stränge schlagen, fallen in schlechten Zeiten aus allen Wolken.

1-176. Es heißt, wenn man loyale Vasallen suche, müsse man die Häuser pietätvoller Kinder besuchen. Es gilt, den Eltern gegenüber sein Bestes zu geben und ihnen gehorsam und dienlich zu sein. Das sind die Menschen, die im höchsten Maße trauern, nachdem ihre Eltern gestorben sind.

In Krisenzeiten gibt es Männer, die ihrem Lehnsherrn erstaunliche Dienste leisten, aber Männer, die ihren Eltern Freude bereiten und ihnen gehorsam sind, sind äußerst selten. Ohne Lehnsherren und Eltern, die etwas Unvernünftiges oder Unmögliches wollen, werden Loyalität und Pietät nicht nach außen bekannt. Guten Menschen gegenüber werden auch fremde Leute freundlich sein. Heißt es etwa nicht, dass nach Raureif das Grün der Kiefern und Eichen besonders frisch und leuchtend sei und so die Augen der Menschen auf sich ziehe?

Es heißt, ein hoher Würdenträger namens Gensei sei, weil er ein buddhistischer Priester war, immer heimlich frühmorgens zum Fischhändler gegangen, habe auf dem Heimweg den gekauften Fisch unter seiner Kleidung versteckt und ihn dann seiner Mutter zu essen gegeben. Denkt man darüber nach, ist das etwas, was einem normalerweise unmöglich wäre.

I-177. Ittei-*sensei* sagte einmal: »Schreibt man etwas, muss man an die gegenseitige Beziehung oder an die Balance von Papier, Wasser und Tusche denken. Verschmelzen die drei in einer Kalligraphie zu einem Körper und bilden eine Gesamtkomposition, kann man sagen, man habe die Kalligraphie gemeistert.«

Auf alle Fälle handelt es sich bei den dreien um Dinge, die voneinander getrennt sein und daher nicht leicht zusammenkommen wollen.

I-178. Seine Hoheit beliebte, Dokumente und Urkunden immer aus einer Schatulle zu nehmen, die nach Gewürznelken duftete, wenn er sie öffnete.

I-179. Edelmut und Großherzigkeit haben eigentlich die Bedeutung von großer Barmherzigkeit und Gnade. In einem von den Göttern überlieferten Gedicht steht: »In den Augen der Barmherzigkeit gibt es keinen Menschen, der verabscheuungswürdig wäre, und Menschen mit Schuld sind nur umso erbärmlicher.«

Die Weite und Größe des Herzens der Barmherzigkeit kennt keine Grenzen. Man kann sogar sagen, sie reiche über die ganze Welt.

Dass die Heiligen des altertümlichen Chinas der Tang-

Dynastie, Indiens und Japans sogar heute noch von den Menschen verehrt werden, liegt an der Größe und Weite ihrer Barmherzigkeit. Man muss alles in seiner Macht Stehende tun, was zum Wohle seines Lehnsherrn, seiner Eltern, der Menschen und seiner Kindeskinder gereicht. Das ist wahre Barmherzigkeit. Die Weisheit und der Mut, die aus der Barmherzigkeit herausspringen, sind echt. Bestraft man jemanden, tut man das, weil man glaubt, dass es zu seinem eigenen Wohle sei. Man vollbringt Leistungen, über die sich die Leute freuen. Deshalb sind die eigenen Überzeugungen auch solide und richtig. Nur für den eigenen Gewinn zu handeln ist pedantisch und kleinlich und entwickelt sich daher leicht zu Übeltaten.

In Bezug auf Mut und Weisheit begriff ich vieles schon früher, aber was die Barmherzigkeit angeht, leuchtete mir erst in letzter Zeit sehr viel ein. Es heißt, Fürst Tokugawa Ieyasu habe gesagt: »Liebt man seine Vasallen und seine Untertanen wie seine eigenen Kinder, werden sie einen wie ihren eigenen Vater bewundern und anbeten. Das Grundprinzip, um die Welt in Frieden zu regieren, ist die Barmherzigkeit.«

Auch die Begriffe *yorioya*, »Lehnsvater«, und *kumiko*, »Truppenkind«, sind meines Erachtens Bezeichnungen, um, von der Beziehung zwischen Eltern und Kindern lernend, ein Gefühl von Eintracht und Harmonie zu entwickeln.

Der Satz Fürst Naoshiges: »Männern, die die Menschen nur aufgrund von Vernunft und Logik prüfen und zurechtweisen, wird früher oder später Gleiches mit Gleichem vergolten« ist wahrscheinlich einer seiner Denksprüche, die aus seiner Barmherzigkeit heraus geboren wurden. Oder auch der Satz: »Es gibt eine Wahrheit über der Wahrheit« hat bestimmt die Barmherzigkeit zur Bedeutung, die über Recht und Unrecht liegt. Die tiefe und unermessliche Bedeutung dessen gilt es wertzuschätzen.

Dies wurde nachdrücklich und mit großem Eifer erläutert.

1-180. Abt Tannen sagte: »Zu sagen, ein kluger, aufgeweckter Lehnsmann mache keine Karriere, ist Unsinn, wenn man ein Dummkopf ist.«

1-181. Nach einer Ansicht des Zeremonienmeisters kommt es in jungen Jahren von Zeit zu Zeit vor, dass man aus Liebe zu einem Mann eine Schande fürs ganze Leben auf sich lädt. Ist man nicht vorsichtig, kann das gefährlich werden. Aber es gibt niemanden, der einem das erklärt. Darum werde ich die wichtigsten Dinge hier zu erklären versuchen.

Auch auf dem Weg der Knabenliebe gilt es, sich darüber klar zu sein, dass man genau wie eine tugendhafte, keusche Frau keinen zweiten Mann nehmen darf. In einem Leben gibt es nur einen Mann, bei dem die eigene Liebe und Leidenschaft auf Einverständnis trifft, bei dem die Liebe auf Gegenseitigkeit stößt. Wenn das nicht so wäre, wäre man genau wie eine männliche Hure und nichts anderes als eine wollüstige unzüchtige Frau. Für einen Krieger ist das eine Schande.

»Junge Knaben ohne einen Herzensfreund sind genau wie Frauen, die keinen Mann haben«, schreibt Ihara Saikaku, und das sind weise Worte. Einen Knaben ohne Herzensfreund hänseln die Leute gerne.

Man sollte sich etwa über den Zeitraum von fünf Jahren der Aufrichtigkeit eines Herzensfreundes versichern und, hat man sich von seiner Treue überzeugt, sich von sich aus an ihn anlehnen und ihm vertrauen. Weil »Schürzenjäger« nicht mit Leib und Seele bei der Sache sind, lassen sie einen früher oder später im Stich. Gerade weil es sich um zwei Partner handelt, die, wenn es darauf ankommt, mit ihrem Leben füreinander einstehen, muss man sich von der Energie und Ausdauer des Partners gut überzeugen.

Sollte einem ein Mann bis zum Verdruss den Hof machen, muss man ihm sagen, dass man sich beleidigt fühle, und so dies mit einer starken Haltung klar und deutlich ablehnen. Sollte er fragen, warum man sich beleidigt fühle, antwortet man: »Kann ich das in diesem Leben in Worte fassen?« Sollte er aufdringlich werden, muss man zornig werden, und sollte er sich darüber hinaus mit Gewalt durchzusetzen versuchen, darf man ihn niederschneiden.

Andererseits muss sich der »große Bruder« genauso von den wahren Gefühlen des jungen Knaben überzeugen. Wenn man fünf, sechs Jahre unter Einsatz seines Lebens auf jemanden einwirkt, kommt es nicht vor, dass man sein Ziel nicht erreicht. Auf gar keinen Fall darf man fremdgehen.

Außerdem gilt es, sich den militärischen Künsten zu widmen. Nur dann handelt es sich bei allem wirklich um den Weg des Kriegers.

1-182. Hoshino Ryōtetsu war der Stifter der Knabenliebe im Nabeshima-Klan. Er hatte viele Lehrlinge, aber er übermittelte jedem Einzelnen etwas. Edayoshi Saburō'emon erhielt seine Prinzipien.

Als Herr Edayoshi im Gefolge Seiner Hoheit nach Edo ging, fragte Ryōtetsu ihn bei seinem Abschiedsbesuch: »Wie ist dein Verständnis der Knabenliebe?«

Als Herr Edayoshi antwortete: »Es ist etwas, das ich liebe und das ich hasse«, sagte Ryōtetsu hocherfreut: »Wie sehr ich mich anstrengte, dich das so weit verstehen zu lassen!«

Weil es in späteren Jahren jemanden gab, der nach der Bedeutung dieser Worte fragte, antwortete Herr Edayoshi angeblich so: »Das wesentliche Geheimnis der Knabenliebe ist es, sein Leben für den Partner aufzugeben. Andernfalls gereicht es einem zur Schande. Gibt man allerdings sein Leben auf, hat man kein Leben mehr, das man Seiner Hoheit widmen könnte. Darum empfinde ich es als etwas, das ich gleichzeitig liebe und hasse.«

1-183. Herr Nakajima Sanza war ein Page Fürst Ryūzōji Masaies, starb aber in seinem Gefolge auf dem Schiff nach Edo an einer Krankheit. Sein Grab steht im Takao Kamaōin-Tempel. Er ist ein Vorfahre Nakajima Jingozaemons.

Ein bestimmter Mann verliebte sich in Herrn Sanza, und in seinem Wehklagen darüber, dass sein Begehren keine Erfüllung finden konnte, widmete er ihm das folgende Gedicht:

Wenn die siebte Stunde verstreicht,
Sehnt es mich nach meinem Abendreis.

Dies Gedicht war so gut, dass es auch vor Seiner Hoheit vorgetragen wurde, und preist die unvergleichliche Schönheit dieses Knaben.

Fürst Katsushige soll ihm auch völlig ergeben gewesen sein. Einmal geschah es im Palast, dass Herr Sanza im Vorbeigehen mit seinem Fuß an das Knie Fürst Katsushiges stieß. Herr Sanza hat sofort seine Hand auf das fürstliche Knie gelegt und sich auf diese Art dafür entschuldigt.

Eines Abends ging Herr Sanza zu Hyakutake Jirōbeis Haus in Tsujinodō und ließ ankündigen, er habe ihm etwas mitzuteilen. Jirōbei kam überrascht herausgeeilt und empfing ihn draußen mit den Worten: »Ich muss mich Seiner Hoheit gegenüber bescheiden, und dies ist nicht gut für unseren Ruf. Kehren Sie daher bitte sofort zurück.«

Herr Sanza erklärte: »Soeben erschlug ich in einer unvermeidlichen Folge der Ereignisse drei Männer. Ich dachte natürlich, ich müsste sofort *seppuku* begehen, aber weil das bedauerlich gewesen wäre, besann ich mich eines Besseren, erst jemandem den Ablauf der Ereignisse zu erklären. Obwohl wir bisher nicht besonders vertraut waren, erkenne ich Sie als einen wahren Mann und möchte Ihnen daher solange mein Leben anvertrauen.«

Jirōbei entschloss sich sofort, sein Leben für ihn einzusetzen, und erwiderte: »Es ist mir die höchste Freude, dass Sie mich als Mann anerkennen und sich mir anvertrauen. Seien Sie bitte beruhigt. Vorbereitungen zu treffen würde nur Zeit verschwenden. Darum lassen Sie uns sofort aufbrechen.« Und so floh er, ohne sich umzuziehen, zusammen mit Sanza in Richtung Chikuzen. Bis Todoki zog er ihn an der Hand oder schob ihn von hinten, und als es Nacht wurde, versteckten sie sich in den Bergen.

Da sagte Herr Sanza: »Was ich Ihnen bis jetzt erzählte, war gelogen. Ich wollte mich von Ihren wahren Gefühlen überzeugen, Herr Hyakutake.« Und dort tauschten sie gegenseitig ein Gelöbnis ewiger Liebe aus.

In den zwei Jahren davor war Jirōbei täglich ohne Ausnahme, wann immer Sanza zum Schloss ging oder heimkehrte, auf eine Brücke oder an eine Straße auf seinem Weg gegangen, um ihm nachzusehen.

1-184. Ittei-*sensei* sagte: »Um auszudrücken, was es bedeutet, etwas Gutes zu tun, so bedeutet es, Schmerz und Qual zu ertragen. Dinge, bei denen man Schmerz und Qual nicht erträgt, sind alles schlechte Dinge.«

1-185. Große Persönlichkeiten sind Männer weniger Worte. Als Nabeshima Ichi'un für einen Botengang zu Fürst Hikado ging und eine Audienz erhielt, lautete die Antwort Fürst Hikados einfach nur: »Grüße an Fürst Tango!«

1-186. Bevor man 40 Jahre alt wird, braucht man weder Weisheit noch kritisches Denkvermögen. Es ist besser, tollkühn und rücksichtslos zu sein. Je nach Person und sozialem Rang fehlt es an Temperament, wenn man auch noch mit über 40 Jahren nicht tollkühn ist.

1-187. Truppführer müssen den Mitgliedern ihrer Truppe gegenüber freundlich sein. Weil Nakano Kazuma Toshiaki einen wichtigen Amtsposten und deshalb wenig Zeit hatte, hatte er kaum Gelegenheit, zu seiner Truppe zu gehen, aber wann immer ein Truppenmitglied krank war oder es irgendeine wichtige Angelegenheit gab, ist er auf dem Heimweg vom Schloss zu einem Besuch vorbeigegangen. Dafür beteten ihn seine Männer an.

1-188. Ein bestimmter Mann schrieb mir letztens von seiner Herberge unterwegs auf dem Weg nach Edo einen detaillierten Brief. Hat man viel zu tun, lässt man im Allgemeinen nichts von sich hören. Aber auf diese Weise aufmerksam und rücksichtsvoll zu sein, bedeutet, anderen Männern überlegen zu sein.

1-189. In einer Erzählung alter Veteranen hörte ich einmal: »Will ein Krieger sich oder seine eigene Meinung durchsetzen, wird er alles nur umso mehr auf die Spitze treiben, je mehr er sich durchsetzt. Versucht man, alles in

Maßen zu halten, ist man hinterher unzufrieden, und es ist auch nicht gut für den eigenen Ruf. Alles derart auf die Spitze zu treiben, dass man selbst glaubt, man hätte es übertrieben, ist genau passend.« Diese Tatsache darf man nicht aus dem Auge verlieren.

1-190. Sobald man den Entschluss gefasst hat, sich an jemandem zu rächen, darf man auf gar keinen Fall einen Umweg machen, selbst dann, wenn abzusehen wäre, dass man keinen Erfolg haben würde, sollte man sofort losgehen. Ebenso darf man auf keinen Fall darüber nachdenken, ob es nicht vielleicht doch noch eine andere Lösung geben könnte. Weil die Entschlusskraft nachlässt, je mehr Zeit vergeht, kann man die Rache dann kaum zu einem Ende führen. Der Weg des Kriegers bedeutet, aus allen Leibeskräften vorzustoßen, auch dann, wenn es überstürzt sein sollte.

Als ein bestimmter Mann zu einer Sutrenrezitation im Jissōin-Tempel in Kawakami ging, fing auf der Fähre ein betrunkener Page von ihm mit dem Fährmann Streit an. Weil der Page, als er ans Ufer sprang, sein Schwert zog, schlug der Fährmann ihm mit seiner Stake auf den Kopf. Die Fährmänner in der Umgebung kamen mit Rudern in den Händen zusammengelaufen und lärmten, dass sie den Pagen zusammenschlagen würden. Daraufhin kam ein anderer Page gelaufen, der sich bei den Fährmännern entschuldigte, den Betrunkenen beschwichtigte und mit sich zurücknahm. Am selben Abend noch bekam der betrunkene Page zu hören, dass er verbannt werden würde.

Es ist ausgesprochen schändlich, dass der Herr des betrunkenen Pagen, als sie auf der Fähre waren, ihn nicht gescholten und die Fährleute nicht beschwichtigt hat. Davon abgesehen darf man sich doch wohl nicht entschuldigen, wenn einem Krieger auf den Kopf geschlagen wurde, selbst dann nicht, wenn man selbst schuld ist. In so einer Situation muss man so tun, als ob man sich entschuldigen wolle, sich so dem gegnerischen Fährmann annähern und ihn erschlagen und dann auch den Betrunkenen erschlagen und dort liegenlassen. Dieser Herr war zu schlampig und nachlässig.

I-191. Früher war die Entschlossenheit der Männer, in den Tod zu gehen, tief und verlässlich. Weil es früher üblich war, ab 13 bis zum 60. Lebensjahr ins Feld zu ziehen, haben Greise ihre alten Jahre verschwiegen, so heißt es.

I-192. Eine bestimmte Person notierte ihre eigenen Gedanken in einem Memorandum: »Männer, die in der nächsten Umgebung Seiner Hoheit dienen, müssen sich besonders in ihrer Haltung und ihrer Einstellung zusammennehmen und im Zaum halten. Die Menschen ermessen an den Worten und Taten des fürstlichen Leibgefolges das Format ihres Herrn. Auch Ermahnungen an Seine Hoheit sollte man sofort vortragen, ohne einen anderen Zeitpunkt abzuwarten. Während man noch daran denkt, auf eine Zeit zu warten, zu der er guter Laune sei, weil er jetzt schlechter Stimmung ist, kommt es vor, dass Seine Hoheit wieder einen Fehler begeht.

Auch ist es unanständig und pflichtvergessen, schlecht über Menschen zu reden, die Schuld auf sich geladen haben.

Gegenüber glücklichen Menschen ist es angemessen, nichts von sich hören zu lassen. Aber es gehört zu den Prinzipien eines Kriegers, Männern, die der Ruin getroffen hat, von ganzem Herzen Anteilnahme zu zollen und ihnen Hilfe zu leisten, damit sie irgendwie wieder auf die Beine kommen.

I-193. Ein bestimmter Mann nimmt, seit er auf seinen jetzigen Posten kam, nicht nur keine Geschenke entgegen, sondern lässt sich sogar manchmal, wenn seine Gefolgsleute ein Geschenk einfach nicht ablehnen konnten, eine Bestätigung schreiben, dass er es zurückgegeben habe, weil es ihn, wie er sagt, beunruhigen würde, so etwas heimlich in Empfang zu nehmen. Weil er auf diese Weise jedwede Einschmeichelung, Einflussnahme, Bitte, und Ähnliches ablehnt, hat er in ganz Saga den Ruf gewonnen, eine verdienstvolle Person mit dem Antrieb und der Tatkraft eines Sonnenaufgangs zu sein.

Das ist wirklich eine grüne, unreife Sache. Er mag zwar anständiger als ein habgieriger Mensch sein, aber in Wirklichkeit macht er dies nicht aus wahrer Hochherzigkeit heraus, sondern es handelt sich nur um eine Handlungsweise aus ehrgeiziger Selbsterhaltung heraus. Weil in letzter Zeit sogar solche Leute immer seltener geworden sind, scheinen sie zum Gerede zu werden.

Legt man sich nur ein bisschen ins Zeug, ist es höchst einfach, einen guten Ruf zu erwerben. Schwierig ist es, die Gier aus den Tiefen seines Herzens zu löschen und keine Aufmerksamkeit auf sich zu ziehen.

I-194. Wird man von einer höchst schwerwiegenden Krise getroffen, lässt sich das Problem nicht aus der Welt schaffen, solange man sich nicht allein mit seiner eigenen Vernunft ein Herz fasst und rücksichtslos vorwärtsmarschiert. Berät man sich in einem äußerst ernsten Fall mit jemandem, wird man meistens für dumm verkauft und im Stich gelassen werden, und außerdem werden einem die Leute nicht die Wahrheit sagen. Vertraut man darum bei einer solchen Gelegenheit einzig auf sein eigenes Urteil und fasst für jeden Fall den festen Entschluss, den Verstand zu verlieren und sein Leben einzusetzen, werden die Dinge irgendwie schon wieder werden. Versucht man zu solchen Zeiten, geschickt eine Lösung zu finden, werden sofort Zweifel in einem aufkommen und man wird ohne Fehl im Ruin enden.

Eher wird einem das, was die Leute, die es gut mit einem meinen, für einen tun, zum Verhängnis, und man wird, weil sie die Dinge missverstehen, durch ihre übermäßige Gunst ins Verderben gestürzt werden. Als ich mein Gesuch einreichte, in den Ruhestand zu treten und Mönch zu werden, verhielt es sich genauso.

1-195. Als ich diesen Frühling Gon'nojō einen Neujahrsbesuch abstattete, sagte er: »Weil ich zum Jahresende vom Dienst beurlaubt wurde und bis zum achten Monat Muße habe, werde ich mich in der Zeit wohl buddhistischen Übungen widmen.«

Da sagte ich ihm aber meine Meinung: »Ist gerade jetzt nicht etwa die Zeit, in der du keine Muße, sondern am meisten zu tun haben solltest? Es wird ja wohl kaum dein innigster Wunsch sein, bis zum neunten Monat dieses Jahres warten zu müssen, um dann wie durchschnittliche Menschen wieder in den Dienst zu gehen, oder? Ist es nicht etwa viel erfreulicher, noch während seiner Beurlaubung auserwählt zu werden und einen Dienstauftrag zu erhalten? Sollte es sich so verhalten, dann ist jetzt die Zeit, in der du am wenigsten Muße und am meisten zu tun hast. Machst du, was auch immer passieren mag, alles, was in deiner Macht steht, um noch während deiner Beurlaubung auserwählt zu werden, wird dir dein Wunsch bestimmt in Erfüllung gehen.

Damit habe ich auch Erfahrung. Als mir in meinem zwölften Lebensjahr gestattet wurde, mein Stirnhaar wachsen zu lassen, blieb ich, bis ich 14 Jahre alt war, zu Hause und wurde nicht zurück in den Dienst berufen. Als ich mit 14 die Prozession sah, mit der Seine Hoheit und der junge Fürst aus Edo heimkehrten, wollte ich, koste es was es wolle, in Dienst berufen werden. Deshalb pilgerte ich zum Kose-Schrein und betete darum, vom ersten Tag des fünften Monats an in Dienst gestellt zu werden. Daraufhin ist mir tatsächlich mysteriöserweise am letzten Tag des vierten Monats der Befehl erteilt worden, ab dem nächsten Tag zum Dienst zu erscheinen.

Danach hatte ich den Wunsch, an der Seite des jungen Fürsten zu dienen, und nahm mir Tag und Nacht fest vor, entschlossen darum zu bitten, sobald ich Gelegenheit dazu fände. Und weil es dann eines Abends hieß: »Der junge Fürst ist erschienen. Ihr Pagen, kommt heraus!«, erschien ich sofort in seiner erlauchten Gegenwart. Da beliebte er, mich mehrmals zu loben: »Also nun, du kamst wirklich schnell, obwohl außer dir niemand anderes kam. Das hast du wirklich gut gemacht.« Ich kann bis heute nicht diese Gnade und meine Freude darüber vergessen. Ergreift man nur mit seiner ganzen Seele die Initiative, gibt es kein Ziel, das man nicht erreichen könnte.«

Nachdem ich ihm das so gesagt hatte, kam es vor Kurzem dazu, dass Gon'nojō während seiner Beurlaubung der Befehl erteilt wurde, als Bote zu dienen, und die ganze Familie freute sich über diese seltsame Entwicklung der Dinge. Von jungen Jahren an war ich, genau wie meine Wenigkeit, die sich heute vor Ihren Augen befindet, nicht von großem Nutzen und beneidete auch manchmal die Männer, die Karriere machten, aber ich war fest davon überzeugt, dass niemand mir darin überlegen war, Seine Hoheit hochzuschätzen. Ich tröstete mich nur mit dieser einen Sache, vergaß sowohl meinen tiefen Rang als auch mein Unvermögen und erfüllte so meine Dienstpflicht. Schließlich kam es, wie ich im Voraus gedacht hatte: Zum ehrenwerten Ableben Seiner Hoheit war ich der Einzige, der sein Lehen aufgab, Mönch wurde und den ehrenwerten Namen Seiner Hoheit nicht beschmutzte.

I-196. Yamazaki Kurando machte einmal die treffende Bemerkung: »Lehnsmänner, die zu viel sehen, taugen zu nichts.«

Ob jemand loyal ist oder nicht, ob jemand gerecht ist oder nicht, ob jemand die Wahrheit trifft oder nicht: sich auf diese Weise Sorgen um Recht und Unrecht, Gut und Böse zu machen ist nicht gut. Solange man nur ohne jede Vernunft und Form, ohne jede Logik den Lehnsdienst liebt und seinen Herrn hochschätzt, reicht diese Einstellung vollkommen aus:

Das bedeutet es, ein guter Gefolgsmann zu sein.

Es mag zwar auch vorkommen, dass man Fehler begeht, weil man sich zu sehr in den Dienst stürzt oder den Lehnsherrn zu sehr hochschätzt, aber selbst ein solcher Fehler würde einem tiefste Befriedigung und Erfüllung bedeuten. Es heißt zwar in allen Dingen, dass zu viel des Guten nicht zum Erfolg führt, aber in Bezug auf den Lehnsdienst sollte es eigentlich zum innersten Anliegen eines Dienstmannes gehören, sich über alle Grenzen hinaus zu begeistern, selbst dann, wenn das Fehler nach sich zöge.

Es ist traurig, dass viele Männer, die ein Verständnis für Logik haben, sich mit Kleinigkeiten abgeben und auf diese

Weise ihr ganzes Leben verschwenden. Dieses ist wirklich ein kurzes Leben. Einfach rücksichtslos voranzumarschieren ist am besten. Man darf keine Zweifel haben. Alles das, was überflüssig ist, abzuwerfen und einzig und allein an den Lehnsdienst zu denken ist das Höchste. Oberflächliche Vernünftelei über Loyalität hier und Gerechtigkeit da ist mir zutiefst zuwider.

I-197. Fürst Naoshige beliebte in einer Wandschrift zu hinterlassen: »Gut und Böse der Vorfahren hängt vom Wesen ihrer Nachfahren ab, die ihre Erben sind.«

Als Nachfahre hat man die Möglichkeit, die negativen Aspekte seiner Vorfahren nicht an die Öffentlichkeit dringen zu lassen und im Gegenteil daraus positive Eigenschaften zu machen. Das ist wahre Pietät.

I-198. Es ist wirklich erbärmlich, dass es bereits so weit gekommen ist, bei Adoptionen nur noch das Vorhandensein oder Nichtvorhandensein von Geld zu problematisieren und nicht mehr über den familiären Hintergrund und über die Würde des Hauses nachzudenken. Zu räsonieren, dass so zu handeln in der Tat nicht richtig sei, aber der familiäre Hintergrund in der gegenwärtigen Zeit keine Bedeutung habe, und dann auf diese Weise etwas Unsittliches zu tun bedeutet, eine Übeltat auf die andere zu häufen. Solange man Haare spaltet, tritt die Moral in den Hintergrund.

I-199. Weil ein bestimmter Mann sagte: »Es ist wirklich zu schade um den und den Mann, er ist zu jung gestorben«, erwiderte ich ihm: »Er war einer unter vielen, um die es zu schade ist.«

Oder als mir jemand sagte: »Die Welt geht ihrem Ende entgegen, und es gibt kein Pflichtgefühl mehr«, antwortete ich: »Weil es heißt, dass das, was heruntergekommen ist, keine andere Möglichkeit hat, als wieder aufzusteigen, wird wohl früher oder später die Zeit kommen, in der alles wieder besser wird.« Diese Art von findiger Schlagfertigkeit ist wichtig.

Als Nakano Shōgen *seppuku* beging, versammelten sich bei Ōki Hyōbu seine Mannschaftskameraden und schimpften erbarmungslos über Shōgen. Da soll Hyōbu gesagt haben: »Über Gestorbene soll man nicht schlecht sprechen. Und Personen, die man für ein Vergehen zur Verantwortung zog, sind besonders bedauernswert. Auch nur etwas Gutes über sie zu sagen gehört darum zur Barmherzigkeit eines Kriegers. Sind zwanzig Jahre ins Land gezogen, wird wohl von Shōgen gesagt werden, er sei ein loyaler Gefolgsmann gewesen.«

Dies ist wahrhaftig die Bemerkung eines Mannes mit tiefer Einsicht und Besonnenheit.

1-200. Furukawa Rokurō'zaemon sagte: »Es gibt wohl keinen Lehnsherrn, der sich keine Männer wünschte, die ihm von Nutzen sein können. Weil es selbst Leute wie uns nach fähigen Männern verlangt, ist dieses Verlangen umso größer, je höher der eigene Rang ist, den man einnimmt. Will man daher seinem Herrn oder seinem direkten Vorgesetzten um jeden Preis zu Diensten sein, wird das gegenseitige Verlangen übereinstimmen, und man kann so, wie man ist, von Nutzen sein. Sollte jemand sagen, er würde einem geben, was man sich seit langer Zeit gewünscht habe, wird man das annehmen, selbst wenn man sich darauf stürzen müsste. Dieser Umstand ist den Menschen nicht klar, und sie leben ein Leben lang fruchtlos vor sich hin, bis sie in hohen Jahren endlich darauf kommen. Ihr jungen Leute, seid auf der Hut!«

Das blieb mir im Ohr, und ich kann mich heute noch daran erinnern.

Es gilt, aufzuhören, über dies und das nachzugrübeln, und einfach nur zu Diensten sein zu wollen. Es ist nicht so, dass man nicht auf diese Weise denken würde, aber aus dem Grunde, weil man auf die verschiedensten Hindernisse stößt und diese nicht alle überwinden kann, wird man bedauerlicherweise damit enden, sein ganzes Leben zu vergeuden. Das ist so traurig, dass man es nicht in Worten ausdrücken kann.

Es gibt Männer, die leben mit einem Gefühl der Demut, dass Leute wie sie selbst wohl kaum von Nutzen sein mögen. Aber in Wirklichkeit wären Männer, die nicht klug oder schlau sind, sogar besser, solange nur ihre wahren Gefühle, von Nutzen sein zu wollen, stark genug wären. In vielen Fällen führt Weisheit und Klugheit zu Schaden.

Männer von tiefem Rang, die auf dem Land wohnen, bilden sich ein, hohe Personen vom Rang eines Klan-Ältesten oder eines *toshiyori*-Offiziers seien besondere Persönlichkeiten, fast schon wie Gottheiten, und können deshalb kaum in deren Nähe auftauchen. Aber ist man ihnen erst einmal vertraut geworden und unterhält sich unbeschwert mit ihnen, merkt man, dass sie, abgesehen davon, dass sie nie ihre Arbeit vergessen und immer an Seine Hoheit denken, kein bisschen anders sind als normale Menschen. Um von Nutzen zu sein, bedarf es keiner besonderen Weisheit. Der Gedanke, der Wunsch, irgendwie für Seine Hoheit, für den Klan, für die Bauern und das einfache Volk etwas tun zu wollen, was allen zugutekommt, ist etwas, das auch wir Dummköpfe fassen können. Aber sich wahrhaftig vorzunehmen, von Nutzen zu sein, ist äußerst schwierig.

1-201. Das Erste, vor dem man sich zu glücklichen Zeiten in Acht nehmen muss, sind Protzerei und Arroganz. Nimmt man sich nicht doppelt so sehr in Acht wie zu normalen Zeiten, wird es gefährlich.

1-202. Waffen und Rüstung in prächtigem Zustand zu halten zeugt zwar von Geschmack und Anstand, aber es reicht völlig aus, wenn die Ausrüstung komplett ist, worum auch immer es sich handeln mag. Eine schlichte und einfache Ausrüstung wie die des tapferen Fukabori Inosuke reicht völlig aus. Für hochrangige Samurai mit eigenen Gefolgsleuten ist auch eine Kriegskasse vonnöten. So heißt es zum Beispiel, dass Okabe Miyauchi für jedes Mitglied seiner Mannschaft einen Beutel machen und den jeweiligen Namen einsticken ließ, um dann in jeden Beutel einen Sold gemäß der Person hineinzutun. Diese Art von Fähigkeit ist tiefgründig und hervorragend.

Samurai von niedrigerem Rang ist damit geholfen, ihren Truppführer um Unterstützung zu bitten, sollten sie zu dem Zeitpunkt keine Ersparnisse oder keine Vorbereitungen getroffen haben. Da so etwas auch vorkommen mag, gilt es, sich im Voraus gut mit seinem Truppführer zu stellen. Das Leibgefolge Seiner Hoheit braucht keine weiteren Vorbereitungen zu treffen, solange es nur dicht beim Fürsten bleibt.

Ein bestimmter Mann nahm auf dem Sommerfeldzug von Ōsaka zwölf Silberstücke mit und folgte damit Herrn Taku Zusho aufs Schlachtfeld. Das ist nun wirklich seine Sache, aber es hätte vollkommen gereicht, wenn er sich über so etwas keine Sorgen gemacht hätte und lieber so schnell wie möglich zu seiner Truppe aufgebrochen wäre.

1-203. Untersucht man Dinge von früher, gibt es die

verschiedensten Theorien, zwischen denen man sich nicht entscheiden kann. Da ist es besser, sie lieber unverstanden zu lassen.

In einer Rede von Fürst Sanjōnishi Sanenori heißt es: »Bei Dingen, die man nicht versteht, gibt es gewisse Punkte, die so angelegt sind, dass man sie doch verstehen kann. Und es gibt Punkte, die man verstehen kann, weil sie einem einleuchten. Und dann gibt es wieder Punkte, die man um keinen Preis verstehen kann. Gerade das ist doch interessant.«

Dies sind wirklich tiefgründige Worte. Mysteriöse Dinge, Dinge aus alter Vorzeit und kolossale Dinge ohne Grenzen lassen sich einfach nicht verstehen. Dinge, die einfach zu verstehen sind, sind oberflächlich und banal.

Lehrsätze Band 2

Notizen Nr. II

II-1. »Welche Verhaltensweisen sollten einem Mann im Lehnsdienst verpönt sein?« Als ich einmal diese Frage stellte, kam die folgende Antwort: »Das sind doch wohl Sauferei, Protzerei und Verschwendung. In schlechten Zeiten kann man sich das sowieso nicht leisten. Und hatte man einmal ein bisschen Glück, neigen diese drei Dinge dazu, einem zum Verhängnis zu werden. Man betrachte doch nur das Schicksal und die Lebensumstände anderer Männer. Sobald bei ihnen alles gutgeht, schlagen sie mehr und mehr über die Stränge und tendieren zu Protzerei und Verschwendung, was höchst unansehnlich und gemein ist. Darum entwickelt sich bei Menschen, die noch nie mühselige Erfahrungen machen mussten, kein fester Charakter, und deshalb ist es in jungen Jahren auf jeden Fall besser, viel Mühsal zu erfahren. Im Großen und Ganzen gilt, dass Männer, die zu Zeiten großer Mühsal und großen Unglücks den Mut verlieren, von keinerlei Nutzen sind.«

II-2. Ich fragte einmal: »Um was für ein Ding handelt es sich beim Kakuzō-Stil?« Da wurde mir gesagt: »Unter den Sandalenträgern des Schwertmeisters Nabeshima Kiun gab es einen Mann von überlegener Körperkraft namens Kakuzō, der die Schwertkunst erlernte und binnen Kurzem einen Stil des Ringens entwickelte, den er Kakuzō-Stil nannte und dann hier und dort lehrte. Seine Techniken übermittelt er noch heute. Dabei handelt es sich um einen Stil, der solchen feinen Kampfkünsten wie dem Ringen, die natürlich und plausibel sind, völlig entgegensteht. Mein eigener ›Stil‹, also meine eigene Lebensweise, ist genau so beschaffen und hat mit vornehmen Attitüden nichts zu tun. Meine Lebensweise ist von sich aus einfach und schlicht und ist daher genau wie der Kampfstil des Sandalenträgers Kakuzō von echtem, praktischen Nutzen. Darum habe ich mich in letzter Zeit darauf verlegt, meine eigene Lebensweise Kakuzō-Stil zu nennen.«

Auch wurde mir gesagt: »Letztens begriff ich auf einer geselligen Zusammenkunft, dass das tiefste Mysterium wahrer Liebe eine geheimgehaltene Liebe ist. Sobald man seine Liebe offenbart, verliert sie an Reinheit. Gerade so zu sterben, während man ein Leben lang seine Liebe geheim hielt, bedeutet wahre Liebe. In einem Gedicht heißt es:

Erkenne meine Liebe
Nach meinem Tod im Rauch,
Wenn schließlich ich meine innersten Gefühle
Nicht mehr zu unterdrücken vermag.

Genau dies ist Liebe von höchster Reinheit. Als ich das sagte, zeigten sich vier, fünf andere Männer davon beeindruckt, und wir nennen uns seitdem den »Kreis der Rauchfreunde«.

II-3. Im hohen Alter behandelte Herr Taku Mimasaka seine Gefolgsleute oft unbillig und ungerecht. Da erlaubte sich ein bestimmter Mann, ihn zu tadeln. Daraufhin soll Herr Taku geantwortet haben: »Das mache ich alles für meinen Erben und Stammhalter Nagato. Nachdem ich gestorben bin, soll er mit ruhigem Gewissen schlafen können.«

Überlassen Lehnsherren, die ihre Umgebung oft ungerecht behandeln, den Klan ihren Nachfolgern, so sind diese Vasallen ihrem neuen Lehnsherrn dann schneller geneigt.

Diese Geschichte von Herrn Taku Mimasaka erzählte mir jemand unter dem Siegel der Verschwiegenheit.

II-4. Begegnet man jemandem, muss man den Charakter und das Temperament des Gegenübers schnell auffassen und ihn je nachdem entsprechend behandeln. Spitzfindigen und dickköpfigen Leuten gegenüber muss man von sich aus unterwürfig auftreten, damit kein Streit aufkommt. Dann überzeugt man sie mit besseren Argumenten und sorgt hinterher dafür, dass auch nicht ein bisschen Groll oder Missgunst zurückbleibt. Dies ist die richtige Einstellung, was nur ein Problem einer raschen Auffassungsgabe und der eigenen Schlagfertigkeit ist.

Diese Mitteilung überhörte ich, als ein bestimmter Abt einen gewissen Mann ermahnte.

II-5. Als Abt Ryōi, der als Hauptpriester des Tempels Daijōji in der Domäne Kaga in den Ruhestand getreten war, in seine Heimat Saga zurückkehrte, kümmerte sich der Hauptpriester des Tempels Kōdenji Abt Gyōjaku persönlich um die Ausbesserung und die Reinigung seiner Unterkunft, der Einsiedelei Sōjuan in Hokuzan.

Oder als Abt Unmon vom Tempel Tenyūji seinem Vorgänger Abt Kaion eine Sommerkutte schickte, ließ dieser sie mit der Bemerkung zurückgehen, dass sie zu luxuriös sei und ihm deshalb nicht stehe, und wünschte sich stattdessen eine alte, ausrangierte Kutte von Unmon selbst.

Auch ließ man für Abt Suigan freundlicherweise eine neue Mönchsklause errichten, als er die Einsiedelei Sōjuan besuchte, und um ihn willkommen zu heißen, geruhte Abt Ryōi, selbst die Wand zu bemalen. Das ist wirklich eine große Ehre und Gnade.

Abt Ryōis Klause im Ruhestand in Hokuzan Kurozuchibaru hieß Chōyōken, aber am 19. Tag des 4. Monats des 2. Jahres Shōtoku wurde der Klause der Name einer Einsiedelei zuerkannt und Sōjuan genannt.

11-6. In Träumen kommt die Wahrheit hoch. Ich träume oft, im Kampf erschlagen zu werden oder *seppuku* zu begehen, denn wenn man in seiner Brust am Mut festhält, verändert sich die eigene Herzenshaltung und Entschlossenheit auch allmählich bis in die eigenen Träume hinein. Dies betrifft den Traum am Abend des 27. Tages des fünften Schaltmonats.

11-7. Um von dem essentiellen Geheimnis eines wahren Kriegers zu sprechen, ist es das Wichtigste, sich mit Leib und Seele seinem Lehnsherrn zu verschreiben.

Und um davon zu sprechen, was man darüber hinaus machen könne, so gilt es, in seinem Herzen *chi*, *jin* und *yū*, also »Wissen«, »Edelmut« und »Tapferkeit«, zu kultivieren. In allen drei Tugenden gleichermaßen bewandert zu sein mag für einen Durchschnittsmenschen unerreichbar zu sein scheinen, aber in Wirklichkeit ist das einfach.

chi, »Wissen«, bedeutet, den Worten anderer Menschen zuzuhören. Dadurch wird man unermessliche Weisheit geschenkt bekommen.

jin, »Edelmut«, bedeutet, zum Wohle anderer Menschen zu handeln. Das bedeutet nicht mehr, als für andere Leute das zu tun, was sie sich erhoffen.

yū, »Tapferkeit«, bedeutet, die Zähne zusammenzubeißen. Hier gilt es, ohne zu schwanken und zu zögern einfach nur die Zähne zusammenzubeißen und vorwärtszustürmen.

Darüber hinaus braucht man keine weitere Vernunft oder Weisheit.

Dann sollte man noch, was die äußere Erscheinung angeht, auf sein Aussehen, sein Benehmen, seine Sprechweise und seine Handschrift achtgeben. Bei all diesen Dingen handelt es sich allerdings um alltägliche Angelegenheiten, darum sollte man das eigentlich beherrschen können, solange man es nur unablässig übt. Und man sollte dabei einen warmen, freundlichen Gesichtsausdruck anstreben, der auch innere Stärke ausstrahlt.

Hat man diese Dinge verinnerlicht, so studiere man die Geschichte und Traditionen des Nabeshima-Klans, und danach möge man noch, aber nur zur Zerstreuung, auch andere Kunstfertigkeiten erlernen.

Denkt man tief darüber nach, dann ist der Lehnsdienst ausgesprochen einfach. Aber Männer, die heutzutage auch nur ein bisschen von Nutzen sind, haben nicht mehr als die oberflächlichen drei Prinzipien, äußeres Aussehen, Sprechweise und Handschrift, verinnerlicht.

II-8. Ein bestimmter Laienmönch sagte: »Versucht man unvorsichtig, einen Fluss zu überqueren, ohne sich überhaupt zu vergewissern, ob er tief oder seicht sei, kann es auch vorkommen, dass man das gegenüberliegende Ufer nicht erreicht und ertrinkt, ohne an sein Ziel gekommen zu sein. Jemand, der sich nur aufs Geratewohl im Lehnsdienst anstrengt, ohne an die Strömungen der Zeit oder die Gesinnung Seiner Hoheit zu denken, wird im Gegenteil von keinerlei Nutzen sein und sich letztlich zugrunde richten.

Ausschließlich zu versuchen, Seiner Hoheit zu Gefallen zu sein, ist schändlich. Ich glaube eher, dass es gilt, erst einmal einen Schritt zurückzunehmen, ein bisschen über Untiefen und Abgründe nachzudenken, und nichts zu tun, was das Missfallen Seiner Hoheit erregen könnte.«

11-9. Mein Vater Jin'emon war äußerst geschickt im Anfertigen von Strohsandalen. Und wann immer er einen neuen Gefolgsmann in seiner Mannschaft anstellte, sagte er: »Kannst du Strohsandalen anfertigen? Wenn man das nicht kann, ist das das Gleiche, als ob man keine Beine hätte!«

Und auch dann, wann immer einer seiner Männer sich mehr als eine Meile entfernen musste, gab er ihm in einem Beutel eine Ration Reis als Proviant mit, für den Fall, dass es plötzlich zu einem Feldzug kommen möge. Der Plan war, dann sofort von dort, wo man hingegangen war, aufzubrechen, ohne noch einmal nach Hause gehen zu müssen. Mit einer solchen Ration Reis kann man zuerst einmal jede Notfallsituation überstehen und über alles Weitere im Lauf der Ereignisse nachdenken. Darum ließ er auch viele hellgelbe Baumwolltaschen vorbereiten.

Seine Hoheit der Taikō machte auch, als er auf seinem Korea-Feldzug in Nagoya in Saga haltmachte, an seiner zinnoberroten Schwertscheide kurze Strohsandalen fest und überquerte damit den Takagi-Pass. Oder auch als Fürst Ieyasu seine berittenen Truppen Seiner Hoheit dem Taikō präsentierte, hatte Naruse Hayato Masanari rote Sandalen an seiner Schwertscheide befestigt, heißt es.

Bei einem Feldzug sind Strohsandalen das Erste, was man bereitstellen muss. Auch jetzt, wenn es plötzlich heißen sollte, die Befestigungen von Nagasaki zu bemannen, werden für den Hin- und Rückweg allein zigtausend Paare nötig werden, und darum wird dann nicht ein einziges Paar Strohsandalen übrig bleiben. Deshalb gilt es im Voraus dafür zu sorgen, genug bereitzustellen. Und natürlich muss man wissen, wie man Strohsandalen herstellt.

Auf Grasebenen, Bergwegen und in Flüssen rutscht man mit langen Strohsandalen aus. Deshalb sind kurze Strohsandalen ohne Fersenteil besser.

II-10. Solange man dafür sorgt, mehrere Beutel mit Nelkenöl am Leib zu tragen, wird einen die Kälte nicht berühren und man wird sich keine Erkältung zuziehen. Vor einigen Jahren kehrte Nakano Kazuma in der Kälte auf einem Kurierpferd in die Heimat zurück, aber obwohl er schon hochbejahrt war, fügte er sich und seinem Körper keinerlei Schaden zu. Diese Dinge wurden mir gelehrt.

Außerdem hieß es, wenn man vom Pferd gefallen sei, solle man, um das Blut zu stillen, den Mist eines Grauschimmels absieden und trinken.

II-11. Männer mit einem gutausgeprägten Charakter sind in allen Dingen zurückhaltend. Das ist etwas, was man ohne Stärke nicht tun kann.

II-12. Einen mittelmäßigen und schüchternen Fürsten muss man oft lobpreisen und dafür sorgen, dass er in offiziellen Angelegenheiten keine Fehler macht.

Einem selbstsicheren und klugen Fürsten gegenüber muss man ein wenig zu einer »Gegenwart im Rauch« werden. Verhält man sich auf diese Weise, kann man es so einrichten, dass der Fürst darüber nachdenkt, wie diese Person wohl über eine Sache denken möge. Überdies zeugt es von großer Loyalität, eine solche Persönlichkeit zu werden.

Wenn es auch nicht einen solchen Mann gibt, durchschaut Seine Hoheit dennoch alle seine Gefolgsleute und beginnt zu glauben, dass alle nur Schmeichler seien. Auf diese Weise wird er stolz und anmaßend. Unabhängig von Hoch und Tief, was auch immer man Gutes tut, wird alles zu Schaum auf dem Wasser werden, wenn man stolz und anmaßend ist. Und es gibt niemanden, der über diese Angelegenheiten nachzudenken versucht.

Sagara Kyūma und Harada Kichi'emon waren Männer, die Seine Hoheit im Auge hatte. Auch wenn Kichi'emon krank war oder nachdem er sich bereits im Ruhestand befand, hat sich Seine Hoheit mit ihm beraten, wann immer ein Problem auftrat. Dafür muss man wirklich dankbar sein.

Nur weil man glaubt, es sei derart schwierig, eine solche Persönlichkeit zu werden, dass es einem persönlich unmöglich sei, kann man selbst nicht so werden. Wenn man sich nur zehn Jahre lang anstrengen und sich aufopfern würde, kann man bestimmt so werden. Ich habe damit auch Erfahrung. Es ist schlampig und liederlich, nicht daran zu denken, eine Persönlichkeit werden zu wollen, von der man schließlich sagen kann, sie sei ein wichtiger, im Lande einmaliger Schatz.

Zunächst einmal gibt es doch die Vorgehensweise von Itagaki Nobukata oder Akimoto Takatomo. Allerdings kann man seiner Loyalität nicht gerecht werden, wenn Seine Hoheit einem gegenüber Abneigung empfindet. Dieser Punkt ist sehr wichtig. Vielen Leuten ist das nicht klar. Darum gilt es, sich Zeit für diese Sache zu nehmen und sich langsam darüber bewusst zu werden.

II-13. Bei einer Feuersbrunst sofort an seinen Posten zu eilen geschieht nicht nur deshalb, um das Feuer zu löschen, sondern auch aus dem Grund, dass Feinde oder Rebellen einen Brand stiften und einen Aufruhr auslösen könnten, um sich das zunutze zu machen. Dessen muss man sich bewusst sein. Darum bedeutet es große Fahrlässigkeit, wenn nicht sogar ein großes Vergehen, im Falle einer Feuersbrunst nicht schnellstens an seinen Posten zu eilen. Das sollte man stets im Herzen bewahren. Dass man in solchen Fällen die Burgtore verstärkt, geschieht aus dem gleichen Grund.

Die Beistandsperson bei einer Trauerfeier ist wiederum dazu da, darauf zu achten, dass keine plötzlichen Zwischenfälle ausbrechen. Es heißt: »Wenig Gutes, viel Böses.« Oder: »Selbst wenn einem in nächster Zukunft etwas Gutes passiert, mag eine Weile später bereits etwas Schlechtes auf einen warten.« Weil man, wie es hier heißt, nicht vorher wissen kann, was die Zukunft bringt, treten bei einer Trauerfeier oft Störungen auf. Die Beistandsperson übernimmt die Aufgabe, sofort einzuschreiten, sollte es zu einem Wortstreit oder anderen unerwarteten Zwischenfällen kommen, damit die Trauerfeier nicht gestört wird.

Ein jeder weiß gut über diese Dinge Bescheid, macht aber in vielen Fällen aus Versehen einen Fehler, wenn tatsächlich etwas passiert. Nach den Punkten, die man bei solchen Angelegenheiten zu beachten hat, muss man sich im Allgemeinen gut umhören. So sprach Herr Suke'emon.

11-14. Ermahnungen und Warnungen an Seine Hoheit haben keinen Effekt, nachdem bereits ein Fehler begangen wurde, und tragen im Gegenteil nur dazu bei, einen schlechten Ruf weiterzu- verbreiten. Das ist das Gleiche, als ob man erst Medizin einnehmen würde, nachdem man bereits krank wurde. Wenn man im Voraus auf seine Gesundheit achtet und seine Gesundheit und seine Lebenskraft pflegt, wird man nicht nur nicht krank, sondern es kostet einen auch viel weniger Umstände und Mühe. Es ist viel einfacher, täglich auf seine Gesundheit zu achten, als wenn man das erst dann tun würde, nachdem man krank geworden ist. Unauffällig Ermahnungen zu erteilen und seine Meinung betreffs der richtigen Herzenshaltung mitzuteilen, bevor überhaupt ein Plan gefasst wird, etwas Schlechtes zu tun, ist das Gleiche, als ob man im Voraus seine Gesundheit pflegte.

II-15. Vasallen, die zu Diensten sein wollen, werden ohne Zweifel herangezogen und in Dienst gestellt werden. Das liegt daran, dass die Obrigkeit immer auf der Suche nach Männern ist, die von Nutzen sind. Das ist zum Beispiel genau das Gleiche wie bei einem Fürsten mit einer Vorliebe für Nō-Musiker. Weil er solche Künstler zu suchen beliebt, werden gute Flötenspieler oder Trommler sofort in Dienst gestellt, selbst dann, wenn es sich um Bauern oder Stadtbürger handelt.

Mehr noch als solche Nō-Spieler werden daher zu welcher Zeit auch immer doch wohl gerade solche Männer gefragt sein, die die entsprechende Diensteinstellung besitzen, dem Klan von Nutzen sein zu wollen. Und auch weil die Obrigkeit eine Vorliebe für Männer hat, die Meister ihres Handwerks oder ihrer Kunst sind, wird Seine Hoheit solche Menschen mit viel Talent, das dem Klan zu Diensten zu stehen vermag, besonders ins Herz fassen.

Seit alten Zeiten kommen Männer, die dem Klan von Nutzen sind, nur selten aus den Reihen derer mit einem hohen Rang. In jeder Generation gibt es mehrere Männer, die aus den unteren Rängen aufgestiegen sind, sich große Verdienste erwerben und auf diese Weise von Nutzen sind.

II-16. Ein bestimmter Mann, der herausgefunden hatte, dass Seine Hoheit eine Totentafel aus der Buddha-Halle entfernen ließ, kam zu mir um Rat, ob er ihn ermahnen sollte.

Ich hielt ihn mit den folgenden Worten davon ab: »Ich verstehe Sie sehr gut. Sie sind heutzutage wahrscheinlich der Einzige, der auf eine solche Sache aufmerksam wird. Allerdings besteht keine Notwendigkeit, Seine Hoheit zu ermahnen. Wenn Sie die Dinge beim Namen nennen und alles wie vorher in die Buddha-Halle zurückgestellt wird, wird diese Angelegenheit in der Welt bekanntwerden. Das wird Ihnen zum Verdienst gereichen, aber damit wird auch der Fehltritt Seiner Hoheit durchsickern. Sollte er Ihre Ermahnung nicht erhören und so tun, als sei nichts gewesen, werden sich am Ende Gerüchte über diesen Fehler Seiner Hoheit in der Welt verbreiten, und nur Ihr Ruf wird sich verbessern. Der wahre Weg eines Gefolgsmannes besteht darin, die Schuld für einen Fehler Seiner Hoheit auf sich selbst zu nehmen. Wenn Sie die Angelegenheit mit der Totentafel sich selbst überlassen, wird das niemandem auffallen, und es wird zu keinen Problemen führen. Darum gilt es, alles so zu lassen und, wenn sich irgendwann eine Gelegenheit ergeben sollte, unauffällig alles in seinen ursprünglichen Zustand zurückzuversetzen.«

Wegen solcher Angelegenheiten verbreiten sich Fehler Seiner Hoheit in der Welt. Passt man gut auf, wird sich irgendwann eine gute Gelegenheit zur Lösung des Problems ergeben, ohne dass man Seiner Hoheit zu schaden vermöchte.

Viele Gerüchte über Missetaten eines Fürsten sickern so aus den engsten Kreisen durch. Man muss den Entschluss fassen, Seine Hoheit keinerlei Kritik auszusetzen. Fühlt man sich in der Familie, unter Geschwistern oder unter Freunden sicher und sagt, diese Geschichte müsse unter den Anwesenden bleiben und dürfe nicht ausgeplaudert werden, wird sich das auf der Stelle nicht nur in der eigenen, sondern auch in anderen Domänen und in ganz Japan verbreiten. Sollte es sich um eine Person handeln, die ihre Vasallen schlecht behandelt oder den Klan schlecht verwaltet und leitet, wird das darüber hinaus dazu führen, dass sich früher oder später ein schlechter Ruf in der Welt verbreitet. Der engste Kreis um den Fürsten muss sich dabei am meisten zusammennehmen.

II-17. Im Leben ist der feste Wille wichtig, den gegenwärtigen Moment gründlich auszuleben, das bedeutet: klar und bestimmt jetzt in diesem Augenblick zu leben. Das Leben ist eine Anhäufung von einem Augenblick auf den nächsten. Wird einem das klar, wird man nicht verwirrt werden und darüber hinaus nach nichts Weiterem verlangen. Es gilt, ausschließlich so zu leben, indem man diesen Augenblick hütet und sorgsam damit umgeht.

Die Menschen lassen diesen Punkt völlig außer Acht und bemühen sich darum, ob es nicht irgendetwas anderes geben könnte, aber es gibt niemanden, der sich darüber klar wird. Um die Entschlossenheit zu bewahren, in jedem Augenblick seine wahre Gesinnung, seinen Willen aufrechtzuerhalten und nicht zu verlieren, muss man langjährige Verdienste und Erfahrungen machen. Aber wenn man einmal diese Ebene erreicht hat, wird man sie nicht mehr verlassen, auch dann nicht, wenn man im Alltag so tut, als hätte man sie vergessen. Solange man nur klar begreift, dass in jedem Augenblick seine wahre Gesinnung, seinen Willen aufrechtzuerhalten das ganze Leben bestimmt, wird das Leben dieser Person sicher und stabil und darüber hinaus von wahrer Loyalität erfüllt sein.

11-18. Man kann die Strömungen der Zeit nicht anhalten. Dass alles obszön und gemein wird, liegt daran, dass die Welt ihrem Ende entgegengeht. Im Laufe eines Jahres kommt es auch nicht vor, dass sich nur Frühling oder Sommer ewig fortsetzen. Für einen einzigen Tag gilt das Gleiche. Darum ist es ein Ding der Unmöglichkeit, die heutige Welt in die Zeit guter Sitten und Gebräuche von vor 100 Jahren zurückzuversetzen, selbst dann nicht, wenn man es sich wünschte. Es ist wichtig, jedes Zeitalter irgendwie in eine bessere Richtung zu führen. Darin liegt der Irrtum der Menschen, die sich nur nach der Vergangenheit sehnen. Sie versuchen nicht, die Strömungen der Zeit zu verstehen. Andererseits sind solche Leute, die glauben, nur die gegenwärtigen Sitten seien gut, und die die Sitten der Vergangenheit verabscheuen, nur von seichtem Verständnis.

11-19. Bietet man, um sich dem Lehnsdienst besser widmen zu können, seine ganze Erfindungsgabe auf und gibt sich seiner Ausbildung hin, wird man in vielen Fällen frech und eingebildet und vergisst oft die Grundlage, wofür oder warum man sich eigentlich ausbildet. Da wäre es schon besser, wie ein Durchschnittsmensch Seine Hoheit hochzuschätzen, ohne sich etwas Besonderes einfallen zu lassen, und sich nur in seinem Lehnsdienst anzustrengen. Es gilt zu dienen, indem man zu den Grundlagen zurückkehrt. Natürlich ist man mit dieser Einstellung allein von keinem Nutzen. Darum gilt es, seine Erfindungsgabe genügend aufzubieten und sich seiner Ausbildung zu widmen, die Früchte seiner Anstrengungen aber dann glattweg und ohne Zögern von sich abzuwerfen, sich also nichts weiter darauf einzubilden.

II-20. Abgesehen davon, seinen eigenen Willen und seine eigene Gesinnung zu bewahren und, ohne die Konzentration zu verlieren, seine Pflicht zu erfüllen, würden alle weiteren Gedanken nur stören. Zu leben, indem man Augenblick für Augenblick wichtig nimmt: Das ist alles.

II-21. Einen Notizzettel heftet man an ein Dokument, indem man die Ecke eines Stücks Papier zu einem Dreieck schneidet, an das spitze Ende etwas dünnen Leim anbringt und es dann an der Rückseite des Dokuments anheftet.

Oder bei den Papierumschlägen für Geldgeschenke, die man bei Beileids- und anderen Unglücksfällen überreicht, wird der Umschlag von beiden Seiten gleichzeitig in die Mitte umgeschlagen. Gerade darum wird bei Umschlägen gewöhnlicher Schreiben eine Seite nach der anderen umgeschlagen. In diesen Fällen wird zuerst die linke Seite umgeschlagen.

II-22. Es heißt zwar, dass die kühnen Helden von früher meist wunderliche und launenhafte Gestalten waren, die, weil sie von wilder und tollkühner Geistesverfassung waren, von starker Lebenskraft erfüllt waren und deshalb außerordentlichen Mut hatten, aber weil ich in Bezug auf diese Meinung Zweifel hegte, fragte ich einmal nach. Daraufhin wurde mir geantwortet: »In der Tat erscheinen die kühnen Helden von früher, weil sie von starker Vitalität erfüllt waren, als ob sie auch in ihrem normalen Leben wild und ausschweifend gelebt hätten. Die Männer unserer Zeit können nicht so wild und ausschweifend sein, weil ihre Lebenskraft schwächer ist. Die Vitalität mag abgenommen haben, dafür haben aber die Vollendung und Verträglichkeit des Charakters zugenommen. Dies ist allerdings wieder etwas anderes als Mut. Dass die Männer unserer Zeit ohne Vitalität sind, bedeutet nicht, dass sie deshalb sanftmütig und zurückhaltend seien und nicht im Todeswahn um sich wüten könnten. Mut hat nichts mit dem Problem zu tun, dass es sich mit der Vitalität mal so, mal so verhält.«

II-23. »Weil es beim Lehnsdienst viele Dinge gibt, bei denen man allerlei beachten muss, ist es schwer, seine Pflicht zu erfüllen, wenn man zerstreut oder geistesabwesend ist.« Als ich einmal so sprach, wurde mir gesagt: »Das stimmt nicht. Mit dem gesunden, alltäglichen Menschenverstand kommt man völlig aus. Es reicht, den Statuten und Regeln zu folgen, die Seine Hoheit Katsushige auszuwählen beliebte. Das ist einfach. Darüber hinaus bedeutet einem die Lehnspflicht, so zu dienen, dass man an das Wohl des gemeinen Volks der Domäne denkt. Die fehlgeleiteten Männer im näheren Umkreis Seiner Hoheit denken nur an das Wohl der Obrigkeit, ohne einen Gedanken an das gemeine Volk zu verschwenden, und ergreifen deshalb neue politische Maßnahmen, die dem gemeinen Volk zur Last fallen. Das ist das größte Maß an Illoyalität. Alle Menschen des Klans sind Vasallen Seiner Hoheit. Außerdem ist es wichtig, dass Seine Hoheit dem gemeinen Volk gegenüber Wohlwollen zeigt und Mitgefühl entgegenbringt. Solange er diese Gefühle zu hegen beliebt, erscheint selbst eine Kreuzigung als Barmherzigkeit.«

II-24. Mein Adoptivsohn Gon'nojō kam zu mir und erkundigte sich nach den nötigen Vorbereitungen für den Wachtdienst in Nagasaki. Meine Antwort lautete: »Weil ich mich früher im direkten Gefolge Seiner Hoheit befand, wird das nicht zu deinen jetzigen Richtlinien passen. Damals haben alle ihre eigenen Vorbereitungen getroffen, um Seine Hoheit zu begleiten, aber ich selbst habe mich mit einem normalen Kopfkissen begnügt. Das lag daran, dass wir vom Leibgefolge zum Aufbruch Seiner Hoheit ihn einfach nur zu begleiten und uns in seiner direkten Nähe aufzuhalten brauchten. Weil wir zum direkten Gefolge gehörten, gingen wir mit der Absicht, uns mit den Waffen und der Ausrüstung, dem Sold und dem Proviant Seiner Hoheit zu begnügen. Wir durften auch Kleidungsstücke aus der fürstlichen Kleiderkammer benutzen, und wenn wir damals Seine Hoheit nur fragten, konnten seine Leibdiener in diesem Zeitraum auch nichts dagegen einwenden. Bei meinen Vorbereitungen behalf ich mir deshalb so. Natürlich wurden Träger und Lastpferde in Anschlägen ausgeschrieben, aber eigentlich dachten wir grundsätzlich, dass alles ausreichend sei, solange wir nur mit Seiner Hoheit zusammenblieben.«

II-25. Als ich noch im Lehnsdienst stand, machte ich mir über die Haushaltskasse nie Gedanken. Ich dachte, sollte zum Beispiel der Fall eintreten, dass wir Hunger leiden, könnte ich bei jemandem in der direkten Umgebung Seiner Hoheit oder bei Seiner Hoheit selbst vorsprechen und wie Ezoe Hyōbuzaemon einen Antrag auf eine fürstliche Schenkung stellen. Eines Jahres, als ich aus Kyōto zurückgekommen war und wieder nach Kyōto gehen sollte, sprach ich bei den höheren Offizieren vor: »Weil sich meine Wenigkeit längere Zeit in Kyōto aufhielt, haben sich die Verhältnisse meiner Haushaltskasse dürftig entwickelt. Sollten Schulden nötig sein, um zur Hauptstadt aufbrechen zu können, mag das auch dem gesellschaftlichen Ansehen schaden. Darum möchte ich demütig um eine Erörterung dieses Problems bitten. Ich stelle dieses Gesuch nicht etwa aus Eigennutz, sondern weil ich im öffentlichen Dienst nach Kyōto gehe.«

Daraufhin wandten sich die Offiziere auch an Seine Hoheit, und so wurde mir gnädigerweise eine Schenkung von Silbermünzen gewährt.

Oder auch, als ich im Dienst an einer Krankheit litt, deretwegen ich Medizin brauchte, wurde mir vom Arzt verordnet, Ginsengwurzeln einzunehmen. Als ich das aus Armut nicht tun konnte, hörte Morooka Hikoemon davon und sagte mir: »Herr Jin'emon, die Ginsengwurzeln, die Sie brauchen, werde ich Ihnen aus dem Vorrat Seiner Hoheit geben. Nehmen Sie daher, so viel Sie brauchen, ohne sich zu bescheiden.« Weil mir das so gesagt wurde, nahm ich das Angebot ohne Zurückhaltung an. Nach den Worten Hikoemons verhielt sich die Sache so: »Bei Ihnen handelt es sich um eine Person, deren Dienst Seiner Hoheit Anregung und Aufmunterung verschafft. Deshalb wird es überhaupt keine Schwierigkeiten geben, wie viel Ginseng ich Ihnen auch immer zuteile.«

Das bedeutet, dass ein Lehnsmann einfach alles von Grund auf gänzlich seinem Lehnsherrn überlassen kann. Nur aus dem Grund, weil man Unterschiede zwischen den Vasallen macht und sie unterschiedlich behandelt, werden alle Dinge kompliziert.

11-26. Uchida Shōemon erzählte: »Eine Besonderheit erster Güte in der Militärstrategie Fürst Naoshiges bestand darin, dass er seinen Gefolgsleuten seine Taktik nie im Voraus mitteilte, sondern alles im letzten Augenblick mit einem Wort entschied und verständlich machte.«

Selbst wenn Fürst Naoshige im Falle einer Krise die Klan-Ältesten bezüglich der Strategie um Rat fragte, war das, was sie zu sagen hatten, nie der Rede wert.

II-27. Als Fürst Tokugawa Ieyasu in einer bestimmten Schlacht eine Niederlage einsteckte, wurde er danach folgendermaßen gerühmt: »Ieyasu ist ein großer Feldherr von außergewöhnlichem Mut. Unter seinen Offizieren und Soldaten, die erschlagen worden waren, gab es nicht einen, der mit dem Rücken zur Schlachtlinie gestorben wäre. Alle starben mit ihren Köpfen in Richtung der feindlichen Armee.« Die alltägliche Herzenshaltung eines Kriegers wird so selbst nach seinem Tode zum Gespräch, und sollte man nicht von einer solchen Entschlossenheit sein, ist das äußerst beschämend.

II-28. »Es heißt, die Männer heutzutage seien glücklich, weil es keine Schlachten und keinen Krieg mehr gibt. Eine solche Aussage lässt einen an der Bildung und am Anstand des Sprechers als Krieger zweifeln. Gerade deshalb, weil es sich um ein kurzes Leben handelt, möchte man doch zumindest eine Schlacht erleben. Im Bett zu sterben ist nicht nur schmerzvoll und unerträglich, sondern entspricht auch nicht dem wahren Herzenswunsch eines Kriegers. Es heißt, Männer von früher hätten sich über einen solchen Tod im Bett außerordentlich gegrämt. Ich glaube, es gibt keinen besseren Weg zu sterben, als im Kampf niedergeschnitten zu werden.«

Jemandem, der so etwas sagt, ein Wort des Widerspruchs zu entgegnen ist übertrieben, und sollte es sich um eine Person fortgeschrittenen Alters handeln, kann man das auch angemessen umgehen. Aber sollte ihm jemand mit einem mutigen Herzen an seiner Seite zuhören, mag er den Eindruck erwecken, dem Gesagten zuzustimmen. Deshalb gilt es, ein Wort zu erwidern, ohne Anstoß zu geben: »Es wird sich doch nun nicht nur so verhalten. Dass die Männer in letzter Zeit ohne Vitalität sind, liegt doch daran, dass die Welt sich im Frieden befindet. Sollte wieder etwas wie ein Krieg vorkommen, werden die Männer wohl auch wieder etwas standhafter werden. Selbst im Vergleich zu den Männern von früher gibt es keine Grundlage dafür, einen solchen Unterschied zu machen. Und selbst wenn wir annehmen, dass es einen Unterschied geben würde, ist früher früher. Weil heutzutage die Kampfmoral der Menschen allgemein abgenommen hat, wird es wohl auch nicht vorkommen, dass irgendjemand besonders unterlegen wäre.« So oder ähnlich gilt es, eine der Gelegenheit angemessene Sprechweise zu wählen. Ein Wort oder ein Satz ist hier sehr notwendig.

11-29. Genau so, wie Yasuda Ukyō sagte, wann man sein Sake-Schälchen wegstecken und aufhören sollte zu trinken, ist das Ende eines Banketts wirklich wichtig. Mit dem Leben eines Mannes muss es sich genau so verhalten.

Möchte ein Gast heimkehren, ist es wichtig, Abschiedsschmerz zu empfinden. Macht man das nicht, macht das den Eindruck, als ob man schon früher Langeweile oder Überdruss empfunden hätte, und dann werden sogar Gespräche, die über einen ganzen Tag und durch eine ganze Nacht hindurch geführt wurden, wertlos werden. Bei jeder Beziehung und jedem Verhältnis zu anderen Personen ist es wichtig, kein Gefühl des Überdrusses aufkommen zu lassen. Es gilt, bei jedem Treffen freudig so zu tun, als ob man sich schon lange nicht mehr getroffen hätte. Dies sind Kleinigkeiten, mit denen man seine Aufmerksamkeit zeigen und durch die sich alles ändern kann, und zwar sowohl zum Guten als auch zum Schlechten.

II-30. In allen Dingen ist es am besten, gemäß einem einzigen Prinzip oder einer einzigen Wahrheit zu leben. Allerdings wird sich selbst dann die Einstellung eines Lehnsmanns danach unterscheiden, ob er sie gegenüber Gefolgsleuten in direkter Nähe des Fürsten oder solchen von außenstehenden Häusern, gegenüber Häusern von hohem oder niedrigem Rang, gegenüber alten Häusern oder neugegründeten einnimmt.

Beim Lehnsdienst in direkter Umgebung Seiner Hoheit ist es am übelsten, aufdringlich zu sein. Hochstehenden Personen ist so etwas zuwider. Beim Dienst in der fürstlichen Gegenwart ist es besonders notwendig, sich so sehr es geht im Hintergrund zu halten, auf dass der Fürst von einem denke, von dieser Person werde sich eine bestimmte Arbeit nicht erledigen lassen. Aber wenn eben niemand anderes da sei, helfe alles nichts, als mit dieser Person vorliebzunehmen. Und jemand, der schon länger im Dienst steht, sollte sich selbstverständlich vornehmen, so weit wie möglich seine neueren Kollegen zu empfehlen, auf dass sie von Nutzen sein können. Und nur dann, wenn wegen einer Krankheit, einer anderen Schwierigkeit oder einer Postenumbesetzung die Gefahr besteht, dass eine Aufgabe nicht ausreichend erfüllt werde, sollte er selbst diese Aufgabe übernehmen. Das ist der wahre Weg des Lehnsdienstes.

Kurz und gut: Das ist eine Sache, die man gut versteht, wenn man die Loyalität zum Fundament seines Handelns macht. Eine frühe, schnelle Karriere hat keine große Wirkung. Seit alter Zeit gibt es dafür viele Beispiele. Ich selbst habe auch seit dem Kindesalter in der fürstlichen Gegenwart Dienst geleistet, aber nicht ein einziges Mal habe ich eine aufmerksame oder zuvorkommende Bemerkung von mir gegeben. Dies ist etwas, das tiefes Verständnis erfordert.

II-31. Der Körper wurde aus etwas ohne Form geboren. Dass man sich an einem Ort befindet, an dem nichts existiert, bedeutet, dass die Dinge dieser Welt vergänglich sind. Und dass an diesem Ort, an dem nichts existiert, alle Dinge vorhanden sind, bedeutet, dass alle Dinge aus dem Nichts kommen. Aber letzten Endes bedeutet das das Gleiche, auch dann, wenn die Sätze anders lauten.

II-32. Ein tapferer, heldenmutiger Mann oder Jüngling muss so stolz und anmaßend sein, zu behaupten, gerade er sei die tapferste Person in ganz Japan. Aber jeden Tag, an dem man sich auf dem Weg des Kriegers schult, muss man, sobald man einen Mangel oder Fehler feststellt, diesen sofort korrigieren. Unterscheidet man diese beiden Umstände nicht voneinander, wird sich keine Lösung finden.

II-33. Die folgende Sache wurde vorher schon einmal gehört. Diesmal lautete die Erzählung folgendermaßen.

Die größte und äußerste Liebe ist die versteckte, geheime Liebe. Mit der Liebe verhält es sich wie in dem Gedicht:

Erkenne meine Liebe
Nach meinem Tod im Rauch,
Wenn schließlich ich meine innersten Gefühle
Nicht mehr zu unterdrücken vermag.

Seine Liebe zu offenbaren, solange man noch am Leben ist, ist keine tiefe Liebe. Gerade die Liebe, die man mit sich in den Tod nimmt, besitzt Würde ohne Grenzen. Sollte man von der Person, die man in seinen Gedanken trägt, gefragt werden, ob man ihm gegenüber nicht so etwas empfinden würde, ist es das Höchste, seine Liebe mit den Worten mit in den Tod zu nehmen: »Auf den Gedanken bin ich überhaupt nicht gekommen.« Ist Liebe nicht etwa eine weitschweifige und umständliche Angelegenheit? Als ich diese Sache vor Kurzem erzählte, gab es Leute, die mir zustimmten, und so sind wir »Rauchfreunde« geworden.

Diese Angelegenheit gilt für das Verstehen sämtlicher Dinge. Auch zwischen Herr und Vasall sollte dieses Gefühl herrschen. Außerdem bedeutet, sich dort zurückzuhalten, wo niemand einen beobachtet, dasselbe, wie sich in der Öffentlichkeit zurückzuhalten.

Derjenige, der nicht die Herzenshaltung besitzt, keine gemeinen, verächtlichen Taten zu begehen, selbst wenn er sich allein im Dunkeln befindet, oder nicht einmal die Haltung, keine gemeinen, verächtlichen Gedanken zu fassen, erscheint bei öffentlichen Gelegenheiten auch nicht rein und edel. Selbst in dem Falle, dass man versucht, plötzlich tiefen Anstand und Bildung vorzuspiegeln, werden auf jeden Fall Schwächen und Mängel zum Vorschein kommen.

II-34. Shōan hat eine Vorliebe für Kettengedichte, Sohō für Possengedichte. Der Charakter der beiden Dichter ist ziemlich unterschiedlich. Es ist meine persönliche Meinung, dass man im alltäglichen Leben auch bei seinen Interessen Umsicht nehmen sollte, um so seinen Charakter auf eine möglichst hohe Stufe zu bringen. Ich selbst möchte jetzt lieber noch als Ketten- oder Possengedichte satirische Gedichte lernen.

(Meiner Meinung nach darf sich ein Krieger nicht selbst

demütigen, indem er selbstgedichtete, ungeschickte Gedichte vorträgt.)

11-35. Es heißt, Uesugi Kenshin habe gesagt: »Ich dachte in einer Schlacht nie immerzu an den Sieg. Ich habe mir ausschließlich eingeprägt, eine gute Gelegenheit nicht entwischen zu lassen.«

Das ist sehr interessant. Es heißt auch, dass ein Mann im Lehnsdienst vor anderen Männern nie wieder den Mund aufbekommt, wenn er einmal eine Gelegenheit sich zu äußern verpasst hat. Wie oben beschrieben zur passenden Gelegenheit aktiv zu werden oder jemanden zu begrüßen hinterlässt in den Herzen der Menschen einen tiefen Eindruck.

11-36. Seine Gesundheit zu pflegen, nachdem man krank geworden ist, ist nicht nur eine schlechte Methode, sondern auch mühevoll und lästig. Wie buddhistische Mönche, die nur über die Oberfläche der Dinge debattieren, scheint es, dass auch Ärzte nicht wissen, wie man eine Krankheit abwehren kann, bevor man krank wird.

In dieser Hinsicht habe ich selbst Erfahrungen gemacht, indem ich mich beim Essen und Trinken einschränkte, den Geschlechtstrieb unterdrückte und jeden Tag Moxa anwendete. Weil ich ein Kind war, das im 70. Lebensjahr seines Vaters geboren wurde, war mein Wassergehalt angeblich nicht ausreichend. Als ich jung war, wurde mir vom Arzt gesagt: »Bis zum 20. Lebensjahr wird er wohl nicht leben.« Deshalb setzte ich mir in den Kopf: »Zufälligerweise ist mir Leben gegeben worden, und so wäre es bedauerlich und bitter zu sterben, ohne Seiner Hoheit Dienst leisten zu können. Darum gilt es, zu versuchen zu leben.« Und da ich mich so sieben Jahre lang der Frauen enthalten hatte, blieb ich, ohne einmal krank zu werden, bis heute am Leben. Selbst Medizin habe ich noch nie eingenommen. Und kleinere Krankheiten überwältigte und heilte ich mit meiner Lebenskraft und Vitalität.

Weil die Menschen heutzutage von Geburt an schwächlich und gebrechlich sind und sich trotzdem dem Geschlechtsverkehr hingeben, sterben alle in jungen Jahren. Das ist wirklich eine Narrheit. Was ich den Ärzten zu hören geben möchte, ist, dass eine Krankheit natürlich verheilt, wenn man einen Kranken dazu veranlasst, ein halbes bis ein, zwei Jahre lang den Geschlechtstrieb zu unterdrücken. Aber die Willenskraft vieler Menschen ist zu schwach. Es ist wirklich erbärmlich, seinen Geschlechtstrieb nicht unterdrücken zu können.

11-37. Man sollte sich zurückhalten, ohne nachzudenken vor Edelleuten und älteren Herrschaften über die Wissenschaften oder die Moral zu reden oder auch Geschichten aus alten Zeiten zu erzählen. Das ist unerfreulich anzuhören.

11-38. In Kyōto und Ōsaka gibt es eine tragbare Picknickschachtel, in die man das Essen für ein Blütenschaupicknick tut. Weil man die Schachtel nur an diesem einen Tag benutzt, stampft man sie bei der Heimkehr zusammen und wirft sie weg. Dies zeigt in der Tat die elegante Gemütsart in der Hauptstadt. Bei allem ist das Ende wichtig.

11-39. Für einen Krieger ist es wichtig, so stolz und anmaßend zu sein, zu glauben, dass gerade er der Heldenmutigste sei, und die Entschlossenheit zu haben, wie im Todeswahn um sich zu wüten und zu sterben. Aber für gewöhnlich gilt es, sich vorzunehmen, sich in seinem Gemütszustand, seiner Redeweise und seinem Benehmen und Betragen rein und schön zu verhalten. Im Lehnsdienst gilt es, sich seinem Stand angemessen gut mit anderen Leuten zu beraten. Am besten ist es, sich bei wichtigen Angelegenheiten auch mit jemandem zu beraten, der mit der Sache eigentlich nichts zu tun hat, sich vorzunehmen, dass sein Lebenswerk den Menschen zum Wohle gereiche, und sich von Kleinigkeiten nicht aus der Ruhe bringen zu lassen.

II-40. Es gibt Männer, die ihren Dienst leisten, ohne sich zu Herzen zu nehmen, dass sie grundlos von einem Kollegen überflügelt wurden und sich auf einmal in einer untergeordneten Position befinden. Und es gibt auch Männer, die in einer solchen Situation Einspruch erheben, dass das eine erbärmliche Sache sei, und dann von ihrem Posten zurücktreten. Die Entscheidung, welche Handlungsweise besser sei, hängt wohl von den Umständen der Zeit und der Situation ab.

II-41. Es gibt das Sprichwort: »Wenn das Wasser steigt, steigt auch das Schiff.«

Je mehr ein begabter, befähigter Mann oder je mehr man selbst in den Dingen, die man selbst gernhat, auf schwierige Probleme stößt, wird der Ehrgeiz geboren, diese Schwierigkeiten zu überwinden. Darum ist es ein großer Fehler, derlei Schwierigkeiten als Belästigung zu empfinden.

II-42. Abt Ryōzan erzählte: »Als ich in Kyōto war, wurde mir beigebracht, dass man selbst einen einzigen Brief so ehrfurchtsvoll schreiben sollte, als würde er beim Adressaten zu einer Bildrolle gemacht werden, weil ein Schriftstück etwas ist, das erhalten bleibt. Die meisten Menschen ›schreiben‹ sich in Schimpf und Schande.«

II-43. Männer im Lehnsdienst können durch ihr Verhalten und Benehmen, ihre Form des mündlichen Grußes und ihre Kalligraphie höher steigen als andere Menschen. Die

Grundlage guten Benehmens ist die Verbeugung. Ist die Art und Form der Verbeugung gut, sieht das prächtig aus. Die Leute, die heutzutage auch nur ein bisschen Aufmerksamkeit auf sich ziehen, glauben, dass es mit dem bloßen Schreiben und Lesen getan sei. Die einfachste Sache lassen sie links liegen und geben sich auf diese Weise eine Blöße.

II-44. Als wir an einer Straße entlanggingen, sagte Jōchō-*sensei*: »Ist das nicht eine Puppe mit einem ausgesprochen ausgeklügelten Mechanismus? Dass sie gehen, hüpfen, springen und sogar sprechen kann, obwohl noch nicht einmal Fäden daran befestigt sind, bedeutet wirklich sehenswertes Kunsthandwerk. Obwohl es durchaus sein könnte, dass ich bereits zum Totenfest des nächsten Jahres als Gast vom Totenreich kommen mag, scheinen alle Menschen zu vergessen, was für eine vergängliche Welt dies ist.«

II-45. In einer Mahnschrift Meister Yagyūs steht: »Sich den Anschein von Furcht zu geben, wenn man auf dem Weg einem Stier begegnet, ist peinlich. Wenn ein Stier einen Menschen angreifen will, wird er nicht aus seiner normalen Körperstellung heraus angreifen. Er wird in jedem Fall erst dann angreifen, wenn er seine Hörner heruntergenommen hat und in Position gegangen ist. Wenn man das weiß, gibt es nichts zu befürchten, selbst wenn man ohne Verzögerung an dem Stier vorbeigeht.« Ein Krieger muss sich auch auf solche Dinge innerlich vorbereiten.

(Ich denke: Ich habe schon des Öfteren ein Pferd springen sehen, aber ich glaube, dass ein Pferd nicht wirklich springt. Nachdem es die Beine nach oben reißt, streckt es sie wieder nach unten. Solange man sich nicht der Richtung nähert, in die es seine Beine streckt, wird man wohl nicht getreten werden, selbst dann nicht, wenn es bockt. Auch wenn es einen Schritt nähertreten sollte, wird man nicht getreten werden.)

II-46. Ein Vasall braucht für den Lehnsdienst ein gutes Vorbild, aber in letzter Zeit gibt es keine solchen guten Vorbilder mehr. Als Vorbild, was das Benehmen und die Sprechweise angeht, könnte Ishii Kurōemon dienen. In Bezug auf Rechtschaffenheit und Pflichtbewusstsein ist es Muraoka Gohei, was die Anfertigung von Schriftstücken angeht, Herr Harada, aber darüber hinaus gibt es niemanden, der als Vorbild dienen könnte. Nun, es gibt einfach keine guten, fähigen Menschen. Selbst dann, wenn man für sich dies und das an Vorzügen zusammensammelt, kann man einer Persönlichkeit von früher nicht das Wasser reichen. Ursprünglich wird es früher wohl auch nicht so viele fähige Menschen gegeben haben. Obwohl jetzt ein Zeitalter ist, in dem die jungen Männer über andere Leute aufsteigen könnten, wenn sie sich auch nur ein bisschen anstrengen würden, nehmen sie alles zu sehr auf die leichte Schulter.

II-47. Eine Ansprache an Gon'nojō: »Gerade jetzt, genau dieser Augenblick ist der Zeitpunkt, auf den es ankommt, und jener Zeitpunkt, auf den es ankommt, ist gerade jetzt dieser Augenblick. Weil du dies als zwei verschiedene Dinge ansiehst, wirst du wahrscheinlich weder ein noch aus wissen, wenn du in die Gegenwart Seiner Hoheit gerufen wirst und dir befohlen wird: ›Sprich dort, wo du stehst, betreffs der und der Sache deine Meinung aus.‹ Das ist der beste Beweis dafür, dass du den jetzigen Augenblick und jenen Zeitpunkt, auf den es ankommt, voneinander unterscheidest. Diesen Augenblick und jenen Zeitpunkt zu vereinigen, sie als eins zu verstehen bedeutet, selbst als Lehnsmann, der Seiner Hoheit nur selten mitteilt, wie die Dinge stehen, sogar im Bett die Probleme des Staates zu ordnen und zu sortieren und sich der strittigen Punkte zu vergewissern, damit man, ist man schon einmal Lehnsmann geworden, sowohl in der fürstlichen Gegenwart als auch vor den versammelten Klan-Ältesten, und selbst im Edo-Schloss in der Gegenwart des Shōgun klipp und klar seine Meinung sagen kann. Mit allen Dingen verhält es sich ebenso. Es gilt, um welche Angelegenheit auch immer es sich handelt, diese auf diese Art und Weise zu überprüfen.

In die Schlacht zu gehen oder seine Pflicht im öffentlichen Dienst zu erfüllen bedeutet das Gleiche. Außerdem übt man – überlegt man so alles reiflich – auf natürliche Weise Selbstkritik, unabhängig davon, ob man im Alltag etwas auf die leichte Schulter nimmt und sich so eine Blöße gibt oder nicht, oder auch dann, wenn man über die eigene Entschlossenheit oder Unentschlossenheit in verschiedenen Situationen dieses Tages nachdenkt.«

II-48. Selbst in dem Fall, dass einem eine Arbeit im Auftrag der Obrigkeit misslingt, kann man sich damit herausreden, dass man ungeschickt war oder noch unerfahren und mit der Arbeit unvertraut ist. Aber was für eine Ausrede kann man über die Haltung und das Benehmen derer vorbringen, die bei dem plötzlichen Zwischenfall letztens anwesend waren und dabei dem Weg des Kriegers nicht gerecht wurden?

Mein Vater Zenchū sagte immer: »Es reicht, wenn es eine Art von Kriegern gibt, und zwar solche, die man Haudegen nennt.« Das sagte er, weil er auch immer an solche Gelegenheiten wie die eben erwähnte dachte. Sollte man *seppuku* begehen, weil man glaubt, es sei bitter und grämlich, dem Weg des Kriegers nicht gerecht geworden zu sein, oder weil man glaubt, dass das eigene Kriegsglück am Ende sei und man sich nicht unverzüglich wieder verdient machen könne, oder weil man glaubt, dass man sich lächerlich gemacht habe und nicht wisse, wo man hinkönne, oder weil man glaubt, dass es so besser sei, als oberflächlich weiterzuleben, seine Schande zur Schau zu tragen und sich zu grämen, so wäre das das Mindeste an Trost. Sollte man dagegen, weil einem das Leben lieb ist, erwägen weiterzuleben, mit der Begründung, dass es ein sinnloser Tod sei, würde man ab jetzt fünf, zehn, zwanzig Jahre weiterleben und Schande auf sich laden. Hinter dem Rücken würde mit dem Finger auf einen gezeigt werden, man würde den Namen und die Ehre seiner Vorfahren in den Dreck ziehen und auch seiner Familie und allen seinen Verwandten einen schlechten Ruf einbringen. Das wäre tausend Mal, zehntausend Mal bitterer und grämlicher.

Das liegt ausschließlich daran, dass die alltägliche Entschlossenheit schlecht ist und man tagtäglich müßig und ziellos in den Tag hinein lebt, ohne auch nur um eine Haaresbreite darüber nachgedacht zu haben, was es bedeutet, ein Krieger zu sein. Man könnte fast sagen, dass es sich schon um eine strafbare Schuld handelt.

Im Falle des Mannes, der überraschend niedergeschnitten wurde, kann man nichts machen. Ihn hat einfach sein Kriegsglück verlassen. Und weil es sich für den Täter um Umstände handelt, die ihm keine andere Wahl ließen, und er unter Einsatz seines Lebens angriff, kann man dazu auch nichts weiter sagen, außer vielleicht, dass er ein heftiges Temperament hatte und für den Lehnsdienst nicht geeignet war. Aber man kann diesen beiden nicht unterstellen, dass sie Feiglinge oder Memmen waren.

Aber die anderen Anwesenden häuften eine Schande für ihr ganzes Leben auf sich und sind keine Krieger. Hätten sie nicht im Voraus bedenken müssen, dass der Zeitpunkt, auf den es ankommt, gerade in dem Augenblick sei? Hätten sie nicht ihre ganze Vorstellungskraft aufbieten und sich das ins Herz schneiden müssen?

Alle Menschen sagen manchmal, dass es ein ausgesprochenes Glück sei, einigermaßen leben zu können, selbst dann, wenn man verträumt sei. Aber der Weg des Kriegers bedeutet einzig und allein, jeden einzelnen Morgen an das Sterben zu denken, sich selbst in jedweder Situation, zu jener und zu dieser Zeit sterben zu lassen, und so seine Verhaftung an das Leben loszuschneiden und abzuwerfen. Dies ist die schwierigste Sache überhaupt, aber man kann es zustande bringen, wenn man es nur versucht. Dies ist keinesfalls etwas, was man nicht erreichen könnte.

Auch ist die Wucht und die Kraft der Worte bei einem solchen Schlagabtausch von großer Bedeutung. Bei dieser Gelegenheit wäre es auch am besten gewesen, die Situation mit Worten unter Kontrolle zu bringen und diese zu beruhigen. Kann die Situation nicht unter Kontrolle gebracht werden, gilt es, den Opponenten einfach niederzuschneiden. Läuft er weg, ruft man ihm hinterher: »Ich lasse dich nicht entfliehen, du Feigling! Willst du etwa weglaufen?« So wirft man ihm zur passenden Zeit und angemessen an die Situation Worte entgegen und unterwirft ihn mit seiner Wucht und seiner Energie. Jener Täter wurde von einem Mann unterworfen, der alltäglich in den Augen der Leute als jemand erscheint, dessen Herz am rechten Fleck sei. Das ist der beste Beweis für sein Bewusstsein, dass jeder einzelne Augenblick genau der Zeitpunkt ist, auf den es ankommt.

Der Speer neben dem Ehrenplatz hat auch eben diese Bedeutung. Die alltägliche Herzenshaltung kommt in solchen Zwischenfällen aus heiterem Himmel zum Vorschein. In jedem Fall gibt es doch wohl viele Dinge, über die es lange nachzudenken gilt. Sollte im Palast ein Mörder entwischt sein, ist es das Beste, überall wild um sich zu schlagen und einen jeden in der Nähe niederzuschneiden, weil die Möglichkeit besteht, dass der Mörder in die Nähe der fürstlichen Gemächer stürmen könnte. Natürlich wird man dann an einem späteren Tag in einer Untersuchung gefragt werden, ob man auch ein Mörder sei oder aus Groll und Rachsucht gehandelt habe, aber dann genügt es zu antworten: »Das Einzige, was ich dachte, war, den Mörder zu Fall zu bringen. Daran, dass ich damit ein Delikt begehe, dachte ich nicht im Geringsten.«

II-49. Je mehr man sich jeden Tag vornimmt, umso mehr wird man vollbringen können. Der beste Beweis dafür ist jener Zwischenfall letztens. Geht es darum, einen Auftrag für einen wahren Mann zu vollbringen, wird das immer an Mitani Senzaemon weitergereicht, und er bringt es dann auch immer fertig. Dabei handelt es sich bestimmt um die Gnade des Kriegsgottes.

II-50. Ich habe sagen hören, falls man im Palast mit dem Schwert angegriffen würde, gereiche es einem zum Vorteil, selbst dann, wenn man selbst schuld ist, keinen Widerstand zu leisten und dem Inspektor die Umstände der Angelegenheit mitzuteilen. Darum stellte ich die Frage: »Ist es nicht anstößig, die Schande einer solchen Situation zu ertragen, nur deshalb, weil man an den Vorteil später denkt?«

Daraufhin bekam ich zur Antwort: »In einer Unterweisung Abt Ganshins hieß es einmal, dass in einer solchen Situation die Wirkungskraft des Wortes vonnöten sei. Unabhängig davon, ob man nun den Gegner mit sich mitführt oder auch allein zum Inspektor geht, gilt es, die Sache anzuzeigen und ihm die Umstände der Angelegenheit so zu erklären: Aufgrund der und der Umstände sei es wirklich schwierig gewesen, die Geduld zu bewahren, aber mit Rücksicht darauf, dass man sich im Palast befinde, und aus Ehrfurcht gegenüber Seiner Hoheit habe man die Schande der Situation erduldet. Der Inspektor möge sich bitte dieses Gefühl der Schmach vorstellen. Deshalb habe man selbst bereits mit dem Leben abgeschlossen. Sollte der Gegner daraufhin keinerlei Bestrafung unterzogen werden, gilt es, ihn ohne jedes Zögern niederzuschneiden, da man sowieso schon von Anfang an mit dem Leben abgeschlossen hatte.«

II-51. »Von Zeit zu Zeit ändert sich dem Militär- oder Lehnsdienst gegenüber die eigene Einstellung. Es kam schon vor, dass ich unversehens in die Laune geriet, zu glauben, es gebe wohl keine bessere Dienstausübung als die meine, aber es kommt auch vor, dass sich meine Einschätzung nach einiger Zeit derartig ändert, dass ich denke, ich sei mit einer bestimmten Aufgabe noch einmal knapp davongekommen, geschweige denn, dass es glatt über die Bühne gegangen sei. Hätte ich mir notiert, wie sich so meine eigenen Empfindungen von Zeit zu Zeit verändern, wäre es wohl seit meinen jungen Jahren mit 100, 200 Mal nicht getan. Tja, das findet wohl kein Ende. Irgendwie möchte ich doch meinen Dienst erfolgreich zu Ende bringen.«

Als ich, Tashiro so sprach, erwiderte Jōchō-*sensei*: »Solange man so denkt, ist es gut. Aber wenn man eine Sache dann endlich zu Ende bringt, haben sich die Umstände bereits geändert. Du solltest dir bewusst sein, dass sich das ein Leben lang fortsetzt.«

11-52. Selbst dann, wenn einem urplötzlich der Kopf abgeschlagen werden sollte, sollte man noch durchaus in der Lage sein, stattlich eine letzte Tat zu vollbringen. Das Ende von Nitta Yoshisada ist der beste Beweis dafür. Ich bin davon überzeugt, dass man einfach so umfällt und stirbt, weil die eigene Willenskraft zu schwach ist. In jüngerer Zeit gibt es auch das Beispiel von Ōno Dōken. Dabei handelt es sich einzig und allein um den festen Willen, irgendetwas vollbringen zu müssen. Solange man um seines Heldentums willen derart am Leben festhält, dass man sich vornimmt, lieber zu einem rachedurstigen Dämon zu werden, als einfach zu sterben, wird man ja wohl nicht sterben, nur weil einem der Kopf abgeschlagen wurde.

11-53. Betreffs der Umstände um die Aufregung über den Traum am Abend des 3. Tages des 8. Monats des Jahres 3 der Shōtoku-Ära.

11-54. In der Erzählung einer bestimmten Person heißt es: »Ich fand es immer mysteriös, dass Edelleute oft weise Worte und treffliche Ausdrücke finden, aber plötzlich wurde mir das klar. Weil das gemeine Volk, angefangen beim Eigennutz, ständig nur an niedrige und vulgäre Dinge denkt und so seine Herzen besudelt, werden ihm auch plötzlich keine guten Gedanken und Einsichten in den Sinn kommen, und so wird auch nicht das Bedürfnis geboren, Poesie zu schreiben. Weil in den Herzen der Edelleute von Anfang an keine schmutzigen Gedanken aufkommen, gebären ihre reinen Herzen wie natürlich weise Worte und treffliche Ausdrücke.«

11-55. Sowohl Edelleute als auch der gemeine Pöbel, sowohl alte als auch junge Leute sterben, ganz unabhängig davon, ob sie die Erleuchtung erlangten oder immer noch herumirren. Letzten Endes wird man immer sterben.

Es ist nicht so, als ob niemand wüsste, dass man sterben wird. Die Menschen wissen, dass sie sterben werden, aber ihnen ist eine besondere Art zu denken eigen. Ein jeder bildet sich ein, dass nur er selbst nach allen anderen als Letzter sterben werde und der Tod jetzt noch nicht komme. Ist dies nicht erbärmlich und eitel? Dies alles ist völlig unnütz, um den Tod aufzuhalten. Das ist genauso unsinnig wie das Gerede inmitten eines Traums, wenn man im Schlaf spricht. Sobald einem dies auffällt, darf man sich keine Blöße mehr geben. Weil es gewiss ist, dass der Tod einem sofort vor die Füße fällt, besteht aller Grund, unter Aufbietung aller Kräfte zu leben und genau so dann sein Ende zu empfangen.

11-56. Sagt man einer Person, die in einen unvorhergesehenen Zwischenfall verwickelt wurde und deshalb völlig aus der Fassung ist, das sei bedauerlich und es täte einem leid, wird diese Person erst recht niedergeschlagen sein und die Umstände nicht mehr angemessen beurteilen können. Bei einer solchen Gelegenheit besteht auch die Möglichkeit, ganz unschuldig zu sagen, ob das nicht im Gegenteil ein großes Glück sei, um den Betreffenden auf diese Weise zu verblüffen und zu erschüttern. Macht man das auf diese Weise, kann derjenige auch wieder eine andere Sichtweise finden. In einer Welt, in der man nicht weiß, was in der unmittelbaren Zukunft liegt, sollte man sich weder bis in alle

Ewigkeit mit seinen Sorgen herumschlagen noch seinen Freuden verhaftet bleiben.

11-57. Es ist die Verhaltensweise ruchloser Menschen, sich daran zu erfreuen, die Fehler und Mängel anderer Leute auszugraben und in der Öffentlichkeit zu verbreiten.

»Weil der und der solcherlei Vergehen beging, wird er einer Untersuchung unterzogen und steht jetzt unter strengem Hausarrest.« So und anders verbreiten sie Ammenmärchen ohne jede Grundlage, verbreiten Gerüchte in der Öffentlichkeit und sorgen dafür, dass sie auch die Ohren des Betreffenden selbst erreichen. Derjenige denkt dann, ob da wohl die eine oder andere Sache ans Licht gekommen sei, und zieht sich fürs Erste unter dem Vorwand einer Krankheit in sein Haus zurück. Daraufhin behaupten die Verruchten: »Er zog sich selbst zurück, weil er ein schlechtes Gewissen hat. Wie dem auch immer sei: Diese Sache wird ohne Zweifel überprüft werden.« Sie bringen es den höchsten Herren Beamten zu Ohren und sorgen so dafür, dass daraus unumgänglich ein Vergehen gemacht wird.

So amüsieren sie sich auf Kosten von Männern, die nichtsahnend aus der Fassung geraten, und empfinden Freude, indem sie verachtenswerte Taten begehen. Aber gleichzeitig planen sie dies so, dass sie selbst daraus auch noch Nutzen ziehen. Solche Angelegenheiten sind von Zeit zu Zeit vorgekommen.

Betreffs des Transports der Benzaiten-Statue, des Beutel-Banketts oder des Mordes an den zwei Priestern in Edo mündliche Mitteilung.

Unter den vielen Klan-Angehörigen gibt es zu jeder Zeit auch solche durchtriebenen Männer. Auf solches gilt es entschieden aufzupassen.

II-58. Als ein junger Samurai in Gesellschaft gähnte, wurde mir gesagt, es sei hässlich und unanständig zu gähnen. Man könne ein Leben lang ohne zu gähnen oder zu niesen auskommen, solange man sich das nur fest vornehme. Es würde einem entweichen, wenn man sich entspanne. Sollte einem unwillkürlich ein Gähnen entweichen, müsse man seinen Mund verdecken. Und ein Niesen könne man unterdrücken, indem man die Stirn in den Händen halte.

Auch gebe es Männer, die gerne Alkohol trinken, aber es gebe niemanden, der bei einem Bankett gut bewirten könne. Weil ein Bankett eine öffentliche Angelegenheit sei, müsse man gut aufpassen.

Weil ich der Meinung war, dieserlei Verhaltensweisen sollte man als Anstandsgrundlagen eines Lehnsmannes eine nach der anderen eintrainieren, solange man jung sei, trug ich in einer Liste von Paragraphen gut hundert Punkte zusammen. Daraufhin wurde mir gesagt: »Versuche, noch mehr Punkte zu überprüfen!«

II-59. Es hieß, Fürst Kaga-no-kami habe verlauten lassen: »Was die Art und Weise angeht, die Schnüre eines Gürtels zu binden oder einen formellen Kimono zu tragen, ist die Etikette des Nabeshima-Klans die beste.« Damit habe gänzlich Fürst Kashū begonnen. Dass man den Knoten des Gürtels hinter den Schnüren einklemme, gebe es in anderen Ländern nicht und sei besonders schön.

II-60. »Lehnsmänner, die zu viel sehen, sind nicht gut.« Dieser Satz Yamazaki Kurandos ist eine goldene Devise.

Allein dadurch, dass man den Lehnsdienst gernhat, ist man wie für ihn geschaffen.

Wenn man zu stark nach Recht und Unrecht sucht oder

in der Vergänglichkeit des irdischen Lebens gefangen bleibt, bewundert und verehrt man Eremiten und unterzieht sich buddhistischen Übungen, weil man die verschmutzte und verdrießliche, vergängliche Welt sieht. Man eröffnet sich die Erleuchtung, spielt mit der Poesie herum und glaubt, dass es gut sei, Eleganz und Raffinement zu genießen. Dabei geht es ausschließlich darum, es sich persönlich behaglich und angenehm zu machen und sich in Bezug auf Gefühle nicht belästigen zu lassen. Bei Männern im Ruhestand und Mönchen, die sich von der vergänglichen Welt entfernten, mag das ja noch angehen. Aber bei Lehnsmännern ist das im höchsten Maße schädlich und feige. Weil der Lehnsdienst in einem Kriegerhaus höchst anstrengend und schwierig ist, möchte man dem entgehen und begehrt Ruhe und Behaglichkeit.

In der Welt gibt es Männer, die sich sogar unbelesen und als Analphabeten auf ganzer Linie eifrig im Lehnsdienst abmühen, sich darüber hinaus vornehmen, Frau und Kinder aufzuziehen, und so ihr ganzes Leben sehenswert zur Vollendung bringen.

Männer, die, solange sie im Lehnsdienst stehen, sich in der Meditation üben, sich von der Poesie angezogen fühlen, ihre äußere Erscheinung elegant ausschmücken und seltsame, ausländische Sitten und Gebräuche annehmen, werden ihren Besitz bestimmt in den Ruin treiben und von Armut gequält werden. Und so werden sie die unwürdige und schäbige Erscheinung von jemandem abgeben, der weder Laie noch Mönch, weder Hofadeliger noch Eremit ist.

Oder es gibt auch Personen, die sagen, dass es verzeihlich sei, in der Muße vom Lehnsdienst zur Zerstreuung etwas anderes zu machen, solange man sich nicht zu sehr für diese Sache begeistere. Dass so etwas in Ordnung gehe, soweit es den Lehnsdienst nicht behindere. Lässt man es sich allerdings angelegen sein, geradlinig sein Amt und seine Pflichten zu erfüllen, dürfte man eigentlich keine Muße dazu haben. Sie haben nur deshalb Freizeit, weil sie noch nicht ihre ganze Energie einsetzen.

Das Wort eines alterfahrenen Veteranen ist tiefgründig. Als Kurando den Posten eines höheren Offiziers innehatte, war gerade das Schreiben von Possengedichten in Mode, und sogar im Palast gab es viele Männer, die dort Possengedichte verfassten. Nur Kurando ließ bis zum Ende die Finger davon. Jedes Mal, wenn er abends das Schloss verließ, soll er gesagt haben: »So, meine Herren, weil der Dienst nun zu Ende ist, dichten Sie bitte Ihre Gedichte.« Erst nachdem er in den Ruhestand trat, brachte er seine Tage damit zu, völlig im Verfassen von Kettengedichten aufzugehen.

11-61. Für Männer im Lehnsdienst reicht es völlig aus, einzig und allein an das Wohl Seiner Hoheit zu denken. Sobald man anfängt, über Wissen und technische Fertigkeiten in den Künsten dies und das zu sagen, werden die Dinge schwierig und umständlich, und man beginnt, sich Sorgen zu machen. Außerdem zeugt es von niedrigem Niveau, durch seine Kunstfertigkeit von Nutzen sein zu wollen.

Selbst ein ungeschickter Mann ohne jedes Wissen und technisches Vermögen, der von keinerlei Nutzen ist und noch dazu sein ganzes Leben irgendwo an der äußersten Grenze auf dem Land fristet, selbst ein solcher Mann braucht lediglich davon überzeugt zu sein, dass gerade er der treueste Gefolgsmann Seiner Hoheit sei. Selbst ein solcher Mann braucht lediglich daran zu denken, wie ihm die

Verbundenheit für die Gnade und Gunst Seiner Hoheit durch Mark und Bein dringe, und Seine Hoheit auf diese Weise mit fließenden Tränen hochzuschätzen und zu verehren, ganz unabhängig davon, ob der Fürst sich ihm gegenüber gütig verhält oder herzlos, oder selbst dann, wenn Seine Hoheit von seiner Existenz überhaupt nichts weiß. Das ist einfach. Eine angeborene Veranlagung, zu solchem nicht in der Lage zu sein, wird es wohl kaum geben. Und genauso wenig wird es jemanden geben, der sich vornehmen würde, nicht so zu denken. Allerdings gibt es nur außerordentlich wenige Männer mit dem entsprechenden Willen und Vorsatz. Dabei geht es ausschließlich um die richtige Herzenshaltung. Ein solcher Mann ist ein Lehnsmann von hohem Niveau.

Dabei handelt es sich um etwas Ähnliches wie im Zusammenhang mit den Bemühungen in der Liebe. Je erbärmlichere und bitterere Erfahrungen man macht, desto heftiger und stärker werden die eigenen Gefühle demjenigen gegenüber, den man im Sinn hat. Begegnete man ihm nur ab und zu einmal, wird man willens, für ihn sein Leben aufzugeben. Ist nicht gerade die heimliche Liebe für jemanden ein gutes Muster für diese Tatsache? Ein Gemüt, das eine solche Liebe ein Leben lang nicht eingesteht und das dann für diese Liebe sein Leben aufgibt, ist tiefgründig. Selbst dann, wenn man von dieser Liebe getäuscht und geblendet würde, bedeutet sie zu dem Zeitpunkt eine große Freude. Und selbst wenn man erkennt, dass man getäuscht wurde, verliebt man sich nur umso tiefer.

Das Verhältnis zwischen Fürst und Vasall ist genauso beschaffen. Der Kern des Lehnsdienstes lässt sich so erklären. Das liegt etwas außerhalb von Vernunft und Logik.

Eigene Glosse: Dass das Empfinden im Verhältnis zwischen Fürst und Vasall den Gefühlen in einer Liebesbeziehung entspricht, findet sich auch in den Kommentaren des Dichters von Kettengedichten Sōgi.

II-62. Der Lehnsdienst in unmittelbarer Umgebung Seiner Hoheit ist nur dann echt und unverfälscht, wenn man sich möglichst nicht nach vorne drängt, langsam und müßig die Dienstjahre anhäuft und so im Nachhinein unversehens von Nutzen gewesen ist. Das kommt daher, weil Seine Hoheit und die Männer in Seiner unmittelbaren Umgebung das gleiche Verhältnis untereinander haben wie Personen in einer Familie. Männer allerdings, die nicht in nächster Nähe Seiner Hoheit dienen, sondern ein anderes Amt bekleiden, werden mit einer solchen Dienstweise ihren Aufgaben nicht gerecht werden. Hier ist erst recht eine Herzenshaltung vonnöten, der gemäß man sich vornimmt, keine Fehler zu machen und derartig fleißig zu sein, dass man seinen Vorgesetzten auffällt und ins Auge sticht.

II-63. Weil ich ein Mann ohne jede gute Eigenschaft war, habe ich keine besonderen Dienste geleistet und natürlich auch keine Taten auf dem Schlachtfeld verrichten können. Aber, weil ich möglicherweise von jungen Jahren an derart inbrünstig davon überzeugt war, der treueste und heldenmutigste Vasall Seiner Hoheit zu sein, dass es mir durch Mark und Bein drang, haben selbst die talentiertesten Männer und auch hochgestellte Persönlichkeiten nie auf mich herabgesehen, sondern mich im Gegenteil immer freundlich behandelt, wofür ich immer sehr dankbar war. Dabei war alles, was ich tat, Seine Hoheit hochzuschätzen und in meinem innersten Herzen die Bereitschaft zu haben, der Erste zu sein, der bis in den Tod um sich wüten würde, was auch immer passierte. Dies ist etwas, das ich jetzt endlich sagen kann und das ich bis heute noch niemandem erzählt habe. Aber ich bin der Meinung, dass die Menschen deshalb mich anerkannt und respektiert haben, weil, um es so zu sagen, dieses mein innigstes Begehren vom Himmel und der Erde verstanden wurde. Es verhält sich wirklich so, dass meine Dankbarkeit dafür kein Ende findet, dass mir alle, angefangen bei den ehrenwerten Abkommen Seiner Hoheit, ihr Vertrauen entgegenbrachten.

Was den Punkt angeht, seinen Lehnsherrn hochzuschätzen, macht es für einen Samurai, dessen Familie schon seit Generationen im Dienst steht, keinen Unterschied, ob er Dienst leistet oder nicht, aber die Entschlossenheit, wenn man neu in den Lehnsdienst eintritt, ist wiederum auf einer anderen Ebene angesiedelt. Obwohl es nichts Dankenswerteres gibt, als sein Lehnseinkommen erhöht oder übermäßig Gold oder Silber zugeteilt zu bekommen, ist ein Wort des Lobes Seiner Hoheit noch viel dankenswerter, und auf diese Weise entsteht auch die Bereitschaft, für das Wohl dieses Fürsten seinen Bauch aufzuschneiden.

Als ich in Edo war, wurde ich nach den Bestimmungen des Amts für Feuerwehrangelegenheiten als Kommissar, der zuständig für die Dokumente ist, vorgeschlagen, aber Seine Hoheit äußerte: »Weil es sich noch um einen jungen Mann handelt, möge er meinem Gefolge hinzugefügt werden.« Zu dem Zeitpunkt entschied ich in meinem Herzen, wann immer es nötig sein würde, mein Leben für Seine Hoheit aufzugeben.

Oder auch in Ōsaka, als ich einen gepolsterten Schlafumhang und Bettzeug aus dem Gebrauch Seiner Hoheit erhielt, teilte er mir mit: »Weil ich mich zurückhalten muss, das Einkommen von jemandem zu erhöhen, der nur mir persönlich als Trostspender im Dienst steht, bringe ich dir mit diesen Geschenken zumindest mein Wohlwollen zum Ausdruck. Bei den Klan-Ältesten brauchst du dich dafür nicht zu bedanken.« Ach, wenn es doch nur nicht verboten wäre, seinem Lehnsherrn in den Tod zu folgen, dann würde ich dieses Bettzeug auslegen, mir den Schlafumhang überhängen und Seiner Hoheit hinterherfolgen, indem ich *seppuku* begehe, so dankenswert empfand ich die Geste zu dem Zeitpunkt bis ins Knochenmark.

II-64. Bei einem Mann, der nach einer langen Zeit als *rōnin* wieder aufblüht, also wieder in Dienst genommen wird, ist es gerade richtig, sehen zu können, wie wahrlich dickfellig er geworden ist. Dies ist ein Zustand, in dem man gleichzeitig solide und entspannt ist und sich von nichts bewegen oder aus der Fassung bringen lässt. Je mehr man gewahr wird, wie dankenswert es ist, ein Vasall mit langer Tradition zu sein, und wie gnädig dieses Haus der Nabeshima doch ist, desto schwerer wiegt auch die Schuld gegenüber dem Haus Nabeshima. Entsinnt man sich nur dieses Umstandes, ist ein Leben für eine Zeitlang als *rōnin* nicht weiter schwierig. Über dieses Gelöbnis zwischen Herrn und Vasall hinaus ist weiter nichts vonnöten. Ein Mann braucht sich auch nicht davon einschüchtern zu lassen, falls Buddha, Konfuzius oder die große Sonnengöttin Amaterasu erscheinen und einem dies und das anraten sollten, dass es damit nicht genug sei. Unsereins denkt an nichts anderes als daran, sein Leben für Seine Hoheit hinzugeben, selbst dann, wenn das bedeuten sollte, dafür in die Hölle zu gehen oder die Strafe des Himmels zu erleiden. Wenn man nicht aufpasst, wird man durch feine und plausible Vernunftsgründe hinters Licht geführt und so über den Haufen geworfen, nur weil jemand sagt, dies sei der Weg der Götter oder der Weg des Buddha.

Auch in dem Falle, dass man sich eine solche Entschlossenheit zu eigen macht, wird man wohl kaum schlecht über Buddha oder die Götter denken.

II-65. Zusammen mit meinem ehrenwerten Lehrer stattete ich einer bestimmten Person einen Krankenbesuch ab. Als wir eine Zeit lang miteinander gesprochen hatten und gerade wieder aufbrechen wollten, sagte der Gastgeber: »Bitte bleiben Sie doch noch und machen Sie es sich bequem. Am liebsten würde ich ›bis zum Abend‹ sagen, aber leider erwarte ich noch einen anderen Gast.« Deshalb haben wir uns sofort empfohlen.

Jōchō-*sensei* sagte, heimzukehren, nachdem einem gesagt wurde, dass eine andere Verabredung vorliege, sei das Gleiche, wie aus dem Haus getrieben worden zu sein.

II-66. Am besten trägt man immer Rouge und Puder bei sich. Es kommt manchmal vor, dass die Gesichtsfarbe schlecht ist, etwa dann, wenn man von einem Rausch nüchtern wird oder gerade aufgestanden ist. Zu so einem Zeitpunkt benutze man Rouge.

II-67. Es ist anzunehmen, dass ein so weiser und kluger Mann wie Sagara Kyūma kein zweites Mal mehr auf dieser Welt erscheinen wird. Selbst auf den ersten Blick sah man, dass es sich um eine intelligente Person handelte, aber je näher man ihn kennenlernte, desto stärker erkannte man seine Weisheit.

Weil Fürst Mitsushige immer leidenschaftlicher der Poesie verfiel, wies sein ehrenwerter Herr Vater Fürst Katsushige die Gefolgsmänner seines Sohnes zurecht und verhängte über die höheren Offiziere Hausarrest. Damals rief er auch die Männer von Mitsushiges Leibgefolge zu sich und wies sie zurecht. Weil Kyūma zu der Zeit noch jung war, saß er auf dem rangniedrigsten Platz, aber er soll gesagt haben: »Es gibt niemanden, der den Charakter von Fürst Tanshū so gut kennt wie ich. Bei ihm handelt es sich um eine Persönlichkeit mit hervorragenden Fähigkeiten, aber er ist auch eine jähzornige und ungestüme Person. Um diesen Charakter zu besänftigen, ist, glaube ich, die Poesie das Beste.« Dies ist etwas, was Kyūma noch lange danach wiederholte.

Es heißt, Fürst Katsushige ließ an einem späteren Tag verlauten: »Als ich die persönlichen Gefolgsmänner von Tango-no-kami zurechtwies, erwiderte niemand auch nur ein Wort. Das ist eine Bande von Dummköpfen. Nur auf dem hintersten Platz saß ein junger Mann, der, wie ich zu sehen vermeinte, ein fähiges Gesicht hatte.«

Diese Angelegenheit gestaltet sich etwas anders, als ich, Tashiro, sie an anderer Stelle gehört hatte. Ich muss mich nochmals danach erkundigen.

II-68. Nun, wie soll man neue Verfahren und Vorgehensweisen beurteilen, selbst dann, wenn das neue Verfahren an sich gut ist?

Ein ehemaliges Truppenmitglied von Nakano Matabei erzählte weinend: »Herr Nakano hat uns 25 Bogenschützen mit großen Anstrengungen trainiert und in seinen Dienst gestellt. Dann kam eine Umstrukturierung, und weil dadurch alle zerstreut worden wären, wurden die zehn besten Bogenschützen ausgewählt und der Truppe von Herrn Sawano in Dienst gestellt, um zumindest einen Teil der alten

Mannschaft zu seinem Andenken zu erhalten. Ich bin sicher, dass sie, weil sie hervorragende Bogenschützen waren, die anderen Truppmitglieder in der Sawano-Truppe überraschten und so ihre Schuld gegenüber Herrn Nakano tilgen konnten. Der Rest ist der Musketentruppe zugeteilt worden, und weil es hieß, dass sie nach so langer Zeit wohl kaum noch ihre Bogen zerbrechen und den Gebrauch von Musketen erlernen könnten, ließen sie völlig die Schultern hängen. Einer von ihnen sollte eigentlich auf den Posten des Ikkoku-Truppführers versetzt werden, aber es gab niemand mehr zu diesem Plan sein Einverständnis. Daraufhin stellte ich den folgenden Antrag: ›Es gibt keinen besseren Bogenschützen als mich. Aber aufgrund meines hohen Alters verliere ich langsam meine Fähigkeiten. Weil es darüber hinaus eine große Frechheit wäre, den Befehlen der Obrigkeit den Rücken zu kehren, möchte ich der Ikkoku-Mannschaft beitreten.‹ Und bis heute habe ich dort noch kein einziges Mal meinen Bogen gespannt.«

Dies ist eine schlimme Sache, weil solche Angelegenheiten nicht die Ohren der Obrigkeit erreichen und in den unteren Rängen zu Zwietracht führen. Weil es sich beim Nabeshima-Klan um ein wirklich hervorragendes Haus handelt, wird trotz allem irgendwann auch die Unzufriedenheit der Männer verschwinden. Fürst Naoshige erachtete die Harmonie innerhalb des Klans als die wichtigste Angelegenheit.

Zur Zeit des Aufstandes von Shimabara wurden die Kriegsverdienste durch die Eingabe von Kerbzetteln entschieden. In jeder Truppe gab es einen Militärinspektor. Es heißt, dass zu der Zeit die Männer des Klans unzufrieden waren. Wie hat man wohl die Taten vor dem Feind eingeschätzt und präzise zum Ausdruck gebracht? Ist der Militärinspektor kein verdienter Veteran mit viel Erfahrung, kommt es auch zu vielen Fehleinschätzungen.

Als am Eingang der Edo-Villa Ishii Yashichizaemon anfing zu erzählen, er sei beim Kampf von Shimabara der Erste auf den Mauern gewesen, war auch gerade Kadota Ichirōzaemon anwesend und sagte: »Dies ist eine gute Gelegenheit. Dass es beim Sturm auf die Shimabara-Burg jemanden gegeben haben soll, der vor mir die Mauern erklommen haben will, das sag mir noch einmal ins Gesicht!« Da lenkte Ishii ein: »Der Standort unseres Angriffs war ein anderer.«

Solches kam oft vor, und so kamen lang erhoffte Verdienste und Leistungen nicht an die Öffentlichkeit, was viele Männer höchst bedauerlich finden.

11-69. Einem gewissen Herrn kam in einer bestimmten Villa sein Haarspatel abhanden, und als er anfing, dies und das an Beschuldigungen von sich zu geben, ermahnte ihn sein Begleiter, womit sie erst einmal nach Hause heimkehrten, ohne die Sache an die große Glocke zu hängen. An einem späteren Tag fand man den Übeltäter, der den Haarspatel gestohlen hatte, und er wurde bestraft. Ohne zu bedenken, ob man etwas sagt, das dem Gastgeber zur Schande gereichen könnte, kann man sich schnell in einer äußerst peinlichen Angelegenheit verfangen, wenn der verlorene Gegenstand oder der Dieb sich nicht finden lassen.

Es gilt, sich im Voraus Gedanken über die Ausstattung seiner Schwerter, über ihren Ablegeplatz oder auch darüber zu machen, was man tut, wenn tatsächlich einmal etwas verlorengeht.

11-70. Es kommt vor, dass man frei nach Lust und Laune plappert, wie einem der Schnabel gewachsen ist. Dann sind die eigenen Gefühle locker und entspannt und haben keine Wahrhaftigkeit, was für andere Leute auch sofort zu erkennen ist. Beim Reden gilt es, daran zu denken, dass hinterher über die Wahrheit und Unwahrheit des Gesagten nachgedacht wird. Wer das tut, kann mit Wahrhaftigkeit reden. Es gilt, auch bei einer einfachen Begrüßung die Atmosphäre der versammelten Gesellschaft zu erkennen und die Anwesenden anzusprechen, nachdem man sich ein wenig besonnen hat, um deren Gefühle nicht zu verletzen. Sollte allerdings jemand anwesend sein, der schlecht über den Weg des Kriegers oder über die Belange des Klans redet, braucht man sich zu dem Zeitpunkt nicht zurückzuhalten. Greif ihn an, was das Zeug hält! Über diese Belange sollte man im Voraus gut nachdenken.

II-71. Angelegenheiten zur Beratung gilt es zuerst einmal mit einer Person gut zu besprechen, um dann die Männer zu versammeln, mit denen man sich beraten muss, und dann eine Entscheidung zu fällen. Tut man das nicht auf diese Weise, entwickeln sich Ressentiments. Bei wichtigen Problemen ist es auch gut, sich das jeweilige Problem im Stillen von Männern kritisch beurteilen zu lassen, die mit dem Problem nichts zu tun haben, so etwa Personen im Ruhestand oder Laienmönchen, also Personen, die sich von der vulgären Welt zurückgezogen haben. Weil sie einen neutralen Standpunkt einnehmen, können sie die Ursache des Problems gut erkennen. Berät man sich mit einem Kollegen aus dem gleichen Kreis, sagt er einem ausschließlich Dinge, mit denen er Partei ergreift. Auf diese Weise wird sich keine Lösung finden lassen.

Betreffs der Affäre mit den beiden Priestern in mündlicher Mitteilung.

II-72. Jemand, der in einer der Künste hervorsteht, verabscheut eigentlich Rivalen als Feinde seiner Kunst, aber letztes Jahr trat Sachū den Titel des Meisters der Kettengedichte an Masayoshi ab. Das ist eine löbliche Sache.

II-73. Abt Tannen sagte, als er ein Windglöckchen aufhing: »Das mache ich nicht, um mich an dem Klang zu erfreuen, sondern als Vorsichtsmaßnahme gegen Brandausbrüche, um zu wissen, wie stark der Wind weht. Das, über das man sich am meisten Gedanken macht, wenn man einen Tempel in Verwahrung hat, sind fast ausschließlich Vorsichtsmaßnahmen gegen Feuersbrünste.«

Immer dann, wenn ein starker Wind wehte, drehte der Abt selbst die Nachtrunden. Darüber hinaus ließ er auch sein Leben lang kein einziges Mal die Glut in seinem Kohlenbecken verlöschen und hatte an seinem Kopfkissen stets eine Holzlaterne und Schwefelhölzchen stehen. Dazu bemerkte er: »Geschieht etwas plötzlich, so verliert man rasch den Kopf, und niemand denkt daran, schnell die Lichter anzuzünden.«

II-74. Weil man die Umstände in öffentlichen und privaten Angelegenheiten oder in Kriegs- und Friedenszeiten in seinen Gedanken voneinander unterscheidet, wird man nicht rechtzeitig handeln können, sollte man plötzlich mit einer Situation konfrontiert werden, bei der es auf schnelles Handeln ankommt, weil man in diesem Falle einfach versucht, bloß irgendwie zu reagieren. Normalerweise passieren solche Dinge ständig. Solange man kein Mann ist, der selbst in Friedenszeiten heldenmutige Taten zu vollbringen vermag, wird man auch nicht für einen Kriegsfeldzug auserwählt werden.

II-75. Ob jemand kühn und verwegen oder feige ist,

kann man gewöhnlich nicht erkennen. Das erkennt man nur dann, wenn tatsächlich etwas passiert.

Betreffs der Erfahrungen vom zweimaligen Haushüten mündliche Mitteilung.

11-76. Denkt der Lehnsfürst leichtfertig von einem, kann man keinen nennenswerten Lehnsdienst leisten. Gemäß der eigenen Entschlossenheit wird er auch ein Auge auf einen werfen. Jedes Mal, wenn seine Hoheit seine Gefolgsleute zurechtweist, wird man mit wüsten Schimpfwörtern überschüttet, aber ich brauchte mir bis zum Ende keine Schimpfwörter anzuhören. Der junge Fürst Tsunashige sagte des Öfteren von mir, dass ich jemand sei, der seinen Lehnsfürsten im Stich lassen würde, aber auch damit war ich zufrieden. Als allerdings Fürst Mitsushige starb, zweifelte auch der junge Fürst keinen Deut an dem, was ich ihm mitzuteilen hatte.

11-77. »Wann immer ich mich daran erinnere, dass ich auf der Stelle hineilen würde, sobald im Klan etwas Ernstes passierte, selbst wenn es jetzt in diesem Augenblick wäre, und dass ich mich bemühen würde, auf dass niemand schneller wäre als ich, fließen mir in dem Augenblick Tränen aus den Augen. Jetzt habe ich keinerlei Verbindung mehr zum Klan, halte mich praktisch für einen Toten und lebe in der Absicht, alles von mir abgeworfen zu haben, aber nur bei dieser einen Sache gelingt mir das nicht, weil ich von jungen Jahren an so fest daran dachte, dass es mir durch Mark und Bein drang. Selbst dann, wenn ich es irgendwie vergessen wollte, ist es mir unmöglich, und großartigerweise bin ich bis heute der Absicht, derjenige welcher zu sein, auf den es ankommt. Nichts gegen die ehrenwerten Klan-Ältesten oder die direkten Vasallen des

Hauses Nabeshima: Aber bei mir geht diese Einstellung so weit, dass ich fest davon überzeugt bin, der Einzige zu sein, der so stark an den Klan denkt.«

Mit diesen Worten vergoss Jōchō-*sensei* Tränen, ließ seine Stimme erzittern und konnte für eine Weile nicht mehr weiterreden. Dann sagte er: »Jedes Mal, wenn mir das in den Sinn kommt, passiert mir das, dass ich so weinerlich werde. In der Nacht oder am Morgen, ob ich alleine bin oder gerade mit einem Gast zusammen, das passiert mir immer. Das bringt mich wirklich in Verlegenheit.«

Dass *sensei* beim Reden Tränen vergießt, wenn er über solche Angelegenheiten redet, sah ich häufig.

II-78. Als Jōchō einmal Ittei traf, sagte er: »Es wird auf keinen Fall vorkommen, dass der Klan zugrunde geht, weil, so oft ich auch sterbe, ich als Vasall des Nabeshima-Hauses wiedergeboren werden und den Klan vor dem Untergang bewahren werde, selbst dann, wenn ich das ganz allein machen müsste.«

Da lachte Ittei ihn aus: »Du redest aber gewagt!« Das geschah, als Jōchō 24, 25 Jahre alt war.

Später soll Ittei zu Abt Takuhon gesagt haben: »Im Land ist ein origineller Kerl aufgetaucht. Es handelt sich um einen Mann, der sich auch im Vergleich zu Männern von früher nicht zu schämen braucht.«

Diese Geschichte erzählte mir ein bestimmter Mönch.

II-79. Eine Belehrung von Abt Tannen: »Vergiss niemals die Schutzgottheit deiner Familie. Dann ist auch dein Kriegsglück stark. Die Schutzgottheit einer Familie ist den eigenen Eltern gleich.«

II-80. Mein Vater Jin'emon sagte oft: »Dass Männer, die in diesem Land geboren wurden, den ehrwürdigen Nippō nicht anbeten und verehren, ist höchst nachlässig. Selbst als Fürst Naoshige noch am Leben war, gab es Leute, die ihre Wünsche im Gebet an ihn richteten. Ich selbst richtete auch, wenn es um etwas Wichtiges oder mir am Herzen Liegendes ging, meine Wünsche immer an den ehrwürdigen Nippō, und es kam kein einziges Mal vor, dass mein Wunsch nicht in Erfüllung ging.«

II-81. Es heißt, die Götter verabscheuen Unreinheit und Befleckung, aber ich hatte da einen Gedanken und versäume seitdem keinen einzigen Tag, die Götter anzubeten. Damit möchte ich in Friedenszeiten meinen Glauben stärken, um um Kriegsglück beten zu können, gerade dann, wenn ich auf dem Schlachtfeld mit dem Blut des Feindes übergossen würde und die im Kampf Gefallenen übersteigen müsste, um meine Pflicht zu erfüllen. Denn weil ich glaube, dass man so oder so nichts ändern kann, wenn es sich um Götter handeln sollte, die einem aufgrund solcher Unreinheit den Rücken zeigten, bete ich sie an, unabhängig davon, ob ich befleckt bin oder nicht.

II-82. Zu Zeiten von großen Schwierigkeiten oder schlimmen Ereignissen sollte man sich mit einem Wort begnügen. Zu Zeiten großen Glücks sollte man sich auch mit einem Wort begnügen. Zu Zeiten eines einfachen Grußes oder Besuchs sollte man sich ebenso mit einem Wort begnügen.

Man sollte gut darüber nachdenken, was man sagt. Ein Wort allein ist schneidig und lässt einen sich zusammenreißen. Ich habe damit auch Erfahrung. Darum gilt es, sich mit allen seinen Kräften anzustrengen und immerwährend sein Herz und seine Gefühle zu stärken. Das lässt sich nicht einfach erklären. In diesem Fall handelt es sich einzig um die Arbeit des Herzens. Jemand, der nicht seine Empfindungen geschult und gestählt hat, wird das wohl kaum verstehen.

11-83. Als wir uns einmal im Haus einer bestimmten Person unterhielten, kam ein Mönch zu Besuch. *Sensei* saß auf dem Ehrenplatz, aber er ging sofort zum niedrigsten Platz hinunter und kehrte erst wieder auf den Ehrenplatz zurück, nachdem die Förmlichkeiten einigermaßen abgeschlossen waren.

Mit dieser Handelsweise verhält es sich genau so, wie er es mir vorher bereits erklärt hatte.

11-84. In der Formation zum Wachdienst in Nagasaki wurde Gon'nojō zum provisorischen Truppführer ernannt. Daraufhin teilte *sensei* ihm in einer Notiz mit, worauf er sich einzustellen habe: »Vergewissere dich sofort der Dinge, die du für den Aufbruch vorbereiten musst, und teile den Trägern die Unterkünfte mit. Außerdem musst du auch Sorge dafür tragen, die Männer deiner Truppe zu versammeln, sie zu bewirten und dich ihnen vorzustellen. Erhält man auch nur ein Wort des Grußes, denkt man schon, für so einen Truppführer würde man alles tun. Und wenn du nur festen Willens bist zu dienen, wirst du beim nächsten Mal nicht nur zum provisorischen, sondern zum tatsächlichen Truppführer ernannt werden.«

11-85. Das Leben eines Menschen ist wirklich kurz. Darum gilt es zu leben, indem man das tut, was man gerne macht. In einer Welt, die wie im Traum vorübergeht, ist es erbärmlich, in seinem Leben Dinge zu tun, die man nicht mag, und so nur Mühe und Kummer zu finden. Weil es zu Schaden führt, wenn man diese Dinge nicht angemessen zu hören gibt, ist dies ein geheimes Prinzip, welches man auf gar keinen Fall jungen Männern erzählen darf. Ich persönlich liebe es zu schlafen. Meinen jetzigen Lebensverhältnissen entsprechend, beabsichtige ich nun, mich endlich mit dem Ausgehen zurückzuhalten und mein Leben mit Schlafen zu verbringen.

11-86. Betreffs des Traums vom 28. Tag des 12. Monats des dritten Jahres der Ära Shōtoku. Je stärker mein eigener Wille wurde, desto mehr haben sich auch langsam, aber sicher die Träume verändert, die ich sehe. Weil man im Traum genau das sieht, was man im Herzen trägt, ist es auch gut, sich zu bemühen, selbstkritisch über seine Träume zu reflektieren.

11-87. Zu bereuen und Buße abzulegen ist so, als ob man einen mit Wasser gefüllten Krug auf den Kopf stellen und ausschütten würde. Als ich die Umstände des Geständnisses jenes Mannes hörte, der den Haarspatel einer bestimmten Persönlichkeit gestohlen hatte, fing er an, mir leidzutun. Zeigt man sofort Reue und tut Buße, verschwindet auch, genau so, wie Wasser sich aufklärt, jeder Rest von Schuld.

11-88. Weil ein Mann, der etwas von den Dingen versteht, glaubt, seine eigenen Stärken und Schwächen zu kennen, erscheint dieser Glaube wie Angeberei. Seine eigenen Stärken und Schwächen wirklich zu kennen ist sehr schwierig. So heißt es nach den Worten Abt Kaions.

11-89. Beim ersten Eindruck eines Mannes erscheinen seine Stärken und Vorzüge so, wie sie sind, in Form von Würde und Erhabenheit. Umsicht und Sorgfalt werden zu Würde, genauso, wie es Erhabenheit zeigt, wenn jemand wenig spricht, er die Höflichkeitsformen beherrscht, sein Verhalten entspannt ist, er die Backenzähne zusammenbeißt oder einen scharfen Blick hat. Kurz und knapp: Ein angespannter Geist und die richtige Überzeugung bilden das Fundament einer würdigen Persönlichkeit.

II-90. Habgier, Zorn und Dummheit stellen eine gute Unterteilung dar. Denkt man vergleichend über diese nach, sobald in der Welt etwas Schlimmes passiert ist, kann es nicht vorkommen, dass man mit diesen drei Ursachen danebenliegt.

Und unter den glückverheißenden Dingen gibt es nichts, was nicht zu Weisheit, Barmherzigkeit und Mut passen würde.

II-91. Das Folgende sagte Yamamoto Gorōzaemon: »Um welches Zeitalter auch immer es sich handeln möge, so kommt es nicht vor, dass sich die Herzenseinstellung eines Lehnsmanns grundlegend ändert. Aber die Beweggründe für einen Lehnsmann verändern sich von Zeitalter zu Zeitalter. Weil Fürst Naoshige und Fürst Katsushige über alles bis in die letzten Einzelheiten erleuchtet waren und es nichts gab, was sie nicht wussten, machte man als Lehnsmann keine Fehler, solange man nur in allen Dingen ihren Befehlen gemäß diente, und brauchte sich nach Dingen, bei denen man sich nicht sicher war, nur zu erkundigen und sich von ihnen belehren zu lassen. Das war ein sehr einfacher Lehnsdienst. Aber weil man während der Regierungszeit eines Lehnsherrn, der von nichts etwas weiß, allerlei solide Pläne entwerfen, Überlegungen anstellen und so den Klan regieren muss, ist dies wahrlich eine besorgniserregende Sache.«

II-92. Das Folgende sagte Nakano Kazuma Toshiaki: »Es gibt Personen, die behaupten, dass es bei einer Teezeremonie unrein und unästhetisch sei, alte Utensilien zu benutzen, und dass es daher besser sei, mit neuem Geschirr alles schön und rein zu halten. Und es gibt auch Personen, die glauben, man benutze alte Utensilien deshalb, weil sie nicht prachtvoll und luxuriös, sondern bescheiden seien. Diese Leute liegen mit ihrer Meinung alle falsch. Alte Utensilien sind Dinge, mit denen zwar auch Personen niedriger Herkunft umgegangen sind, aber nur deshalb, weil ihnen der Vorzug und die Tugend zugutekommen, sehr oft von Menschen benutzt zu werden, werden sie auch von den Händen hochwohlgeborener Personen berührt. Diese Tugend gilt es zu schätzen. Für Männer im Lehnsdienst gilt das Gleiche. Ein Mann, der von unten auf einen hohen Rang aufsteigt, ist dazu in der Lage, weil er entsprechende Vorzüge und Tugenden besitzt. Darum ist es äußerst falsch zu denken, man könne nicht mit jemandem zusammensitzen, der weder Namen noch Herkunft habe, oder man könne es nicht ertragen, jemanden zum Truppführer zugeteilt zu bekommen, der bis gestern noch Fußsoldat war. Mehr noch als Personen, die von Anfang an auf ihrem hohen Rang waren, muss man gerade die Vorzüge und Tugenden solcher Personen schätzen, die von unten aufgestiegen sind, und sie respektieren.«

II-93. Auf Anweisung seines Vaters Jin'emon sei er, Jōchō, noch als Kleinkind öfters mit einem Auftrag bis zur Brücke des Chinesenviertels hinausgeschickt worden, um ihn so dem Wind und den Gebräuchen der Stadt auszusetzen und ihn an fremde Menschen zu gewöhnen. Ab fünf Jahren habe man ihn als Stellvertreter seines Vaters bereits Besuche im Klan machen lassen. Und ab sieben Jahren habe man ihn mit Kriegersandalen die Tempel der Familienahnen besuchen lassen, um, wie es hieß, seinen Körper abzuhärten.

II-94. Man kann keine großen Taten vollbringen, wenn nicht sowohl der Lehnsfürst als auch die Klan-Ältesten und die hohen Offiziere einen als etwas geheimnisvoll betrachten und ein wenig Scheu vor einem haben. Wird man zu leicht genommen und zum Speichellecker gemacht, kann man nicht arbeiten. Auch diese Art von Herzenshaltung muss man haben.

II-95. Es geht nicht an, dass man sich mit der Herkunft und der Geschichte des Hauses Nabeshima und den Belangen des Klans nicht gut auskennt. Allerdings kommt es abhängig von der jeweiligen Zeit auch manchmal vor, dass einem Kenntnisreichtum zu Schaden gereicht. Es gilt daher, gut darüber nachzudenken. Auch in normalen Situationen kommt es vor, dass einem die Dinge, die man weiß, zum Hindernis werden. Man muss nachdenken. Das ist so ähnlich wie mit dem Konflikt zwischen Ishii Shingozaemon und Yamamoto.

Mündliche Mitteilung.

II-96. Abt Shungaku erzählte: »In einer Erzählung steht: ›Wenn man mit den Worten ›Beweg dich nicht!‹ einem Gegner zuvorkommen kann, hat das die gleiche Wirkung wie die Kraft von zwei Männern.‹ Das sind interessante Worte. Für etwas, das man in einer solchen Situation nicht vollbringen kann, wird man keine Lösung mehr finden, auch dann nicht, wenn man ein Leben lang nach einer Lösung sucht. Aber für etwas, das man zu dem Zeitpunkt mit der Kraft eines Mannes keinesfalls zu vollbringen vermag, lässt sich mit der Kraft von Zweien eine Lösung finden. Und sobald man denkt, es erst im Nachhinein zu tun, wird man es erst recht für sein Leben lang nicht fertigbringen.

Oder auch der folgende Satz ist interessant: ›Stampfe mit

dem linken Fuß auf und durchbrich eiserne Mauern.‹ Augenblicklich einzudringen und im Handumdrehen die feindlichen Linien zu durchbrechen: das ist der erste Schritt mit dem linken Fuß. Der einzige Mann mit der Geisteskraft und Energie, derart durchzugreifen und aufzutreten, dass er Himmel und Erde in Bewegung setzte, scheint seit Menschengedenken allein Toyotomi Hideyoshi gewesen zu sein.«

11-97. Deshalb, weil ein bestimmter Mann kühn und verwegen ist, auch über gewisse Fähigkeiten verfügt und klug und aufgeweckt ist, ist er auch von Nutzen. Letztens sagte ich ihm: »Mein Herr, weil Sie Ihren Scharfsinn restlos aus sich herauslassen, haben Sie nichts Zurückhaltendes an sich. Können Sie nicht ein bisschen stumpfer werden und von zehn Dingen drei oder vier zu sagen übrig lassen?« Aber er erwiderte, dass er das nicht vermöge.

Bringt man ihn durch Schmeicheleien dazu, Unterhandlungen mit dem *bakufu* zu führen, wird er sie bis wohin auch immer durchzuführen verstehen, aber er ist von einem Temperament, mit dem man ihm kein so schweres Amt in der Umgebung Seiner Hoheit oder der Landesregierung überlassen könnte. Er ist genauso ein Mann wie der und der. Er glaubt, mit welcher Sache auch immer allein durch seine Intelligenz und sein Wissen fertigwerden zu können. Dabei gibt es nichts so Unausstehliches, wie gescheit und geistreich zu sein. Die Leute weichen einem aus, und man hat keine wirklich tiefen freundschaftlichen Beziehungen.

Ein gewisser Mann sieht zwar aus, als sei er schwer von Begriff, aber weil er zuverlässig ist, ist er ein Vasall, der stattlich seine Lehnspflicht erfüllt.

II-98. Auf einen hohen Posten versetzt zu werden gereicht einem wahren Lehnsmann nicht zum Wohle. Solange alles um Beziehungen und Begünstigungen geht, ist man nicht in der Lage zu sagen, was man denkt. Selbst wenn man aus allen Kräften Dienst leistet, wird von hinten mit dem Finger auf einen gezeigt werden, dass man nur durch Begünstigung so viel Glück gehabt habe, und man verliert jede Motivation dafür, sich anzustrengen. Lehnsdienst ohne jede Begünstigung ist sehr einfach zu leisten.

II-99. Jemand, der mit Nachdruck und detailliert über etwas redet, das nicht besonders wichtig ist, verbirgt wahrscheinlich etwas im Hintergrund. Weil er versucht, das zu verbergen, indem er davon ablenkt, spricht er irgendwie weitschweifig und wortreich. Hört man jemanden so reden, kommen einem Zweifel und Bedenken auf.

II-100. Hält man sowohl bei Beratungen als auch während einer Plauderei das Gesagte nur für natürlich und plausibel und zögert dann an der Stelle, wird man nicht in der Lage sein, ein Argument zu finden, das das schon Gesagte aushebelt.

Meint man jedes Mal, sobald jemand schwarz sagt, das könne gar nicht schwarz sein, das müsse weiß sein, es müsse ein Argument dafür geben, dass es weiß sei, und denkt man in dieser Art darüber nach, Argumente darüber hinaus zu finden, bekommt man Vernunftsgründe zu fassen, die eine Stufe höher liegen. Solange man nicht eine solche Sichtweise annimmt, wird man anderen Männern gegenüber nicht hervorstehen können.

Und sollte es sich in der Situation um jemanden handeln, dem man das sagen kann, sollte man es ihm, ohne ihn zu verstimmen, auch tatsächlich sagen. Sollte der Gegenüber jemand sein, dem man es nicht sagen kann, gilt es, im Herzen diese Argumente klar und deutlich zu fassen zu bekommen, während man den Gegenüber zurückhaltend behandelt, ohne ihn zu kränken. So verhält es sich mit der Art und Weise, hervorragendere Argumente zu fassen zu bekommen als andere Männer.

Betreffs der Auflösung der Adoption von dem und dem in mündlicher Mitteilung.

Mit negativen Mutmaßungen, Argwohn und Misstrauen hat das nichts zu tun.

II-101. *Sensei* erteilte einem gewissen Mann eine Ermahnung: »Dass Ihr Lebenswandel und Ihre Herzenshaltung unter den Menschen heutzutage besonders hervorragen, ist wirklich prächtig. Aber ich wünschte mir von Ihnen, dass Sie sich noch eine Stufe mehr anstrengen und eine höhere Stellung ins Auge fassen. So, wie es jetzt ist, ist es zu schade um Sie. Sie scheinen die Künste zu mögen, aber das ist wahrlich von niedrigem Niveau. Selbst in dem Falle, dass Sie ein Meister werden könnten und so von Nutzen wären, würde das bedeuten, den von Ihren Vorfahren geerbten Stand eines Samurai aufzugeben und ein Künstler zu werden. Das ist der Grund dafür, warum die Nabeshima-Samurai fortwährend sagen, die Künste richteten einen Mann zugrunde. Wären Sie nicht so ein hervorragender Mann, wäre es damit natürlich auch gut. Dass jemandem gesagt wird, er solle eine höhere Position anstreben, bedeutet, dass diese Person als wahrer Krieger und prächtiger Vasall angesehen wird, der bei Bedarf zum Klan-Ältesten auserwählt werden wird. Zu Zeiten, in denen es keine fähigen Männer gibt, werden einem sogar kleinere Vergehen verziehen werden. Was mag es Besseres geben als die

Loyalität, als Ratgeber an der Landesregierung teilzunehmen? Selbst dann, wenn Sie nicht angestellt würden, bedeutet die Tatsache, eine gewisse Entschlossenheit zu haben, dass Sie von Nutzen sind. An einen solchen Mann wird man sich wahrscheinlich auch im Notfall heimlich um Rat wenden können. Bedeutet das, was man in einer solchen Situation als Rat geben kann, etwa nicht einen Beweis großer Loyalität? Auch in dem Falle, dass es jetzt keine Zwischenfälle oder Vorkommnisse gibt, bedeutet das noch lange nicht, dass Männer mit ein bisschen eigenem Willen glatt ignoriert werden sollten. Darauf sollten Sie gut achtgeben.«

»Ist das etwas, in dem man sich üben kann?«

»Das ist einfach. Sie müssen nur von einem Moment zum anderen ohne Unterlass hervorragende Argumente und Vernunftsgründe finden. Strengen Sie sich auch nur ein bisschen an, wird es Ihnen gelingen. Oder es gibt auch einen Weg, wie Sie in weniger als zehn Tagen Ihren Namen im ganzen Land zum Tagesgespräch machen können. Es heißt, Sie seien mit einem bestimmten Abt befreundet. Und dieser Abt soll von allen gefürchtet sein. Er ist ein Mann, der sich darauf versteht, die Menschen mit seinen Argumenten und Spitzfindigkeiten zu überraschen und aus der Fassung zu bringen, und weiß die Leute zu beeindrucken. Das würde für Sie bedeuten, dass Sie vielleicht schon morgen zu diesem Abt gehen und, sobald er etwas Derartiges von sich gibt, das Gesagte widerlegen, ihn die Fassung verlieren lassen, ihn mit überlegenen Argumenten zum Schweigen bringen und anschließend überzeugen. Dann werden alle überrascht sein, und es wird von Mund zu Mund weitergegeben werden, dass der Abt zum Schweigen gebracht wurde. Das wird Ihnen einen großen Ruf einbringen. Solange man nicht einen großen Hund beißt und zum Schweigen bringt, wird man auch keine Reputation erlangen.«

»Allerdings handelt es sich auch um keinen gewöhnlichen, durchschnittlichen Abt.«

»Gerade aus dem Grund, dass Sie derart zögern, können Sie auch keine großen Taten vollbringen. Handelt es sich denn wirklich um einen so beeindruckenden Abt? Um wen es sich auch immer handeln mag: Solange man ihn sich nicht mit dem Gefühl vornimmt, ihm auch nicht einen Schritt Vorsprung zu lassen, gibt es keinen Fortschritt. Dass Fürst Minamoto Yoshitsune sagte, der Mensch bestehe nicht aus Wissen, Güte und Mut, sondern aus Mut, Wissen und Güte, und zwar in dieser Reihenfolge, ist auch von großem Interesse. Auch in der heutigen Welt geht es, ist man noch jünger als 40 Jahre alt, um Mut, Wissen und Güte. Auch Männer, die in Vergessenheit geraten sind, müssen sich, selbst dann, wenn sie älter als 40 sind, Mut, Wissen und Güte zu Herzen nehmen, andernfalls ist ihnen kein Ehrgeiz anzumerken. Dieser Abt wurde gerade dadurch berühmt, dass er mit Hilfe von Mut, Wissen und Güte viel riskierte. Eine Anmerkung zur Vorsicht: Sie sollten zu niemandem über Seine Hoheit, über die Klan-Ältesten oder die hohen Offiziere ein Wort verlieren, selbst dann nicht, wenn Sie der Meinung sind, dass Ihr Argument richtig und anderen Argumenten überlegen sei. Das mag komisch klingen, aber es gehört zur Loyalität, die Menschen mit den selbstverständlichsten Gründen zu loben und zu preisen, wie die Loyalität es verlangt. Etwas zu tun, wodurch die Leute ein Gefühl des Misstrauens fassen könnten, ist eine

Sache, die zu fürchterlich ist, um über sie ernsthaft nachzudenken. Die Herzen und Gefühle der Menschen verändern sich so leicht, dass dann, wenn man eine Person lobt, sie sich sofort in die Richtung des Lobes aufmachen wird. Aber tadelt man sie mit Recht, wird sie sofort schlecht über einen denken. Letztes Jahr hörte ich, wie ein bestimmter Mann gefragt wurde, ob er nicht einem anderen Hause dienen wolle. In einem solchen Fall sollte man scharf entgegnen, dass man vom Gegenüber nichts mehr hören will. Äußert man hier schöntuende Dinge, um diese Beziehung nicht zu verschlechtern, wird man als dubiose Gestalt verdächtigt werden. Durch solche Angelegenheiten kann es passieren, dass man auch von seinen Freunden hintergangen wird und sich dadurch vollkommen die Stimmung zwischen ihnen und sich verdirbt. Selbst wenn es bedeuten sollte, Hungers und unbekannt sterben zu müssen, gehört es sich, solange man ein Lehnsmann ist, im Herzen den Entschluss zu fassen, selbst auf Anraten der Buddhas und der Götter auch nicht ein einziges Mal auch nur darüber nachzudenken, Seiner Hoheit den Rücken zu kehren.«

11-102. Es gilt, nichts zu sagen, was zu dem jeweiligen Zeitpunkt zu Schwierigkeiten führen könnte. Auf diesen Punkt muss man gut achtgeben. Kommt es in Gesellschaft zu irgendwelchen Schwierigkeiten, kann es einem passieren, dass man davonläuft, die Umstände aus den Augen verliert und dann nur noch über diese eine Sache nachdenken kann. Zu einer solchen Zeit etwas zu sagen ist unnötig und nutzlos. Entweder führt das zu einem Wortgefecht oder zu einem Streit, oder dann, wenn dies nicht eintritt, so führen die eigenen Worte doch in ein Unglück, man macht sich Feinde, und Feindseligkeit wird geschaffen.

Zu einer solchen Zeit ist es besser, darauf zu verzichten, auszugehen, und man sollte vielleicht lieber Gedichte schreiben.

11-103. Über andere Menschen zu reden ist ein großer Fehler. Selbst dann, wenn man jemanden lobt, kommt es vor, dass dies gar nicht zu demjenigen passt. Auf jeden Fall ist es besser, sich selbst gut zu kennen, sich in der Einübung des Weges hart anzustrengen und den Mund zu halten.

11-104. Ein tugendhafter Mann hat innere Ruhe in seinem Herzen und wird durch nichts aus der Ruhe gebracht. Kleinmütige Männer dagegen sind unruhig, stoßen sich aneinander und klappern und rasseln in der Gegend herum.

11-105. Dass die Welt eine Welt im Traum sei, ist trefflich gesagt. Es kommt vor, dass man während eines bösen Traums sofort aufwachen möchte und dann froh darüber ist, dass es sich nur um einen Traum gehandelt hat. Das hat sich bis heute um keinen Deut geändert.

11-106. Gescheite Männer glauben, dass sie auch Wahrheit und Unwahrheit mit Hilfe ihres Verstands vorspiegeln und durch ihre Spitzfindigkeit durchsetzen könnten. Dies führt zu Schaden und Unheil eben durch den Verstand. Unabhängig davon, worum es sich auch handeln mag: ohne Wahrheit hat es keinen Wert.

11-107. In Prozessen und Diskussionen gibt es Niederlagen, bei denen es beeindruckender ist, schnell zu verlieren. Das ist wie beim *sumō*. Gewinnt man auf schmutzige Art und Weise, weil man egal auf welche Weise einfach nur gewinnen will, ist das schändlicher, als zu verlieren. Darum wird selbst aus einem Sieg letzten Endes eine schmutzige Niederlage.

Betreffs der konfiszierten Villa mündliche Mitteilung.

II-108. Die Unterschiede zwischen sich und anderen Männern besonders stark zu empfinden, Leuten zu grollen und irreführend und täuschend mit ihnen umzugehen kommt daher, dass man kein Gefühl für Barmherzigkeit besitzt. Hüllt man alles ohne Ausnahme mit einem Gefühl für Barmherzigkeit ein, wird man auch nicht miteinander kollidieren.

II-109. Bei Dingen, mit denen man sich ein wenig auskennt, tut man oft so, als ob man sich gut damit auskenne. Das ist unreif. Bei Dingen, mit denen man sich gut auskennt, gilt es, sich das nicht in seinem Benehmen anmerken zu lassen. Das ist eine tiefgründige Angelegenheit.

II-110. Äußerung an Herrn Gon'nojō: »Es hat den Anschein, als ob die jungen Männer in letzter Zeit das Bedürfnis hätten, wie Frauen zu werden. Weil wir ein Zeitalter erreicht haben, in dem Männer mit gutem Charakter, zuvorkommende und freundliche Männer, Männer, die keine Probleme bereiten, oder milde Männer als vortreffliche Männer in den Himmel gelobt werden, gibt es kein Entwicklungspotential, und man kann keine verwegenen Taten mehr vollbringen. Zuallererst glaube ich, dass die Menschen verkümmern, weil ihr Bedürfnis, das Vermögen ihrer Familie zu beschützen, zu stark ist. Du scheinst das Lehen unserer Familie auch zu wichtig zu nehmen und der Meinung zu sein, dass du es als Adoptivsohn nicht zunichtemachen darfst, weil es sich nicht um dein Lehen handelt, sondern um eins, das dein Adoptivvater unter vielen Mühen schließlich erhalten hat. Aber das ist die Denkweise durchschnittlicher Menschen. Meine Denkweise ist völlig anders. Als ich noch im Lehnsdienst stand, dachte ich überhaupt nicht an Familie oder Vermögen. Weil es sich bei allem Besitz ursprünglich um den Besitz unseres Lehnsherrn handelt, braucht man dies Thema für sich selbst nicht wichtig zu nehmen, und es brauchte einem nicht teuer zu sein. Solltest du, solange ich noch lebe, Lehnsdienst leisten, dein Lehen verlieren und *rōnin* werden oder auch *seppuku* begehen müssen, so werde ich damit zufrieden sein. Es gibt kein tieferes Mysterium für einen Lehnsmann, als *rōnin* zu werden oder *seppuku* begehen zu müssen. Aber ein schäbiger Untergang wäre bitter. Feigheit, Nachlässigkeit und Faulheit, Eigennützigkeit oder ein Verhalten, das anderen Leuten zum Schaden gereicht, darfst du nicht zulassen. Sollte unser Haus wegen irgendeiner anderen Sache untergehen, so sei damit zufrieden! Kommst du auf diese Art zur Ruhe, kannst du nicht nur besser arbeiten, sondern du erlangst auf diese Weise auch besondere Tatkraft und Energie. Dabei verhält es sich wie beim Speerkampf: Kann sich die führende Speerhand frei bewegen, trifft die Speerspitze genauer ihr Ziel.«

II-111. Dass man im Lehnsdienst keinen Ehrgeiz entwickelt, liegt an der eigenen Überheblichkeit. Man ist mit sich selbst zufrieden, findet allerlei selbstsüchtige Spitzfindigkeiten, verhärtet sich zu einem unerfreulichen Klumpen und gibt sich damit zufrieden, eine Familie gegründet zu haben. Das ist wirklich jämmerlich. Kritische Beurteilung, Kunstfertigkeit, hoher Rang, Reichtum und Ruhm, Fähigkeit und Scharfsinn: Protzt man mit solchen Stärken herum und glaubt selbst, damit sei es genug, wird man engstirnig, fragt andere Männer nicht um Rat und vergeudet sein Leben mit törichten und nutzlosen Dingen. Diese Art von Arroganz und Überheblichkeit ist so weit verbreitet, dass es heißt, der größte Dummkopf des Klans habe mit seiner Dummheit geprahlt und gesagt: »Gerade weil ich ein Dummkopf bin, lebe ich in Ruhe und Frieden.«

Ehrgeiz im Lehnsdienst bedeutet nichts anderes, als seinem Rang angemessen Dienst zu leisten, die eigene Überheblichkeit abzuwerfen, seine eigenen Schwächen zu kennen, Wege und Mittel zu suchen, wie man diese Schwächen verbessern kann, und sein Leben lang nach dieser Verbesserung zu suchen, bis man stirbt, selbst dann, wenn es einem nicht gelingen sollte. Seine Schwächen zu kennen und sie zu verbessern ist der wahre Weg.

II-112. Bevor man jemandem einen Besuch abstattet, ist es besser, einige Zeit vorher Bescheid zu geben. Es könnte nicht nur sein, dass irgendein Hindernis oder eine anderweitige Verabredung besteht, sondern es ist auch unhöflich, einen Ort aufzusuchen, an dem der Gastgeber sich um besorgniserregende Angelegenheiten zu kümmern hat. Im Allgemeinen gibt es nichts Besseres, als dort nicht hinzugehen, wo man nicht eingeladen ist. Wahre Herzensfreunde sind selten. Auch dann, wenn man gerufen wurde, muss man vorsichtig sein. Handelt es sich nicht um eine ansonsten nur selten stattfindende Begegnung, ist auch die Freude nur seicht. Auch bei Festen zur Anerkennung eines Dienstes passieren viele Fehler. Auf der anderen Seite darf man einen Besucher nicht geringschätzig behandeln, selbst dann, wenn man gerade eine anderweitige Verabredung hat.

II-113. Ikoma Shōgen zeigte die Vergehen Maeno Sukezaemons, Klan-Ältester des *daimyō* Ikoma Iki-no-kami, beim Shogunat an. Nachdem man ihn verhört hatte, wurde Sukezaemon hingerichtet, die Domäne Fürst Iki-no-kamis wurde konfisziert, und ihm selbst wurden nur 10 000 *koku* Einkommen überlassen.

Zu dieser Ikoma-Affäre las ich einige Notizen. Shōgen trieb, wie er schrieb, aus Gründen der Loyalität das Haus seines Lehnsherrn in den Ruin. Hätte er nicht beim Shogunat Anzeige erstattet, hätte das Haus bestimmt noch zwei, drei Jahre weiterbestehen können. Und es hätte sogar passieren können, dass das Haus nicht hätte zugrunde gehen müssen, wenn z. B. in der Zeit eine Veränderung der Verhältnisse eingetreten wäre.

Hätte er außerdem der Meinung sein sollen, dass man Sukezaemon nicht sang- und klanglos sich selbst überlassen dürfte, hätte er die anderen Klan-Ältesten auf die verschiedenen Umstände aufmerksam machen und diese den Angeklagten töten lassen müssen. Hätte er das so getan, wäre dem Klan aus dem Fall keine schlechte Leitung des Hauses vorgeworfen worden. So eine Vorgehensweise nennt man, ein Rind zu töten, obwohl man nur seine Hörner richten möchte.

Abt Kaion sagte in einem Gespräch: »Als ich letztens Nabeshima Fushū fragte, aus welchem Grund er als Einziger nicht an der Beratung zur fürstlichen Ermahnung teilgenommen habe, antwortete er: ›Um Seiner Hoheit einen Rat oder eine Ermahnung zu erteilen, gibt es Mittel und Wege. Kommt es dazu, dass alle Klan-Ältesten ihre Meinung vollständig versammelt übermitteln, bedeutet das, dies unter dem Etikett der ›Übeltaten Seiner Hoheit‹ an die Öffentlichkeit zu bringen. Es steht außer Zweifel, dass adelige Herrschaften eigensinnig erzogen sind und deshalb ihre Fehler und Laster haben. Das bedeutet allerdings nicht, dass man nur aufgrund dieser Fehler die Domäne verlieren müsste. Viel Aufhebens darüber zu machen, die fürstlichen Laster zu berichtigen, führt dagegen dazu, dass sie bis in die Öffentlichkeit durchsickern und man dadurch das Land verliert. Letzten Endes zog es, nachdem jene Beratung beendet worden war, auch keinerlei außergewöhnliche Umstände für den Klan nach sich, obwohl man Seiner Hoheit keine Ermahnung zukommen ließ.‹«

Überhaupt werden Zurechtweisungen dem Fürsten gegenüber entweder von heuchlerischen Vasallen zu ihrem eigenen Verdienst erteilt, oder sie sollten eigentlich vom fürstlichen Vormund erteilt werden. Ermahnungen aus Loyalität heraus sollten im Stillen auf eine solche Weise erteilt werden, dass Seine Hoheit es leicht findet, sie anzunehmen. Sollte er sie etwa nicht annehmen, gehört es sich schließlich, die fürstlichen Laster vor der Öffentlichkeit zu verstecken, Seiner Hoheit Beistand zu leisten und dafür zu sorgen, dass kein schlechter Ruf entsteht. Allerdings sind viele Menschen zu übereifrig und wenden Seiner Hoheit den Rücken zu, wenn er ihre Ermahnung nicht erhört. Wegen solch einer Angelegenheit Lärm zu machen ist das Höchste an Illoyalität.

Es mag vielleicht daran liegen, dass unser Nabeshima-Klan ursprünglich durch eine mysteriöse Schicksalsfügung gegründet worden ist, aber selbst dann, wenn es um unseren Klan schlecht aussieht, verändert sich die Lage natürlicherweise im Handumdrehen zum Guten hin.

II-114. Zu viel des Guten wandelt sich zum Schlechten. Sagt man bei einer Debatte, einer Predigt oder einer Belehrung zu viel, bringt das nur Schaden.

II-115. Heuchler mit viel Lebensenergie und tiefer Verschlagenheit sind Männer, die ihren Lehnsherrn hintergehen und ihre Fähigkeiten einzig für ihr eigenes Emporkommmen einsetzen. Es handelt sich um Männer, die es verstehen, wie sie sich bei ihrem Fürsten einschmeicheln können, und denen man deshalb ihre boshaften Seiten nicht ansehen kann. Gerade aus dem Grund, weil das so schwierig zu erkennen ist, wurde auch Fürst Ieyasu von Ōga Yashirō betrogen und auf diese Weise überflügelt. Solche Männer finden sich meist unter neuen Vasallen und Emporkömmlingen und nur selten unter hochrangigen Gefolgsleuten mit langer Lehnstradition.

II-116. Mein Vater Jin'emon sagte, es sei besser, Mädchen nicht großzuziehen, weil das dazu führe, dem Familiennamen zu schaden und den Eltern Schande einzubringen. Abgesehen von der erstgeborenen Tochter sollte man alle anderen Töchter aussetzen.

II-117. Laut Abt Keihō soll Fürst Aki verlauten lassen haben: »Kriegerische Taten kann man so lange nicht vollbringen, wie man nicht den Verstand verliert und um sich tobt.« Ich freute mich, weil das genau zu meiner eigenen Entschlossenheit passte, und ich entschloss mich danach endgültig dazu, den Verstand zu verlieren.

II-118. Der ältere Nakano Kazuma sagte: »Das wahre Herz der Teezeremonie liegt darin, die sechs Sinne zu reinigen. Die Augen die Bildrolle oder das Blumenarrangement zu sehen, die Nase den Weihrauch zu duften, die Ohren die Töne des siedenden Wassers zu hören, der Mund den Tee zu schmecken zu bekommen: Korrigiert man dadurch sein Benehmen, und werden auf diese Weise die fünf Sinne rein und unschuldig, wird auch das Herz von selbst rein und unschuldig. Letzten Endes macht man das alles, um das Herz zu reinigen. Ich selbst vergesse weder bei

Tag noch bei Nacht das Herz der Teezeremonie, aber das tue ich nicht zum Vergnügen. Außerdem gehört es sich, dass die Teeutensilien dem eigenen sozialen Stand entsprechen.«

Es heißt, in einem Gedicht zur Pflaumenblüte habe er geschrieben:

Im Dorfe vor uns
Liegt noch tiefer Schnee.
Dabei waren erst gestern Abend
Einige Zweige der Pflaume aufgeblüht.

Aber weil »einige Zweige« Wohlhabenheit symbolisieren würden, sei es zu »ein Zweig« verbessert worden, denn nur ein Zweig bringe den Geisteszustand asketischer Schönheit zum Ausdruck.

II-119. Personen, in deren Schuld man steht oder mit denen man vertraut oder befreundet ist, sollte man, selbst dann, wenn sie Übeltaten begehen, im Stillen ermahnen, in der Öffentlichkeit Fürsprache für sie einlegen und dafür sorgen, dass der durch ihre Vergehen entstandene schlechte Ruf getilgt wird. Man sollte sie loben und ihnen zu einem starken Beistand ohnegleichen werden. Hält man dies derart geheim und erteilt ihnen auf solche Weise Ratschläge, dass sie sie auch annehmen, dann werden sich Mängel und Schwächen verbessern und es werden sich vorzügliche Persönlichkeiten aus diesen Personen entwickeln. Lobt man jemanden nur über alles, ändert sich sein Herz, und von Natur aus wird sein schlechtes Betragen aufhören. Dies alles beruht darauf, dass man sich unter dem Tor der Barmherzigkeit postiert, mit dem herzlichen Anliegen, den anderen nicht in Ruhe zu lassen, ohne ihm etwas Gutes getan zu haben.

II-120. Ein bestimmter Mann sagte: »Das Temperament oder der Charakter eines Menschen birgt zwei Seiten: eine im Inneren und eine, die nach außen dringt. Besitzt man weder außen noch innen Charakter, ist man von keinerlei Nutzen. Das lässt sich etwa mit einer Schwertklinge vergleichen. Bei einem Schwert ist es am günstigsten, es zu schleifen und zu polieren und es erst dann in die Scheide zu stecken. Ab und zu zieht man es aus der Scheide, um es zu warten und zu pflegen, wischt es sorgfältig ab und steckt es wieder in die Scheide. Männern, die ihre Schwerter immer gezogen halten und die blanke Klinge ständig herumschwingen, kommt niemand zu nahe, und sie werden immer weniger Freunde haben. Lässt man es allerdings immer nur in der Scheide stecken, wird es Rost ansetzen und die Schneide wird abstumpfen, so dass man von den Menschen zum Narren erklärt wird.«

II-121. Solange man nur naseweis und gerissen ist, wird man die Dinge nicht zum Erfolg führen können. Man muss die Dinge im großen Zusammenhang erfassen. Es gilt, nicht leichthin über Gut oder Schlecht zu urteilen. Auch darf man nicht zögern. Fasst man, sobald der Zeitpunkt zur Entscheidung gekommen ist, nicht schnell einen Entschluss und führt eine Lösung herbei, kann man nicht ein wahrer Krieger genannt werden.

II-122. Mir wurde einmal, als ich noch jung war, von Ittei-*sensei* gesagt: »Du bist ein Mann mit vielversprechenden Veranlagungen. Nach meinem Tod möchte ich dir die Belange des Klans von ganzem Herzen anvertrauen. Das mag nicht leicht sein, aber ich bitte dich, den Klan auf deinen Schultern zu tragen.« Das sagte er mir mit Tränen in den Augen. Diese Worte fanden zu der Zeit ein unerwartetes Echo in meiner Brust und wurden mir ins Herz gebrannt, so dass ich sie bis heute nicht vergessen kann.

Solche Worte hörte ich zu dem Zeitpunkt zum ersten Mal. Heutzutage gibt es niemanden mehr, der so etwas von sich gibt. Selbst dann, wenn ich jemandem eine Belehrung erteile, bringe ich nicht mehr zustande als etwa: »Halte dich in deinem Lebenswandel und in deinen Empfindungen zurück und gib dich deinem Lehnsdienst hin.« Dabei handelt es sich nur um Worte, die einzig für das Wohl derjenigen Person selbst gedacht sind. Ittei-*senseis* Worte sind in dieser Hinsicht ganz anders.

Männer, die solche Worte äußern, gibt es wohl nicht mehr. Das ist wirklich bedauernswert.

II-123. Selbst bei einer Person, die aus Groll und Hass einen öffentlichen Prozess anstrengt, lässt sich, je nachdem, wie man sie behandelt, dies alles ohne Weiteres aus der Welt räumen. Dabei handelt es sich um eine Sache wie die folgende: Als zwei Bekannte sich an einer schmalen Holzbrücke trafen und fast einen Kampf auf Leben und Tod darüber angefangen hätten, wer wem den Weg freizugeben habe, kam gerade ein Rettichverkäufer vorbei, ließ die beiden sich an beiden Enden seiner Tragestange festhalten und tauschte deren Position, indem er sie hochstemmte und sich auf der Stelle drehte. So gibt es unendlich viele Wege, solchen Ärger zu vermeiden. Auch dabei handelt es sich um Lehnsdienst seinem Lehnsherrn gegenüber. Wegen einer unbesonnenen Angelegenheit einen wichtigen Gefolgsmann sterben zu lassen oder in feindliche Beziehungen mit ihm zu treten wird ja wohl kaum angehen.

Es handelt sich zwar um eine frühere Sache, aber einmal sagte Ushijima Genzō, als er betrunken war, Ejima Shōbei seine Meinung und erteilte ihm unerwünschte Ratschläge. Immer dann, wenn Genzō zu viel trinkt, kommt dieses schlechte Benehmen bei ihm zum Vorschein. Am nächsten Morgen versuchte Shōbei, in das Haus Genzōs einzudringen und mit dem Schwert auf ihn loszugehen. Als Motomura Buemon davon erfuhr, beschwichtigte er Shōbei, brachte ihn zu seiner Mietwohnung zurück und kam danach zu mir, um um Rat zu fragen: »Was kann man da machen?«

Mitten in unserem Gespräch kam als Nächstes Genzō selbst und sagte: »Ist Shōbei nicht hier? Es heißt, er habe versucht, mit dem Schwert in mein Haus einzudringen. Weil meine beschränkten Bediensteten mir davon nichts sagten, konnte ich erst jetzt kommen, um nachzufragen.« Anschließend wollte er zum Haus Shōbeis gehen. Aber davon hielt ich ihn ab und schickte ihn mit den Worten nach Hause zurück: »Ziehen Sie sich bitte erst einmal zurück. Ich übernehme die Verantwortung, Shōbei nach seinen Beweggründen zu befragen und diese Ihnen dann mitzuteilen. Überlassen Sie bitte alles mir.«

Dann ließ ich Shōbei zu mir kommen und hörte mir seine Geschichte an. Er sagte: »Bei seinen sogenannten Ratschlägen handelte es sich nur um Aussagen, die meine Schwächen ans Licht brachten, und das in Anwesenheit vieler anderer Männer. Das kann man keinesfalls mehr als Ratschläge ansehen, vielmehr wollte er mich meines Erachtens beschämen, weil er mir gegenüber irgendeinen Groll hegt. Darum ging ich uneingeladen zu ihm, um mir diesen Groll und Hass direkt aus seinem eigenen Munde anzuhören.«

»Aha, so ist das also, das habe ich gut verstanden. Allerdings wird Genzō doch wohl keinen Groll dir gegenüber hegen. Immer dann, wenn er trinkt, hat er nun einmal die schlechte Angewohnheit, dumme Ratschläge zu erteilen. Nagayama Rokurō hat die schlechte Angewohnheit, sein Schwert zu ziehen, wenn er betrunken ist. Unter Alkoholeinfluss zeigen sich die verschiedensten schlechten Angewohnheiten. Liegt aber irgendwelche Loyalität darin, Dinge, die der Alkohol jemanden hat sagen lassen, ernst zu nehmen, deswegen zwei wichtige Gefolgsleute zu Tode kommen zu lassen und seinem Lehnsherrn so einen Verlust beizubringen? Wenn du auch ein Gefolgsmann bist, der tief in der Gnade und Schuld Seiner Hoheit steht, dann müsstest du eigentlich auch so denken, dass du diese Gnade irgendwie erwidern musst. Ich werde keinesfalls etwas unternehmen, was dich dein Gesicht verlieren lassen würde. Darum werde ich Genzō nach seinen wahren Absichten befragen und sie dir mitteilen.«

Nachdem ich so gesprochen und Shōbei nach Hause geschickt hatte, teilte ich Genzō mit, worum es sich handelte. Er sagte: »An gestern Abend kann ich mich überhaupt nicht erinnern. Außerdem hege ich ihm gegenüber auch überhaupt keinen Groll, auch nicht den kleinsten.«

Da sagte ich: »Dann wollen wir Shōbei das auch hören lassen. Dass er einen Vorgesetzten übertriebenermaßen herausfordern wollte, ist zwar ungebührlich, aber aufgrund seiner Jugend ist er noch unvernünftig. Darum wollen wir ihm gut zureden, in Zukunft besser aufzupassen.«

Damit kehrte ich nach Hause zurück, gab Shōbei die Sache zu hören, und damit war die Angelegenheit ohne weitere Schwierigkeiten erledigt.

Weil nach einer Zeit aber Shōbei wieder zu mir kam und äußerte, dass er seinen Posten als Kämmerer Seiner Hoheit aufgeben wolle, versuchte ich, ihn von diesem Tun abzuhalten, aber er verschwieg mir, dass er bereits in einem Brief an Kitajima Jinzaemon darum gebeten hatte, in die Heimat heimkehren zu dürfen. Buemon wiederum erfuhr davon und wandte sich wieder um Rat an mich. Darum ließ ich, nachdem ich Buemon angewiesen hatte, die Angelegenheit in den Händen Kitajima Jinzaemons zum Stillstand kommen zu lassen, Shōbei zu mir kommen und befragte ihn. Da sagte er: »Es besteht kein Grund zu hoffen, dass Herr Genzō und ich noch freundlich und harmonisch miteinander umgehen könnten. Darum möchte ich auf einen anderen Posten versetzt werden.«

Daraufhin beschwichtigte ich ihn mit den Worten: »Natürlich könnt ihr wieder Freunde werden. Dafür übernehme ich die Garantie. Aber lass uns jetzt erst einmal darüber nachdenken. Solltest du zwischendurch den Posten wechseln, werden in der Öffentlichkeit Gerüchte entstehen, dass zwischen Genzō und dir letztlich aufgrund von Alkohol ein Groll entstanden ist, und du deswegen in die Heimat zurückgekehrt bist. Dann wird dir das in deinem neuen Dienst auch zum Hindernis, weil du ganz gerne etwas trinkst, und Genzō wird das wohl auch nicht zugutekommen. Wie wäre es deshalb, erst einmal eine Zeitlang abzuwarten.« Mit diesem Vorschlag konnte ich ihn erst einmal versöhnen.

»Das Beste wäre, wenn du Genzō zu einem Freund ohnegleichen werden würdest.«

»Auch wenn ich das wollte, würde sich Herr Genzō mir gegenüber wohl kaum sicher fühlen.«

»Dann will ich dir einen Weg erklären, wie du dich mit ihm versöhnen kannst. Ohne dich um die andere Seite zu kümmern, musst du in deinem Herzen die Auffassung bewahren: ›Also, diese ganze Angelegenheit tut mir wirklich leid. Wenn ich nochmals gut darüber nachdenke, so war ich im Unrecht. Besonders die Tatsache, dass ich versucht habe, einen Vorgesetzten mit dem Schwert anzufallen, war wirklich ungebührlich. Von jetzt an will ich alles tun, was in meiner Macht steht, um ihm während seiner Dienstperiode zu Diensten zu sein.‹ Dieses Gefühl wird augenblicklich von Genzō verstanden werden, und auf diese Weise könnt ihr euch wieder anfreunden. Du hast unter Alkoholeinfluss allerdings auch nicht gerade die besten Angewohnheiten. Darum solltest du versuchen, deine eigenen Schwächen zu erkennen und dich dem Alkohol fernzuhalten.« Nachdem ich derart eindringlich auf ihn eingeredet hatte, stimmte Shōbei plötzlich zu und schwor dem Alkohol ab.

Als ich danach Genzō über Shōbeis Gefühle informierte, sagte er: »Also, das berührt mich wirklich tief. Ich bin es, dem es wirklich leidtun sollte, und die ganze Angelegenheit ist mir außerordentlich peinlich. Darum werde ich ihn während meiner jetzigen Dienstzeit auf keinen Fall aufgeben.« Und so wurden Genzō und Shōbei zu Freunden ohnegleichen, und als Genzō auf einen anderen Posten versetzt wurde, wurde aufgrund seiner Unterstützung auch Shōbei mit ihm zusammen versetzt.

Je nachdem, wie man es anstellt, lässt sich alles auf ähnliche Weise wie hier regeln.

Oder auch dann, wenn bei einer solchen Gelegenheit jemand anwesend ist, der in seiner Trunkenheit oder durch grobe Äußerungen beleidigende Dinge sagt, sollte man ihm einfach eine dementsprechende Antwort geben. Törichterweise in Zorn auszubrechen, unmittelbar kein Wort erwidern zu können, weil einem vor Ärger die Kehle wie zugeschnürt ist, oder auszurufen, dass man ihn in Stücke schneiden werde, weil man sonst sein Gesicht nicht bewahren könne, ist wirklich erbärmlich. Wird man Dummkopf genannt, ist die Sache damit erledigt, demjenigen »Tor« oder »Narr« zu entgegnen. Auch Shōbei hätte bei der Gelegenheit sagen sollen: »Für Ihre Ratschläge bin ich wirklich dankbar, aber die höre ich mir lieber an, wenn wir später unter vier Augen sind. Vor allen anderen Anwesenden hört sich das so an, als ob ich beschämt werden sollte. Und geht es darum, über die Mängel anderer Leute dies und das zu sagen, haben Sie, mein Herr, bestimmt auch solche Mängel vorzuweisen. Auf jeden Fall unterlaufen einem beim Räsonieren unter Alkoholeinfluss leicht Fehler. Ich werde mir das alles gerne anhören, wenn Sie nüchtern sind, und es mir dann zur Lehre gereichen lassen. Aber jetzt trinken Sie doch lieber noch eine Schale.« Hätte er auf diese Weise einfach vermittelt, hätte ihm das nicht zur Schande gereicht, und er hätte sich nicht geärgert. Selbst dann, wenn man immer noch ungerechtfertigterweise wie oben angesprochen wird, ist es damit getan, eine dazu passende Antwort abzugeben.

Es gibt da noch eine Sache, über die man ein wenig nachdenken sollte. Männern, die fortwährend solide und zuverlässig sind, wird auch von Betrunkenen nur selten etwas vorgeworfen.

Letztes Jahr brach ein Mann in Zorn aus, weil ihm im Schloss von einem anderen Mann im Scherz gesagt worden war: »Sie gehören ans Kreuz geschlagen.« Als er sich gerade aufmachen wollte, um denjenigen niederzuschneiden, eilten Yamamoto Gorōzaemon und Narutomi Kurando, die Nachtdienst hatten, herbei und hielten ihn zurück. Mitten in der Nacht ließen sie den Mann, der den Scherz gemacht hatte, extra kommen und ihn sich entschuldigen, womit sie die Situation beruhigen konnten. Hier gilt das Gleiche wieder. Hätte er in der Situation erwidert: »Gerade Sie gehören doch auf den Scheiterhaufen!«, wäre wohl nichts weiter passiert. Sich immer zurückzuhalten und nichts zu erwidern ist feige. Es gilt, sich die richtige Handhabung eines Wortes und das rechte Wort am rechten Ort gut einzuprägen.

II-124. Weil ich gehört hatte, dass Ushijima Genzō wegen eines Vergehens zur Verantwortung gezogen werden sollte, suchte ich ihn im Haus einer gewissen Persönlichkeit auf und bat diesen, die Anwesenden aus dem Raum zu schicken: »Was für Angelegenheiten werden von Ihnen denn untersucht? Weil ich gerade, glücklicherweise, zurück in der Heimat bin, kann ich nicht nach Kyōto zurückgehen, ohne von diesen Angelegenheiten zu hören. Das Ausmaß meiner Unverschämtheit ist mir mehr als genug bewusst, aber ich sehe mich tatsächlich dazu gezwungen, Sie danach zu fragen. Könnten Sie sich bitte irgendwie in der Lage sehen, mich die Angelegenheit hören zu lassen?« Weil ich es auf diese Art so angelegt hatte, dass er wohl oder übel nicht umhinkonnte, als es mir zu erzählen, erklärte er mir: »Es handelt sich darum, dass ein Bericht eingereicht wurde, dass ich fürstliche Utensilien und Hausrat für private Zwecke benutzt hätte, ab und zu ausgegangen wäre, um mich auf Vergnügungsausflügen zu amüsieren, ein Dienstmädchen in Dienst gestellt hätte und zu viel Alkohol trinken würde.«

»Nun, da bin ich aber erleichtert. Das ist ja nichts weiter. Herr Genzō, Sie haben nun schon seit mehreren Jahren das Amt des Hausverwalters der fürstlichen Villa in Kyōto inne, darum kann es nicht sein, dass es Ihnen an Hausrat für Ihren eigenen Hausgebrauch gebricht. Dass es sich wohl so verhält, werden Sie in Kyōto selbst gemerkt haben. Wenn es allerdings bei Zusammenkünften mit anderen Hausverwaltern 30, 40 Gäste gibt, kann es vorkommen, dass man sich solchen Hausrat leiht, da der eigene Hausrat nicht ausreicht. Dies bewegt sich im Rahmen Ihrer offiziellen Aufgaben. Außerdem haben Sie viel damit zu tun, die gesellschaftlichen Beziehungen zu Beamten des Shogunats oder zu Persönlichkeiten des Kaiserhofs zu pflegen, und müssen öfters zu Treffen mit Hausverwaltern anderer Häuser oder mit Gläubigern ausgehen und in Teehäuser oder ins Theater gehen, denn sonst könnten Sie nicht Ihre offizielle Pflicht erfüllen. Was die Anstellung des Dienstmädchens angeht, wird man auf der Stelle beistimmen können, dass von den Leuten, die lange Jahre in Kyōto sind, sogar Fußsoldaten und gemeine Knechte Dienstmädchen benutzen. Dass Sie manchmal gerne etwas über den Durst trinken, ist nichts, was Sie erst in letzter Zeit begonnen hätten, aber es ist noch nie vorgekommen, dass Sie betrunken in Raserei verfallen wären. Und vorausgesetzt, dass sich das alles so verhält, ist das wohl nichts, was man Ihnen zur Last legen könnte. Weil der Bericht anscheinend von einem unerfahrenen Detektiv eingereicht wurde, schien er, ohne sich gut mit den Umständen in Kyōto auszukennen, zu glauben, dass diese Dinge mit dem Gesetz in Konflikt stünden. Daher ist es verständlich, dass er einen Bericht eingereicht hat. Aber ist man als Hausverwalter nicht wie oben beschrieben tätig, kann man seine offiziellen Pflichten nicht erfüllen. Nun bin ich vollkommen beruhigt.« Damit zog ich mich zurück.

Auf diese Weise wurden gegen Herrn Genzō keine Vorwürfe erhoben, und er konnte ohne Weiteres in Kyōto bleiben und seinen Dienst fortsetzen. Dinge verhalten sich so, wie man sie in Worte fasst, und so hören sie sich auch vernünftig an. Und je nachdem, wie man eine Erzählung führt, kann man auch dafür sorgen, dass darauf gehört wird.

11-125. Als ein bestimmter Abt aus seinem Tempel ausgeschlossen und verbannt wurde, flüsterte ich ihm heimlich ins Ohr: »Verstecken Sie sich für einige Zeit, so dass man Sie nicht ausfindig machen kann. Sollten Sie dann einen Erlass erhalten, dass das nicht nötig sei und Sie wieder nach Saga zurückkehren können, wird sich die Situation wahrscheinlich sehr zu Ihren Gunsten verändert haben. Aber würden Sie jetzt schon nach Saga kommen, würde niemand dafür Verständnis zeigen. Und sollte Seine Hoheit ein Urteil über Sie fällen, wäre damit alles gescheitert.«

Weil sich dieser Abt allerdings trotz seiner Verbannung im Tempel Kōdenji aufhielt, wurde ich, als dies die Ohren Seiner Hoheit erreichte, im Geheimen von ihm beauftragt, dem Abt zu übermitteln: »Er sagte, Sie dürften nie wieder nach Saga kommen. In dieser Angelegenheit sollten Sie tief in sich einkehren und Selbstkritik üben.« Damit kehrte ich zurück.

Selbst dann, wenn man die Angelegenheiten anderer Leute gut versteht, scheint man das Verständnis zu verlieren, sobald es um die eigenen Angelegenheiten geht.

11-126. Ein Schiff mit fünf, sechs jungen Pagen an Bord auf dem Weg nach Kyōto stieß in der Nacht mit einem Handelsschiff zusammen. Daraufhin sprangen fünf, sechs

Seeleute vom Handelsschiff über und verlangten vor Wut schäumend, dass man ihnen den Seefahrtsregeln gemäß den Schiffsanker übergebe. Als die Pagen das hörten, begannen sie zu toben: »Diese Regel ist eine Sache unter euch Seeleuten, darum kommt es überhaupt nicht in Frage, dass ihr ein Werkzeug eines Schiffes mit Kriegern an Bord raubt. Schneidet jeden Einzelnen nieder und werft sie allesamt ins Meer!« Weil sie so lauthals zu schreien begannen, flohen die Seeleute Hals über Kopf auf ihr eigenes Schiff zurück.

Bei solchen Gelegenheiten gibt es also für einen Krieger eine Kriegern angemessene Art zu handeln. Handelt es sich nur um eine Kleinigkeit, ist es das Beste, es dabei bewenden zu lassen, den Gegner einfach nur anzubrüllen. Vorsicht zu üben und deswegen zurückzustehen, obwohl es sich um keine große Angelegenheit handelt, führt nur dazu, dass sich alles zu einer ausweglosen Situation entwickelt und am Ende im Fiasko endet.

II-127. Bei einem bestimmten Mann war beim Rechnungsabschluss der Rechnungsbücher am Ende die Rechnung nicht ausgeglichen. Damit wandte er sich an seinen Truppführer: »Es wäre sehr bedauerlich, wenn man mir wegen finanzieller Angelegenheiten befehlen würde, mir den Bauch aufzuschneiden. Wie wäre es, wenn Sie als mein Truppführer den Ersatz zum Ausgleich der Bücher leisten würden?« Der Truppführer meinte, dass er völlig recht habe, bezahlte das Geld und schloss damit die Rechnung ab. Selbst in dem Falle, dass es sich um eine Missetat handeln sollte, gibt es immer Mittel und Wege, sie nicht nach außen dringen zu lassen.

II-128. Nakano Shōgen sagte immer: »Das Wort *kan*, also ›Ermahnung‹ oder ›Tadel‹, bedeutet, dass, sobald man sagt, man werde Seine Hoheit ermahnen, man dies bereits zum eigenen Vorteil tut. Eine Ermahnung dem Fürsten gegenüber ist daher unvorstellbar.« Es gibt niemanden, der zu Lebzeiten Shōgens beobachtete, wie er Seiner Hoheit eine Ermahnung erteilt hätte, noch habe er ihn jemals durch Vernunftgründe zum Verstummen gebracht. Es heißt, er habe ihm immer im Stillen zur Einsicht verholfen.

Auch bei Nakano Kazuma Masatoshi kam es während seines ganzen Lebens nicht vor, dass er unter dem Vorwand öffentlicher Pflichten extra nur deshalb vor Seiner Hoheit erschien, um ihm eine Ermahnung zu erteilen. Weil er ihm bei Gelegenheit in Verbindung mit irgendetwas anderem unter vier Augen seine Meinung mitteilte, stimmte Seine Hoheit ihm oft zu. Und weil andere Männer nicht davon wussten, drangen die Fehler und Mängel Seiner Hoheit auch letzten Endes nie nach außen.

Seine Hoheit dadurch zu überreden, indem man ihn durch Vernunftgründe zum Verstummen bringt, tut man nur, um das Ausmaß der eigenen Loyalität zur Schau zu stellen, und es bedeutet, dadurch, dass man die Fehler Seiner Hoheit bekanntmacht, eigentlich eine außerordentliche Illoyalität. Sollte er die Ermahnung nicht akzeptieren, wird sich über Seine Hoheit letzten Endes ein schlechter Ruf verbreiten, und es wird so zu einem schlechteren Ausgang kommen, als wenn man ihn nicht ermahnt hätte. Das liegt nur daran, dass man von den Menschen als loyaler Gefolgsmann anerkannt werden will. Erteilt man die Ermahnung unter vier Augen und er akzeptiert sie nicht, sollte man denken, dass die eigene Kraft nicht ausgereicht habe, und dies unbedingt geheim halten. Lässt man sich dann dies und das einfallen und tut ihm immer wieder seine Meinung kund, wird er einem ohne Zweifel einmal die Gnade erweisen, diese Meinung zu akzeptieren. Und wenn sich seine Untaten fortsetzen, ohne dass er auf die Ermahnungen hört, gilt es nur umso mehr, ihn zu unterstützen und dafür zu sorgen, dass diese Untaten auf gar keinen Fall in der Öffentlichkeit bekanntwerden.

II-129. Es gilt, zu einem großen Gelübde aufzurufen, dafür zu sorgen, dass das ganze Volk, Hoch und Niedrig, seine Gesinnung korrigiert und verbessert, auf dass es niemanden gibt, der illoyal und ungerecht ist, alle samt und sonders von Nutzen sind und ein jeder in Ruhe und Frieden leben kann. Das entspricht den Vorsätzen und Absichten von I'in, und das bedeutet große Loyalität und große Barmherzigkeit.

Die schlechten Angewohnheiten von jemand anderem zu korrigieren ist schwieriger, als die eigenen schlechten Angewohnheiten zu korrigieren. Zuerst einmal darf man mit niemandem, um wen es sich auch immer handeln mag, nur halbherzige Freundschaften schließen. Das Wesen dessen liegt darin, so zu werden, dass alle Menschen eine Neigung zu einem fassen, sowohl solche Menschen, die einem nahe sind (da sollte das selbstverständlich sein), als auch solche, deren Gesicht man nicht einmal kennt. Ich habe damit selbst auch Erfahrungen gemacht, aber einen Ratschlag oder einen Tadel, den man von jemandem gesagt bekommt, der einem sympathisch ist, wird man eher akzeptieren.

Und in Bezug auf die Art und Weise, wie man jemandem seine Meinung sagen oder einen Tadel erteilen kann, gibt es die verschiedensten Wege: Man kann zum Beispiel den Umständen entsprechend auf das jeweilige Temperament jedes Einzelnen eingehen oder den Betreffenden erst einmal auf etwas ansprechen, an dem er Interesse hat. Geht man nur Mängeln und Fehlern nach, wird man es nicht erreichen können, dass derjenige das Gesagte akzeptiert. Wer freut sich schon über eine Redeweise, die den Redner als gut und andere Leute als schlecht hinstellt?

Nachdem man zuerst einmal seine eigenen Mängel offengelegt hat, muss man sagen: »Weil diese meine Fehler sich nicht korrigieren lassen, was auch immer ich tue, wende ich mich in meinen Gebeten schon an die Götter und Buddhas um Hilfe. Sie stehen mir sehr nah, darum möchte ich Sie darum bitten, mich im Stillen auf meine Fehler aufmerksam zu machen.« Und wenn er dann antwortet: »Das geht mir genauso«, dann sagt man ihm: »Dann wollen wir uns gegenseitig versprechen, uns zu bessern.« Und versteht man sich in dem Augenblick aus tiefstem Herzen heraus gegenseitig, werden sich binnen Kurzem auch seine Mängel bessern. Es heißt, wenn man sich aus ganzer Seele fest zu etwas entschließt, werde in dem Augenblick jede Schuld, von der Vergangenheit bis in die Zukunft und in alle Ewigkeit, erlöschen. Auch dies entspricht genau diesem Geist. Um einen wie schlechten Menschen auch immer es sich handeln möge, man muss sich vornehmen, ihn keinesfalls links liegen zu lassen, ohne ihn sich bessern zu lassen. Je unverständiger jemand ist, desto mehr Mitleid muss man mit ihm haben. Wenn man versucht, jemanden zu korrigieren, indem man sich dies und das einfallen lässt, so wird es nicht vorkommen, dass er sich nicht bessert. Dass einem dies nicht gelingt, liegt nur daran, dass die eigene Vorgehensweise schlecht ist.

Der Sohn eines bestimmten Herrn wurde von den Menschen verabscheut und war von einer unmöglichen Charakteranlage, aber weil ich vom Großvater dieses Kindes darum gebeten wurde, mich um ihn zu kümmern, lasse ich ihn auch jetzt nicht im Stich und bete jeden Morgen zu den Göttern und Buddhas für ihn. Weil es heißt, dass Ehrlichkeit und Treuherzigkeit im Himmel und auf Erden erhört werden und Anklang finden, wird das wohl auch Wirkung zeigen. Das ist mir ein Lebenswunsch. Je schlechter eine Person war und je mehr sie von den Leuten verachtet wurde, desto vertrauter und freundschaftlicher behandelte ich sie. Dieser und jener sind auch Männer, die von den Menschen nicht ernst genommen werden, aber ich habe sie als Einziger begünstigt und, wenn ich mit anderen Leuten zusammen war, folgendermaßen gepriesen: »Also, das sind hochzuschätzende Männer, zugegebenermaßen haben sie ihren eigenen Kopf, aber ihre größte Stärke liegt darin, dass sie einzig das Wohl Seiner Hoheit im Sinn haben.« Geht man auf diese Weise vor, ändern sich auch die Gefühle der Menschen, und sie überdenken alles noch einmal. Ein jeder Mann hat irgendeine Stärke oder einen Vorzug, und selbst dann, wenn er eine Schwäche haben sollte, wird er von Nutzen sein, solange man nur seine Stärken fördert.

Mit ein paar Männern, mit denen ich gewöhnlich verkehrte, tauschte ich das folgende Versprechen aus: »Seine Hoheit wird wahrscheinlich bald von uns scheiden. Dann werde ich, weil ich eigentlich die Absicht hatte, ihm in den Tod zu folgen, mir stattdessen den Kopf rasieren und Mönch werden. Damit beabsichtige ich, den 50, 60 Männern seines persönlichen Gefolges die Augen zu öffnen und sie aufzuwecken. Es mag einem zwar zum Nachteil gereichen, immer nur getadelt zu werden und dann, wenn es darauf ankommt, sein Leben für ihn aufzugeben, aber bedeutet nicht gerade das, ein wahrer Gefolgsmann zu sein? Genau dies ist ohne Zweifel die Gelegenheit, bei der Männer niedrigen Ranges, die im Schatten dienten, profilierte Persönlichkeiten hohen Ranges überflügeln und dem Namen Seiner Hoheit Ehre machen können. Diese eine Angelegenheit wollen wir in unserer Brust tragen und uns unserem Lehnsdienst widmen.«

Da gab es auch jemanden, der sagte: »Sollte irgendjemand großtun und das Maul aufreißen, obwohl er nur ein Emporkömmling ist, muss man ihn niederschneiden.« Davon hielt ich ihn aber ab, indem ich sagte: »Das wäre ein großer Fehler. Jene Männer haben sowieso nur die Aufgabe, Seiner Hoheit den Hintern abzuwischen. Diese Kerle sind am Ende so oder so dem Untergang geweiht. Können Sie das nicht verstehen? Darf man als wertvoller Vasall, der bereit ist, in den nächsten vier, fünf Jahren für die Ehre Seiner Hoheit die Dinge in Bewegung zu setzen, so etwas machen, wie mit Bettlern Streit anzufangen?«

Zum Wohle Seiner Hoheit legte ich ein großes Gelübde ab, mit möglichst vielen Kameraden vertraut umzugehen und, auf dass sie sich stattlich entwickeln, mich für das Wohl dieser Männer einzusetzen. Und auf mysteriöse Weise wurden die Dinge, die ich zu sagen hatte, immer von allen wohlwollend akzeptiert. Außerdem sorgte ich zum Wohle Seiner Hoheit dafür, zahlreiche fähige Männer, vom Rang der *chakuza* bis zu den Fußsoldaten, zu vertrauten Freunden zu machen, auf dass sie auf mein Wort hin sofort ihr Leben für den Klan hingeben würden.

Bessert sich also die Herzenshaltung der Menschen ein wenig, werden sie sich noch stärker anstrengen und sich ändern, indem man ihre neue Herzenshaltung großzieht, sie so viel wie möglich anfeuert und lobt und ihnen sagt, sie mögen sich noch mehr anstrengen.

II-130. Man kann keine großen Taten vollbringen, solange man ungeduldig und aufbrausend ist. Dann begeht man nur Fehler. Es führt im Gegenteil schneller zum Erfolg, sich geduldig darauf einzustellen, eine Sache auf jeden Fall zu Ende zu bringen, wie lange es auch dauern mag. Die Zeit leistet einem dabei Beistand. Man versuche einmal, sich die Dinge in 15 Jahren vorzustellen. Dann wird sich die Welt gänzlich verändert haben. In einer Schrift namens »Notizen von der Zukunft« steht nichts davon, dass sich die Welt besonders verändern würde. Aber selbst die Männer, die jetzt von Nutzen sind, werden in den nächsten 15 Jahren verschwinden. Und selbst dann, wenn der Nachwuchs von heute seinen Aufstieg in der Welt in Angriff nehmen würde, wird es die Hälfte von ihnen möglicherweise nicht mehr geben. Langsam aber sicher wird sich der Wert eines Mannes in der Welt verringern. Gibt es kein Gold mehr, wird Silber zu einem Schatz, geht das Silber aus, wird Kupfer zu einer Kostbarkeit. Weil sich die Fähigkeiten der Männer genau auf diese Weise im Laufe der Zeit verringern, kann man ausreichend zu Diensten stehen, indem man sich nur ein wenig anstrengt. 15 Jahre vergehen wie im Traum. Solange man gut auf seinen Körper achtet, kann man am Ende seine Wünsche erfüllen und von Nutzen sein. In einem Zeitalter mit vielen Meistern und Experten bricht man sich alle Knochen, so sehr muss man sich anstrengen, aber in einem Zeitalter, in dem der Wert der Welt im Allgemeinen im Sinken begriffen ist, ist es einfach, sich in ihr hervorzutun.

II-131. Strengt man sich nur genügend an, die schlechten Angewohnheiten der Leute zu korrigieren, müssen diese sich eigentlich verbessern lassen können. Das ist wie mit einer Sandwespe. Sagt man einem Adoptivsohn immer wieder: »Sei mir ähnlich! Imitiere mich!«, wird er anfangen, einem zu ähneln.

II-132. In Zeiten, zu denen heimtückische Gefolgsmänner und hinterlistige Ränkeschmiede an Einfluss gewinnen oder die Obrigkeit Fehler in der Regierung macht, verlieren sogar die Männer ihren Schwung und ihre Energie, die mit solchem nichts zu tun haben. Unter Gähnen erwächst ihnen Widerwillen, sie geben sich keine Mühe mehr in ihrem Dienst und verbringen ihre Zeit nur noch mit Gerede über dies und das. Zu solchen Zeiten muss man sich als Allererstes mit seinem Mund zurückhalten.

Dabei gibt es etwas, auf das es aufzupassen gilt. Ist der Klan in einen solchen Zustand geraten, muss man darüber nachdenken, was Seine Hoheit in einer solchen Situation tun würde. Gerade zu solch einer Zeit, in der es äußerst schwierig ist zu dienen, muss man für das Wohl Seiner Hoheit noch eifriger Dienst leisten, ohne an seinen Anstrengungen zu sparen.

Ein altes Haus mit langer Tradition wird keinesfalls innerhalb von zehn Jahren zugrunde gehen, unabhängig davon, wie viele Ränkeschmiede auch auftauchen oder wie fehlgeleitet die Regierung der Obrigkeit auch sein möge. Sollte sich das allerdings über 20 Jahre lang fortsetzen, wird das wohl gefährlich werden. Man muss sich dessen bewusst sein, Reformen durchführen, solange noch keine zehn Jahre vergangen sind, und daran denken, das Herrscherhaus zu unterstützen. Sonst werden sogar völlig unbeteiligte Männer fahrlässig und schlampig und verbreiten heimlich flüsternd Gerüchte, die zu Schwierigkeiten für den Klan führen. Das Herrscherhaus selbst verliert wie ein Sieb seinen Boden. Auf diese Weise dringen Missetaten an die Öffentlichkeit und geht das Haus in weniger als zehn Jahren zugrunde. Missetaten sickern größtenteils aus dem engsten Familien- und Vasallenkreis hervor und ruinieren auf diese Weise den Klan.

Um was es sich auch handeln möge: Es ist das Beste, die Missetaten anderer Menschen nicht zu verabscheuen. Dadurch macht man sich nur Feinde an Stellen, an denen man sie nicht gebrauchen kann, und das bringt einem nur Schaden ein. Es gilt vielmehr, dafür zu sorgen, dass auch Missetäter einem selbst Vertrauen entgegenbringen, und sie dann bei passender Gelegenheit dazu anzuleiten, gute Menschen zu werden.

II-133. Solange bloß die eigene Lebensenergie stark ist, erscheinen Worte und Taten so, als ob sie nicht vom Weg des Kriegers abweichen. Das wird von den Menschen gepriesen. Aber befragt man dann sein eigenes Herz, wie es wirklich sei, kommt es vor, dass man nicht einmal mit einem Wort antworten kann. Die letzten zwei Zeilen jenes Gedichts:

Aber wie kann man dann antworten
Auf Fragen seines Gewissens?

bringen das innerste Geheimnis zum Ausdruck, das solche Männer nötig haben, die sich auf dem Weg bemühen, und diese Worte üben eine gute Kontrollfunktion aus.

II-134. Hört man die Geschichten von Männern mit langjähriger Erfahrung, muss man ihnen mit großer Achtung zuhören, auch dann, wenn man die Geschichte schon kennt. Selbst bei der gleichen Sache kann es einem passieren, dass, wenn man sie zehn Mal, zwanzig Mal hört, es einen plötzlich heftig ins Herz trifft. Solch ein Augenblick ist besonders bewegend. Man macht das zwar als die Wiederholungen des Alters lächerlich, aber in Wirklichkeit handelt es sich um die werten Worte von im Dienst ergrauten Veteranen.

II-135. Je nachdem, um welche Sache es sich handelt, kommt es vor, dass man sogar einen Befehl seines Lehnsherrn oder das Wohlwollen der Leute mit Füßen treten und es fertigbringen muss, kühn entschlossen seinen eigenen Gedanken zu folgen. Das bedeutet, dass, solange man ausschließlich dem Verständnis folgt, für das Wohl Seiner Hoheit zu handeln, es einem nicht passieren kann, die Dinge misszuverstehen oder Fehler zu begehen.

Als die ehrenwerte Gemahlin einer bestimmten Persönlichkeit verschied, rasierte diese Person sich nicht den Kopf, um Mönch zu werden, weil er sagte, Seine Hoheit habe ihn davon abgehalten. Weil allerdings selbst ein Mann, der von Seiner Hoheit in den Dienst der verstorbenen Dame gestellt worden war, sich den Kopf rasierte, entwickelte sich das für die betreffende Person zu einer unschicklichen, peinlichen Situation, in der er sich schließlich doch den Kopf rasierte und Mönch wurde.

In einer solchen Situation darf man sich mit nichts einverstanden erklären, ganz gleich, wie es sich mit den Gefühlen Seiner Hoheit auch verhalten mag oder wie seine Anweisungen auch lauten mögen, denn weder Seine Hoheit noch die Klan-Ältesten geht das etwas an. Es gibt da auch die Beispiele der sechs Gefolgsmänner und -frauen der Dame Denkōin, die ihr in den Tod folgten, oder in alten

Zeiten die Todesentschlossenheit von Yatsunami Musashi. Weil so etwas Auswirkungen auf die Ehre Seiner Hoheit hat, muss man sich notfalls mit Gewalt durchsetzen, ohne dem Befehl Seiner Hoheit zu gehorchen.

II-136. Wenn ich die Leute, die mich manchmal hier tief im Frieden der Berge besuchen kommen, nach Dingen der Außenwelt befrage, bekomme ich ausschließlich zu hören, dass die Beziehungen zwischen dem Nabeshima-Haus und dem Shogunat reibungslos verlaufen und dass die Landesregierung tiefgreifende Gnade walten lässt. Dann vermeine ich zu spüren, um was für ein gesegnetes Haus es sich handelt, von dem es in ganz Japan wohl kaum seinesgleichen gibt. Es ist tatsächlich ein wunderbares Herrscherhaus, welches in Zukunft selbst dann, wenn etwas Schlechtes passieren sollte, sich wie selbstverständlich wieder erholen wird. Ich glaube, das liegt daran, dass man sich in Saga, unter dem Schutz der ehrenwerten Vorfahren, bemüht, dem wahren Weg der Regierung zu folgen.

II-137. Ein bestimmter *rōnin* sagte: »Es ist absurd, dass, während einem das Lehen entzogen und man zum *rōnin* gemacht wird, es einem nicht gestattet sein soll, das Land zu verlassen, und dass man nicht einmal Proviant erhält, obwohl es doch Wege gibt, im Ausland seinen Lebensunterhalt zu verdienen. Da bleibt einem doch über kurz oder lang nichts anderes übrig, als ein Verbrechen zu begehen.«

Da erwiderte ich ihm: »Dass einem nicht erlaubt ist, ins Ausland zu gehen, ist doch dankenswert. Zum *rōnin* gemacht zu werden liegt daran, dass man seine Meinung zu offen von sich gab. Aber gerade weil man für wichtig erachtet wird, wird einem nicht gestattet, ins Ausland zu gehen. Es gibt keinen anderen Klan, in dem der Lehnsschwur so stark ist wie in diesem. Weil man dir eine Strafe auferlegt hat, wird man dir nach einer Weile auch wieder verzeihen. Zu sagen, dass es irgendwann dazu führen würde, eine Übeltat zu begehen, ist doch wohl etwas, das man erst dann sagen kann, wenn einige Jahre verstrichen sind. Jedermann wird das für eine erfundene Geschichte halten, die du aufgrund deiner Mühsal im Groll gegen die Obrigkeit verlauten lässt. Das wird nur dazu führen, dass dich noch mehr Strafe trifft.«

Daraufhin sagte ein anderer *rōnin*: »Heutzutage schlafen die Krieger von Saga bis mittags durch und versäumen wegen angeblicher Krankheiten ihren Dienst. Das sind Sitten, durch die man nur unzählige Male in den Ruin stürzen kann.«

»Das ist doch gerade die gute Seite unseres Klans. In den Herzen von gescheit und klug arbeitenden Männern werden wohl auch Gefühle von Untreue und Falschheit hervortreten, weil sie sich denken, sie bekämen hier keine Belohnung, obwohl sie in anderen Klans auf einen hohen Rang befördert würden, wenn sie dort so hart arbeiteten. Aber weil es sich bei unserem Klan um Samurai mit langer Tradition handelt, werden sie von Natur aus keinen Verrat im Herzen hegen. Ohne dass sie es von irgendjemandem gelernt hätten, empfinden sie Seelenruhe und Sicherheit bei dem Gedanken, in Saga geboren zu sein und auch dort zu sterben, und sie fühlen, dass genau dieses Land ihre Heimat ist. Und gerade deshalb können sie ruhig und gelassen in den Tag hinein schlafen. Geht es in irgendeinem anderen Land derart zuverlässig und vertrauenswürdig zu?«

Dann sagte jemand: »Dass unser Klan die ›Speerspitze‹ genannt wird und dass damit geprahlt wird, unser Klan kämpfe immer an vorderster Front und sei ein Land des Kriegertums, ist doch eigentlich nur eine eigenwillige Behauptung von uns selbst. Oder stimmt es etwa nicht, dass in anderen Ländern niemand etwas davon weiß? Selbst in Dokumenten habe ich noch nie davon gelesen.«

Darauf antwortete ich ihm: »Die Sache mit der Speerspitze steht auch in einer Urkunde. In der Schlacht von Shimabara beliefen sich unsere Gefallenen auf ganze 400 Männer. Das sind sogar mehr Gefallene als beim Zusammenbruch des Kamakura-Shogunats und dem Untergang der Hōjō. Wie sollte man so etwas anders nennen als ein Land der Kühnheit und des Heldentums? Darüber hinaus befinden sich unter den Personen, die vom Heldenmut Sagas wissen, auch Fürst Taikō und Fürst Gongen, von denen wir sogar eine Belohnung erhielten. Das ist der beste Beweis gegen die Behauptung, heutzutage würde es niemanden mehr geben, der davon wüsste.«

Lebt man für eine längere Zeit als *rōnin*, leidet man unter der Langeweile und beginnt, einen Groll zu hegen und Beschimpfungen von sich zu geben. Aber gerade dadurch läuft einem das Glück aus und verliert man jede Aussicht, wieder in Dienst treten zu können.

II-138. Niemand, der nicht große Mühsal durchgemacht hat, wird von Nutzen sein, handele es sich nun um einen *rōnin* oder jemand anderes. Und allein dadurch, dass man unverwüstlich und todernst ist, wird man auch nicht von großem Nutzen sein.

II-139. Wie ich in meinem Pamphlet »Meine bescheidene Meinung« schrieb, ist das Höchste, was man an Lehnsdienst leisten kann, den Platz eines Klan-Ältesten einzunehmen und sich an der Landesregierung zu beteiligen.

Richtet man hierauf sein Augenmerk, braucht man sich nicht mehr um andere, geringfügige Dinge zu kümmern.

Nun, es gibt einfach keine Persönlichkeiten mehr. Es gibt niemanden, der seine Augen auf das oben Geschriebene gerichtet hätte. Manchmal gibt es jemanden, der aus Eigensucht Karriere machen will und aus diesem Grund der Obrigkeit um den Bart geht und sie umschmeichelt. Aber die Begierde solcher Leute ist mickrig, und sie hegen nicht den Wunsch, Klan-Ältester zu werden. Männer mit einer gewissen Charakterstärke dagegen wollen nicht von Gewinnsucht ergriffen werden. Daher strengen sie sich nicht genügend in ihrem Lehnsdienst an und versenken sich lieber in die Lektüre des *Tsurezure*, des *Senjūshō* oder anderer Schriften. Kenkō und Saigyō sind Memmen und Feiglinge. Nur weil sie nicht imstande waren, den Beruf eines Kriegers auszuführen, beschönigten sie das, als ob sie das irdische Leben transzendiert hätten. Das mag höchstens Mönchen und Altersschwachen nachahmenswert erscheinen.

Aber für einen wahren Samurai gehört es sich, sich überall hineinzustürzen, ob nun mitten hinein in die Strudel von Ehre und Begierde oder in die Hölle, und seinem Lehnsherrn zu Diensten zu stehen.

II-140. Ich bin ein Kind, das meinem Vater geboren wurde, als er siebzig Jahre alt war. Als ich deshalb an einen Salzverkäufer abgegeben werden sollte, ging Herr Taku Zusho dazwischen: »Fürst Katsushige ließ immer verlauten, dass Sie, Jin'emon, stets im Schatten stattlich Dienst geleistet hätten. Darum werden bei Ihren Kindern und Kindeskindern bestimmt die Früchte dieser Arbeit hervortreten, und sie werden Seiner Hoheit bestimmt zu Diensten sein.« Damit gab er mir den Namen »Matsuki«. Edayoshi Toshizaemon, ein sehr guter Freund meines Vaters, richtete mir die Hakama-Zeremonie aus, und in meinem neunten Lebensjahr wurde ich unter dem Namen »Fukei« als Laufbursche Fürst Mitsushiges in Dienst gestellt.

Ich diente auch in der direkten Umgebung des jungen Fürsten Tsunashige, wo ich im Spiel oft Schabernack trieb, wie zum Beispiel auf einen Tisch zu steigen oder mich vom jungen Fürsten auf dem Rücken tragen zu lassen. Zu jener Zeit wurde von mir gesagt, ich sei ein Bengel, bei dem man weder ein noch aus wüsste.

Mit dreizehn Jahren wurde mir auf Geheiß von Fürst Mitsushige erlaubt, meine Stirnhaare wachsen zu lassen, woraufhin ich mich erst einmal für ein Jahr nach Hause zurückzog, um dann im nächsten Jahr am ersten Tag des fünften Monats aufs Schloss zu steigen, wo ich meinen Namen zu Ichijū änderte und begann, als Page zu dienen.

Nach einiger Zeit als Page feierte ich in meinem 20. Lebensjahr mit dem Poesiebeauftragten Kuranaga Rihei als Paten die Mündigkeit und wurde dem Dokumentenverwalter als Assistent zugeteilt. Von Kuranaga Rihei wurde ich außerordentlich begünstigt, bis er eines Tages verlauten ließ: »Weil Gon'nojō auch Gedichte schreibt, wird der junge Fürst ihn bald in persönlichen Dienst nehmen.« Aber diese freundliche Empfehlung Riheis wirkte sich im Gegenteil schlecht aus, und ich wurde für einige Zeit meines Postens enthoben. Wie ich später erfuhr, hatte Rihei wohl die Absicht, mich zu seinem Nachfolger auszubilden.

Weil ich aber auf jeden Fall nicht mehr im Dienst war, konnte ich Seine Hoheit auch nicht auf seinem Weg nach Edo begleiten, und während ich so müßig vor mich hinlebte, wurde ich mir einer großen Ungewissheit und Besorgnis bewusst. Zu jener Zeit wohnte Abt Tannen gerade in Matsuse, und weil mein seliger Vater, der mit ihm gut Freund gewesen war, ihn gebeten hatte, sich um mich zu kümmern, besuchte ich ihn von Zeit zu Zeit und dachte darüber nach, ob ich nicht auch Mönch werden sollte.

Dann kam mir zu Ohren, dass sich unser Verwandter Yamamoto Gorōzaemon Sorgen über diese meine Verfassung machte und sich heimlich mit Nakano Kazuma beriet, mir ein Stück von dem Lehnsgut abzugeben, das mein Vater Jin'emon als Zugabe zu seinem Lehnseinkommen erhalten hatte. Als ich dann dachte, dass ich auf keinen Fall, und dann nicht, wenn ich einen Schwur auf die Götter leisten müsste, solches Lehnsland annehmen würde, wurde ich zur Klan-Verwaltung gerufen, wo ich wieder Soldreis erhielt. (Damals erhielten noch zwei andere Männer Soldreis.)

Auf diese Art konnte ich mich wieder als Mann, wenn auch von niedrigem Rang, etablieren, aber weil ich es als bitter empfand, dass andere Männer deswegen auf mich als jemand von niedrigem Rang herabblicken würden, überlegte ich ununterbrochen Tag und Nacht, wie ich frohen Mutes wieder Dienst leisten könnte. Zu jener Zeit ging ich jeden Abend zu Gorōzaemons Haus, um mich mit ihm darüber zu unterhalten, bis er mir eines Abends erzählte: »Ich hörte einmal von einem Veteranen, dass Männer, denen es um Ehre und Gewinn geht, keine wahren Lehnsmänner seien. Allerdings könne man auch niemanden einen wahren Lehnsmann nennen, der überhaupt nicht an Ruhm und Reichtum denkt.« Weil mir gesagt wurde, dass hier der Punkt liege, den es zu begreifen gelte, wurde mir, nachdem ich mir lange darüber den Kopf zerbrach, plötzlich eine Sache klar.

Das Höchste an Loyalität im Lehnsdienst liegt darin, seinem Lehnsherrn Beistand zu leisten, das Land zu regieren. Solange man in den unteren Rängen unschlüssig herumzaudert, ist man von keinerlei Nutzen. Dann bedeutet es aber das Größte an Dienst, Klan-Ältester zu werden. Dabei geht es nicht um Ehre und Gewinn für den eigenen Vorteil, sondern mir ging auf, dass Ehre und Gewinn nötig sind, um wahrhaftigen Dienst leisten zu können. Gerade aus diesem Grunde fasste ich den festen Entschluss, der Welt zu zeigen, wie ich Klan-Ältester werden würde. Weil natürlich schon seit jeher gesagt wird, dass eine zu schnelle Karriere nicht gut sei, überlegte ich mir, mit ungefähr 50 Jahren aufzusteigen, und widmete mich dann Tag und Nacht der Schulung meines Geistes und meiner Ausbildung. Dabei vergoss ich vielleicht nicht unbedingt rote Tränen von Blut, aber ich habe genug getan, um zumindest gelbe Tränen zu vergießen. Meine Schulung und meine Ausbildung in der Zeit entsprachen, mit anderen Worten, dem Kakuzō-Stil.

Allerdings schied dann mein Lehnsherr vor mir dahin. Weil die Männer, die bis dahin hohe Stellungen innehatten, Memmen waren und sich in einer Weise verhielten, die die Reputation Seiner Hoheit herabsetzte und erniedrigte, rasierte ich mir den Kopf, wurde Mönch und befleißige mich als Ersatz dafür, ihm in den Tod zu folgen.

Tatsächlich konnte ich zwar meine wahre Absicht nicht umsetzen, aber es verhält sich so, wie ich es bis jetzt erzählte, dass ich Stolz bei dem Gedanken empfinde, zumindest von der Substanz her gesehen, meine wahre Absicht durchgesetzt zu haben, und dass ich nichts bereue. Solange man nur einen festen Entschluss fasst, ist es möglich, am Ziel seiner Wünsche anzukommen. Und dass die Personen, die ein Amt bekleiden, eine Züchtigung erleiden, liegt an der Strafe des Himmels für ihre Aufschneiderei. Das verhält sich genau so, wie ich es im *Gukenshū* beschrieben habe.

Die bisherigen Geschichten über mein Leben mögen sich tatsächlich eingebildet anhören, aber weil es sich offen gestanden um die Schwätzereien eines Laienmönchs aufgrund dieser seltsamen Schicksalsfügung handelt, die uns zusammenführte, glaube ich, dass ich mich nicht zurückzuhalten brauche, und erzählte also nur die schlichte, ungeschminkte Wahrheit.

Am nächsten Morgen schrieben wir, Yamamoto Jōchō und Tashiro Tsuramoto, die folgenden Gedichte:

Die Überwinterung in einer Klause
Findet ihren Gipfel
Im selbstzubereiteten Reisbrei.

Kisui

Siehe da,
Eine von verdorrter Trichterwinde umrankte
Einsiedlerklause.

Kogan

Zum Abschluss

XI-169. Ganz Japan oder auch nur unser Land Saga zu regieren mag einem als zu große und daher unmögliche Aufgabe erscheinen, aber die Aufgaben der Staatsminister des Edo-Shogunats oder der Klan-Ältesten und hohen Offiziere unseres Landes bestehen in nichts anderem als dem von mir in dieser Einsiedelei Erzählten. Allein dadurch ließe sich alles ohne Probleme regieren.

Aber bei den gegenwärtigen Klan-Ältesten und hohen Offizieren kommen einem gewisse Bedenken. Sie sind in der Geschichte und den Traditionen unseres Landes Saga unbewandert, versuchen nicht, Recht von Unrecht zu unterscheiden, und erledigen ihre Aufgaben nur, indem sie alles ihren angeborenen Talenten überlassen. Weil die Männer in ihrer Umgebung nur um sie herumkriechen und ihnen in allem ehrfurchtsvoll nach dem Mund reden, entwickeln sich in ihnen Arroganz und Selbstsucht.

10. Tag des 9. Monats des Jahres 1 Kyōhō

Holzschnitte aus dem *Taiheiki Eiyūden*
von Kuniyoshi

1 Ōta Kazusa-no-suke Taira-no Harunaga-kō

11 Inagawa Jibu-no-tayu Minamoto-no Yoshimoto

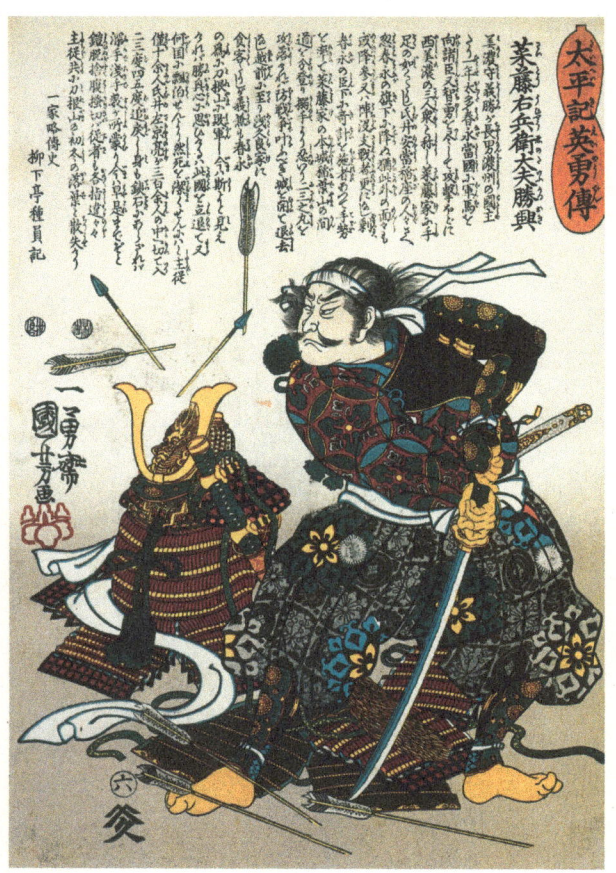

III Saitō Uhyōei-no-tayu Katsuoki

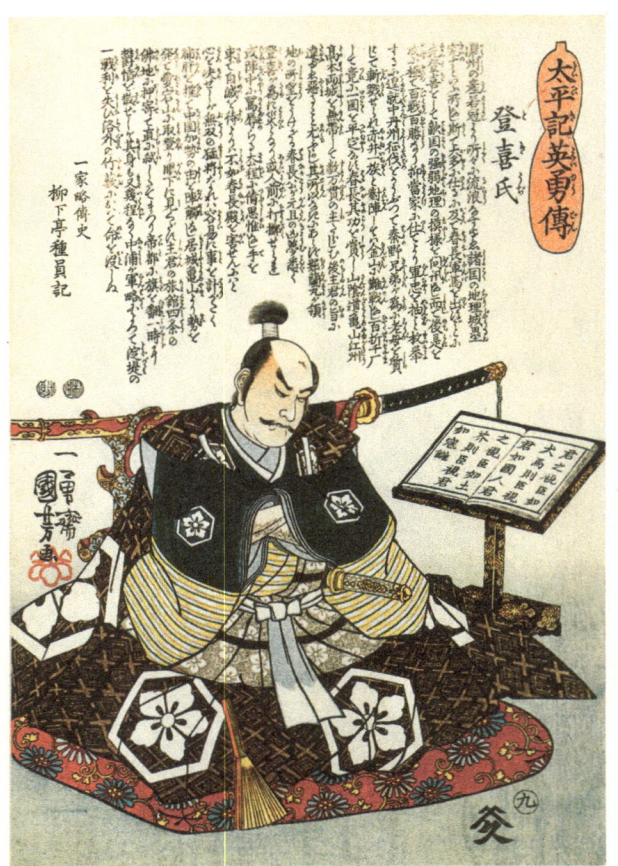

IV Toki-uji

v Sasai Ukon Masanao

VI Sasai Kyūzō Masayasu

VII Fukishima Masamori

VIII Fujiwara-no Masakiyo

IX Sama-no-suke Fujiwara-no Yasuakira

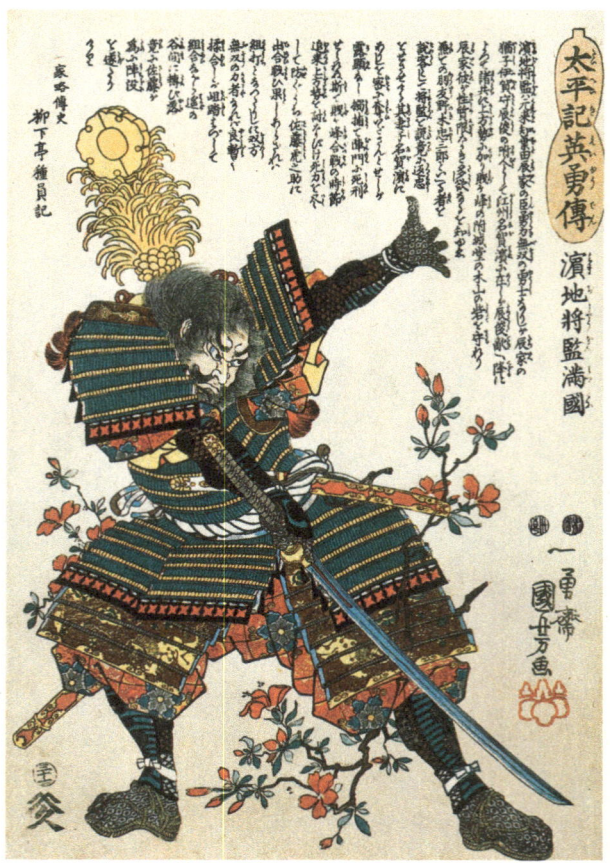

x Hamaji Shōgen Mitsukuni

XI Sakurai Takichi Kiyokazu

XII Aigō Gozaemon Hisamitsu

XIII Hida Magobyōei Masatoshi

XIV Saitō Toshimoto Nyūdō Ryūhon

xv Nakaura Sarukichirō Hisayoshi

Zu den Abbildungen

Utagawa Kuniyoshi (1798–1861) arbeitete als noch heute bekannter Holzschnittkünstler in den Endjahren des Edo-Zeitalters. Nachdem er 1811 bei Utagawa Toyokuni, der für seine Schauspielerholzschnitte berühmt war, in die Lehre gegangen war, begann er 1814 eigene Werke zu veröffentlichen. Mit seiner um 1827 veröffentlichten Sukoden-Serie, in der er die Helden eines klassischen chinesischen Epos verewigte, konnte er erste größere Erfolge verbuchen. Neben seinen Drucken berühmter Schauspieler und Schönheiten ist Kuniyoshi besonders bekannt für seine dynamischen Drucke historischer und legendärer Motive. Um seinen im Todeskampf ineinander verschlungenen Helden und Ungeheuern mehr Ausdruckskraft verleihen zu können, arrangierte er seine Drucke oft in Triptychen. Seinen Werken liegt ein ähnliches Krieger- und Heldenideal zugrunde wie Yamamoto Jōchōs Ideal des *kusemono*, des draufgängerischen Haudegens. Ähnlich wie Kuniyoshi die Motive seiner beeindruckenden Kriegerdrucke aus Legenden und Geschichte auswählte, waren Jōchōs Vorstellungen des idealen Kriegers tief von den Kriegs-Epen Japans beeinflusst.

1 Ōta Kazusa-no-suke Taira-no Harunaga-kō
Eingeleitet wird Kuniyoshis berühmte Bilderserie *Taiheiki Eiyūden* (»Heldenüberlieferungen der Chronik des großen Friedens«) mit einem Holzschnitt, der den ersten der drei großen Reichseiniger, Oda Nobunaga (1534–1582), darstellt. Nachdem Nobunaga 1560 in der Schlacht von Okehazama den *daimyō* Imagawa Yoshimoto besiegen konnte, warf er

sich zu einem der mächtigsten Protagonisten in den Bürgerkriegen des 16. Jahrhunderts auf und konnte bis zu seinem Tode ein Drittel der japanischen Fürstentümer unter seine Herrschaft bringen. 1582 wurde er von seinem eigenen Vasallen Akechi Mitsuhide in Kyōto überfallen und in den Selbstmord getrieben.

II Inagawa Jibu-no-tayu Minamoto-no Yoshimoto
Durch seinen Triumph in der Schlacht von Okehazama über den hier abgebildeten Imagawa Yoshimoto (1519–1560), einen der führenden *daimyō* der frühen Sengoku-Periode, gelang es Oda Nobunaga 1560, seinen Aufstieg zur militärischen Vorherrschaft in Japan einzuleiten.

III Saitō Uhyōei-no-tayu Katsuoki
Saitō Tatsuoki (1548–1573), ein erbitterter Gegner Oda Nobunagas, verlor 1564 nach jahrelangen Kämpfen gegen diesen seine letzte Festung und damit seinen Fürstentitel. Trotzdem beteiligte er sich weiterhin am Widerstand gegen Nobunaga, bis er schließlich 1573 in der Schlacht von Tonezaka fiel.

IV Toki-uji
General Akechi Mitsuhide (1528–1582), der berüchtigte Verräter seines Lehnsherrn Oda Nobunaga, überfiel diesen 1582 in Kyōto und trieb ihn in den Selbstmord. Nur zwei Wochen später wurde er von Toyotomi Hideyoshi in der Schlacht von Yamazaki vernichtend geschlagen.

v Sasai Ukon Masanao

Sakai Ukon Masahisa (?–1570) machte sich unter Oda Nobunaga besonders bei dessen Marsch auf Kyōto und bei der
Unterwerfung des Rokkaku- und des Kitabatake-Klans
verdient. 1570 fiel er in der Schlacht von Katada.

vi Sasai Kyūzō Masayasu

Sakai Kyūzō Hisatsune (1555–1570) diente wie sein Vater
Masahisa als General unter Oda Nobunaga und wurde für
seine Verdienste während Nobunagas Marsch auf Kyōto
1568 bei der Unterwerfung des Rokkaku-Klans vom Shōgun Ashikaga Yoshiaki ausgezeichnet. 1570 fiel er im Alter
von nur fünfzehn Jahren in der Schlacht von Anegawa.

vii Fukishima Masamori

Fukushima Masanori (1561–1624) erlangte 1583 Ruhm in
der Schlacht von Shizugatake, in der Toyotomi Hideyoshi
seinen Anspruch als Nachfolger Oda Nobunagas endgültig
durchsetzen konnte. Weil Masanori in der Schlacht den ersten gegnerischen Kopf gewinnen konnte, wurde er zu den
»sieben Speeren von Shizugatake« gezählt.

viii Fujiwara-no Masakiyo

Auch Katō Kiyomasa (1562–1611) gehörte wie Fukushima
Masanori zu den »sieben Speeren von Shizugatake«. Er
leitete von 1592 bis 1598 als einer der drei Hauptkomman-
deure die Invasion von Korea, wo er unter anderem Seoul
und Busan eroberte. Bis zu seinem Tode blieb er einer
der einflussreichsten Fürsten und meistgerühmten Krieger
Japans.

IX Sama-no-suke Fujiwara-no Yasuakira
Katō Yoshiaki (1563–1631), auch er einer der »sieben Speere
von Shizugatake«, gehörte zu Toyotomi Hideyoshis obers-
ten Generälen und leitete während der Korea-Invasion die
japanische Flotte.

X Hamaji Shōgen Mitsukuni
Yamaji Shōgen Masakuni (1546–1583) stellte sich als Vasall
Shibata Katsuies nach Oda Nobunagas Tod gegen Toyotomi Hideyoshi. 1583 unterlag er in der Schlacht von Shizugatake und starb im Zweikampf mit Katō Kiyomasa.

XI Sakurai Takichi Kiyokazu
Von den ursprünglichen »neun Speeren von Shizugatake«
fiel Ishikawa Kazumitsu noch in der Schlacht, während der
hier abgebildete Sakurai Sakichi (?–1583) später seinen Ver-
letzungen erlag (dadurch wurden aus den neun die berühmten »sieben Speere«).

XII Aigō Gozaemon Hisamitsu
Haigō Gozaemon Ieyoshi (1549–1583) unterstützte als General Oda Nobunagas Shibata Katsuie bei der Eroberung
der Hokuriku-Region. 1583 verlor er in der Schlacht von
Shizugatake in einem berühmt gewordenen Zweikampf
gegen Fukushima Masanori sein Leben.

XII Hida Magobyōei Masatoshi
Kida Magobei (Daten unbekannt) folgte als Befehlshaber
einer Musketentruppe Katō Kiyomasa auf allen seinen
Feldzügen. Obwohl ursprünglich von niedriger Abstam-
mung, konnte er sich aufgrund seiner kriegerischen Leis-

tungen zu einem engen Vertrauten Kiyomasas emporar-
beiten.

XIV Saitō Toshimoto Nyūdō Ryūhon
Anders als sein Vater Saitō Toshimitsu (1534–1582), der als
Vasall Akechi Mitsuhides nach dessen Überfall auf Oda Nobunaga von Toyotomi Hideyoshi geköpft worden war,
konnte der hier abgebildete Saitō Toshimune (1567–1647)
sich als Vasall von Katō Kiyomasa während der Korea-Invasion einen Namen machen.

XV Nakaura Sarukichirō Hisayoshi
Toyotomi Hideyoshi (1536–1598), der zweite der drei
Reichseiniger, half Oda Nobunaga als einer seiner erfolg-
reichsten Feldherren, große Teile Japans unter dessen Herrschaft zu vereinigen. Nach Nobunagas Tod 1582 warf er sich
zu seinem Nachfolger auf und konnte seinen Anspruch
1583 in der Schlacht von Shizugatake endgültig durchsetzen. Bis 1590 gelang es ihm, ganz Japan zu vereinigen. Damit schuf Hideyoshi die Voraussetzungen für den 250 Jahre
währenden Frieden der Edo-Periode.

Nachwort

Die Samurai und ihr Ehrenkodex, bekannt als *Bushidō* (›Weg des Kriegers‹), beflügeln bis heute die Phantasie sowohl innerhalb als auch außerhalb Japans. Das Bild des todesmutigen Samurai, der für Loyalität und Ehre sein Leben aufs Spiel setzt, wird mit Vorliebe herangezogen, um sowohl Japans Modernisierung Ende des 19. Jahrhunderts als auch seinen Militarismus vor und das Wirtschaftswunder nach 1945 zu erklären. Die Vorstellung des Streiters, der alles gibt, ist so stark mit dem Selbstimage Japans verwoben, dass selbst die Nationalmannschaften im Baseball und Fußball »Samurai Japan« und »Samurai Blue« genannt werden.

Internationale Bekanntheit erlangte *Bushidō* durch Nitobe Inazōs Buch *Bushidō: The Soul of Japan* von 1900, das diesen vermeintlich klassischen Ehrenkodex als die Grundlage japanischer Moral und Ethik gegenüber westlichen Ansprüchen auf kulturelle Überlegenheit verteidigte. Das oft als »Bibel der Samurai« bezeichnete *Hagakure* (wörtlich übersetzt: »In Blättern verborgen«) von Anfang des 18. Jahrhunderts war dagegen in Japan selbst sehr viel einflussreicher. Im Vergleich zu anderen Werken entwickelt es zwar keine profunde Philosophie, im Mittelpunkt des *Hagakure* steht aber die Frage, wie ein Samurai gewissenhaft seiner Dienstpflicht (*Hōkō*) Genüge tun kann.

Der berühmte Satz: »Der Weg des Kriegers bedeutet zu begreifen, dass man sterben wird und sterben muss,« ist dabei Ausdruck für die absolute Entschlossenheit, alles, was man sich im Leben zum Ziel setzt, auch tatsächlich umzusetzen. Gerade wegen dieser berühmten Maxime und der Betonung von Selbstaufopferung und unbedingtem Gehorsam fand das Hagakure vor und während des Zweiten Weltkriegs großen Anklang beim japanischen Militär und galt während des Kriegs praktisch als Pflichtlektüre.

Das ursprünglich in der Saga-Domäne in Südjapan kompilierte Werk beruht auf Erzählungen des Samurai im Ruhestand und Laienmönchs Yamamoto Jōchō. Ein aus dem Lehnsdienst entlassener Samurai, Tashiro Tsuramoto, notierte seine Erzählungen tagebuchartig zwischen 1710 und 1716. Die Verbreitung des Manuskripts blieb bis Ende des 19. Jahrhunderts auf Saga beschränkt, einen größeren Bekanntheitsgrad erreichte das *Hagakure* erst, als es 1940 allgemein erhältlich und wie erwähnt vom Militär propagandistisch eingesetzt wurde. Es wäre also übertrieben, dem *Hagakure* einen größeren Einfluss auf das feudale Japan bis zum 19. Jahrhundert als auf das moderne Japan im 20. Jahrhundert zuzusprechen.

Um dies besser verstehen zu können, bietet es sich an, die zeitgeschichtlichen Hintergründe auszuleuchten, um es kulturhistorisch genauer einordnen zu können.

Im 15. und 16. Jahrhundert herrschte in Japan Bürgerkrieg. Während dieser Periode der »kriegführenden Fürstentümer« (*Sengoku Jidai*) wurde politische und militärische Macht privat organisiert und *Daimyō* (Feudalfürsten) waren von ihren Vasallen abhängig. Für die Verleihung von Lehen schuldeten die Krieger ihrem Lehnsherrn Loyalität und Militärdienst. In dieser Beziehung waren allerdings beide Seiten aufeinander angewiesen. Vasallen mussten bereit sein, für ihre Fürsten zu sterben. Doch weil die *Daimyō* abhängig von ihren Samurai waren, war die Loyalität der Krieger ambivalent und zweckbetont. Das bedeutet, dass

Vasallen so lange treu blieben, wie ihre Loyalität ihren eigenen Interessen diente. Sobald sie durch Verrat mehr gewinnen konnten als durch Treue (z. B. indem sie ihren Fürsten stürzten), entschieden sich viele Krieger doch lieber dazu, ihren eigenen Interessen den Vorrang zu geben. Auf diese Weise kam es zu dem »Paradox, dass ein Zeitalter, in dem Loyalität den höchsten Wert darstellte, auch ein Zeitalter war, in dem Verrat ganz normal war.«

Die Reichseinigung in der zweiten Hälfte des 16. Jahrhunderts führte allerdings durch die Neuverteilung von Lehen zum Umbau der Feudalstruktur Japans. Ein Großteil des Kriegeradels verlor seine Verbindung zum angestammten Grundbesitz. Waren Samurai zuvor in der Lage, durch die direkte Kontrolle ihrer Lehen und der dazugehörigen Steuereinnahmen ein gewisses Maß an Unabhängigkeit zu behalten, wurden Vasallen ab dieser Periode vollständig von der Beziehung zu ihrem Lehnsfürsten und den von ihm verliehenen Stipendien abhängig. Die Position der *Daimyō* wurde durch die neue Zentralregierung garantiert und gesichert. Das hatte zur Folge, dass erwartet wurde, dass Vasallen sich notwendigerweise bedingungslos loyal verhielten.

Im Jahr 1600 bestätigte die Schlacht von Sekigahara die Oberhoheit der Tokugawa als mächtigste Landesfürsten Japans, die in Edo, dem heutigen Tōkyō, ihr Militärregime, das Tokugawa-*Bakufu* errichteten. Damit wurde die Edo-Periode (1603–1868) eingeläutet, die dem Land für rund 250 Jahre Stabilität und Frieden bringen sollte. Mit der Rebellion von Shimabara 1637 endete die letzte Gelegenheit für den japanischen Kriegeradel, seinen Heldenmut auf dem Schlachtfeld zu beweisen.

Als eine Folge des langanhaltenden Friedens verloren die Samurai in der Praxis ihre wichtigste Legitimation als Vollstrecker des adeligen Gewaltmonopols. Gleichzeitig boten auch die Verwaltungsapparate der verschiedenen Fürstentümer nur begrenzte Möglichkeiten für umfangreiche und sinnvolle Beschäftigung. Samurai entwickelten sich daher zu einer meist unproduktiven sozialen Klasse, größtenteils ohne geregelte Beschäftigung, der es außerdem verboten war, sich in Berufen außerhalb ihres sozialen Standes zu betätigen. Die Preissteigerung in den Burgstädten und der steigende Lebensstandard, also steigende Ausgaben bei gleichbleibenden Einkommen, führten langsam, aber sicher zur Verarmung vieler Mitglieder des Kriegeradels.

Regelmäßige Reformen des Finanzhaushaltes vieler Domänen erwiesen sich als fruchtlos. Denn die konstante Einforderung von Fleiß und Sparsamkeit einerseits und die Betonung von Samurai-Idealen und Pflichten andererseits waren nicht in der Lage, die hausgemachten Probleme des Systems selbst zu lösen. Im Gegenteil intensivierte die Fortführung der Ideale die Problematik. Die Diskrepanz zwischen den sozialen Ansprüchen der Samurai und ihrem finanziellen Status, zwischen ihren hohen moralisch-ethischen Idealen in Bezug auf ihre Mission in der Gesellschaft und der ziellosen Gleichförmigkeit in der Lebensführung der meisten Krieger führte zu einem weitverbreiteten Verlust von Arbeitsmoral und zur Aufgabe von Idealen jenseits der Aufrechterhaltung von Status und Einkommen.

Diese sozialen und ethischen Probleme verlangten nach einer philosophischen Legitimierung der gesellschaftlichen Verhältnisse, wollte man diese Verhältnisse so erhalten, wie sie waren. Dabei zeigte sich der Neo-Konfuzianismus besonders hilfreich, eine intellektuelle Begründung für die statusorientierten sozialen Strukturen der Edo-Zeit zu liefern und der Rolle des Kriegers in Friedenszeiten Bedeutung zu verleihen. Unter seiner Ägide wurden Loyalität (*Chū*) und kindliche Pietät (*Kō*) als ideologische Basis der Erziehung der Samurai und ihrer politischen Philosophie verbreitet. Auf diese Weise wurde sowohl der Kriegerherrschaft über die Gesellschaft als auch den Forderungen der *Daimyō* an die absolute, bedingungslose Loyalität ihrer Vasallen neue Legitimität verliehen. Und genau vor diesem Hintergrund gilt es die Entstehungsgeschichte und den Inhalt des *Hagakure* zu betrachten.

Innerhalb der neuen Feudalstruktur nahm die Saga-Domäne des Nabeshima-Klans aufgrund verwandtschaftlicher Beziehungen zur shogunalen Familie und ihres Wachauftrages in Nagasaki, wo der gesamte japanische Außenhandel abgewickelt wurde, eine besondere Stellung ein.

Hier wurde 1659 der Urheber des *Hagakure*, Yamamoto Jōchō geboren.Während seiner unspektakulären Karriere diente er als Page, Sekretär und Poesiebeauftragter zwar immer in direkter Nähe zur Fürstenfamilie, bekleidete aber nie ein Amt von politischer Brisanz. Auch der Schriftführer des *Hagakure*, der 19 Jahre jüngere Tashiro Tsuramoto, durchlief eine ähnlich unscheinbare Laufbahn als Sekretär der Lehnsfürsten von Saga. Beide verloren während ihrer Dienstzeit mehrmals Anstellung und Gehalt, was für Mitglieder von einflussreichen und verdienten Familien wie Jōchō keinen Anlass für Sorge um Zukunft oder Lebensunterhalt bot, während sich ein solcher Einkommensverlust für Samurai mit dem damit verbundenen geringeren

Einfluss schnell zu einer existentiellen Krise entwickeln konnte.

Jōchōs großer Ehrgeiz bestand darin, Klanältester (*Karō*) zu werden, um so direkt an der Führung der Domäne beteiligt zu sein und darüber hinaus die Befugnis zu haben, dem Fürsten Ermahnungen (*Kangen*) zu erteilen, falls dieser sich unangemessen verhalten sollte. Dabei argumentierte Jōchō durchaus spitzfindig dafür, dass er diese Position nicht etwa aus Eigennutz, sondern zum Wohl der Domäne anstrebe, hatte damit jedoch keinen Erfolg.

Mit dem Ableben des Fürsten Mitsushige, dem er zeitlebens treu verbunden war, trat Jōchō 1700 in den Ruhestand und beging symbolischen Selbstmord, indem er Laienmönch mit dem Totennamen »Gyokuzan Jōchō« wurde. Im *Hagakure* beteuert er mehrmals, dass er seinem Fürsten am liebsten in den Tod gefolgt wäre. Da dies aber von Gesetzes wegen verboten war, sei er gezwungen gewesen, diese Form von symbolischem Freitod zu wählen. Dennoch setzte er sich bis zu seinem Tod 1719 aktiv für die Belange seiner Familie ein, indem er diverse Memoranden und Chroniken verfasste, mit denen er an die eigenen Verdienste und die seiner Familie zu erinnern versuchte.

Der konfuzianisch begründeten Staatsräson gegenüber präsentiert das *Hagakure* kein tiefgründiges Gedankengebäude, das universale Antworten auf die Fragen der menschlichen oder der Samurai-Existenz gibt, sondern nimmt durchwegs eine anti-intellektuelle Einstellung ein, um auf die spezifischen sozialen und regionalen Lebensumstände des Kriegeradels der Saga-Domäne zu antworten. Die Adressaten des Hagakure bildeten die Samurai des eigenen Clans und nicht die Kriegerklasse als Ganzes.

Die neo-konfuzianische Art der Argumentation vom »wahren Weg« als ein »Weg der menschlichen Moral« sollte im *Hagakure* heftig kritisiert werden, weil laut Jōchō der Konfuzianismus einem Krieger, der als Mensch natürlicherweise am Leben verhaftet sei, nur zu einer intellektuellen Ausrede verhelfe, in extremen Situationen doch am Leben zu bleiben. Stattdessen sollten Reinheit und Unverfälschtheit betont werden, die nur im Tod und im Abwerfen des »Ichs« und der Verhaftung an das Leben zu finden seien. Dafür hebt das Werk fünf zentrale Werte hervor.

Erstens streicht Jōchō die vier wichtigsten Motive seines Glaubensbekenntnisses heraus, das den Schwerpunkt seiner Ethik auf Mut, Loyalität, Pietät und Barmherzigkeit legt. Praktisch alle seine Erzählungen lassen sich einer dieser vier Kategorien zuordnen, wobei Loyalität den Bezugspunkt für alle anderen ethischen Prinzipien darstellt.

Zweitens wird die Notwendigkeit postuliert, sich als Krieger in jedem Augenblick seines Lebens auf den Tod gefasst zu machen, um sich einerseits mit absoluter Hingabe seiner Lehnspflicht widmen zu können und sich andererseits nicht als Feigling der sozialen Ächtung in einer Kriegergesellschaft auszusetzen. Diese Einstellung steht in enger Verbindung mit der Betonung von *Shinigurui*, die äußerste Todesentschlossenheit, oder besser: den »Todeswahn«, in dem ein Krieger sich sowohl in einen Schwertkampf als auch in seinen Lehnsdienst werfen muss, bis er entweder alle Gegner und Probleme beseitigt hat oder selbst stirbt.

Drittens wird das Ideal der geheim gehaltenen Liebe betont. Von diesem Ideal der (wohlgemerkt homosexuellen) Liebe, die ihre Gefühle bis in den Tod hinein nicht offenbart, wird gleichzeitig die ideale Beziehung eines Vasallen zu seinem Lehnsherrn abgeleitet, den es wie einen Liebhaber heimlich zu verehren und mit allen Mitteln zu beschützen gilt. Daher wird der ideale Lehnsdienst, wie er im *Hagakure* beschrieben wird, auch als »Lehnsdienst aus dem Schatten heraus« bezeichnet.

Viertens werden menschliche Barmherzigkeit, Anteilnahme sowie die Bedeutung fürstlicher Gnade betont. Aus der Barmherzigkeit erwachsen sowohl Menschlichkeit als auch Weisheit und Heldenmut. Dabei geht die Ergebenheit eines Vasallen idealerweise so weit, dass er sogar die Konfiszierung seines Lehens oder ein Todesurteil als fürstliche Gnade verstehen soll.

Zu guter Letzt gilt es, die korrekte Vorgehensweise bei Ermahnungen und guten Ratschlägen sowohl dem Fürsten als auch anderen Vasallen gegenüber zu beachten. Gerade der Notwendigkeit solcher Ermahnungen wird im *Hagakure* zentrale Bedeutung für die Erfüllung der Loyalität beigemessen.

Wohlwollende Kritiker erkennen im *Hagakure* hehre Idealvorstellungen und ethische Prinzipien, die auch im modernen Leben Anwendung finden. Eine solche gefällige Interpretation versäumt es jedoch, den Text kritisch zu hinterfragen. Sie verdeckt für moderne Leser schwer akzeptable Aspekte, wie zum Beispiel die bedingungslose Unterwerfung unter die zweifelhafte Autorität eines Herrschers, dessen Mängel es um jeden Preis zu vertuschen gilt.

Der oft zitierte Satz: »Der Weg des Kriegers bedeutet zu begreifen, dass man sterben wird und sterben muss«, konnte deshalb seine jetzige Bedeutung in der Vorstellung der modernen Gesellschaft erobern, weil man hier die heldenhafte Todesverachtung prototypischer Krieger zu erkennen vermeint, wie sie in der heutigen Welt kaum noch zu finden ist. Tatsächlich geht es jedoch nicht vorrangig um die Akzeptanz des Todes als eines unvermeidlichen Bestandteils des menschlichen Lebens, sondern um das soziale Dilemma eines Kriegeradels in einer friedlichen, von gesetzlichen Statuten geregelten Gesellschaftsordnung.

Laut *Hagakure* galt es als unbedingt zu vermeiden, »Schande auf sein Haupt zu laden« und seine Ehre zu verlieren. Wenn man letzten Endes sowieso sterben würde, war es Jōchō zufolge besser, einen ehrenhaften, eines Kriegers würdigen Tod zu sterben, als sich z. B. aus einem von Gesetzes wegen verbotenen Streit herauszureden und seinen Rückzug im Nachhinein mit Hinweisen auf die Gesetzeslage zu begründen. Darum lautet der eigentliche Schlüsselsatz des *Hagakure*: »Wenn man die falsche Entscheidung trifft und überlebt, wird man zum Feigling!« Solches musste um jeden Preis verhindert werden, weil ein entsprechendes Verhalten den Verlust der Ehre und damit den sozialen Tod innerhalb der Kriegergesellschaft bedeutet hätte.

Ein Samurai, der mit diesem Dilemma konfrontiert war, konnte einen solchen Ehrverlust laut *Hagakure* nur vermeiden, indem er aufhörte, sich ans Leben zu klammern. Daher legt Jōchō auf der einen Seite höchsten Wert auf die Entschlossenheit, ohne Zögern zu sterben, sowie auf *Shinigurui*, also wie ein Berserker im Todeswahn um sich zu wüten. Auf der anderen Seite kritisiert er *Chie*, d. h. Wissen, Weisheit und Rationalität, sowie technisches Vermögen in den Künsten. Das steht im starken Kontrast zu der Tatsache, dass Japans Kriegergesellschaft Wissen und Findigkeit hoch einschätzte und besonders in der Edo-Zeit verstärkt

Wert auf die Balance zwischen Gelehrsamkeit und militärischen Fähigkeiten (*Bunbu Ryōdō*) gelegt wurde.

Stattdessen propagiert Jōchō, »eines toten Leibes« zu sein, also so zu leben, als sei man bereits gestorben, weil ein Samurai nur so in der Lage sei, seine Dienstpflicht ohne Makel zu erfüllen und seinen Status und sein Lehen an die eigenen Kinder zu vererben. Sein nachdrückliches Beharren auf absoluter Todesentschlossenheit einerseits und die Erfüllung seiner Dienstpflicht und den Erhalt seiner Familie und seiner Ehre andererseits klingt nach modernen Maßstäben paradox und zeigt die Diskrepanz zwischen Ideal und Wirklichkeit der Samurai.

Die Existenz zahlreicher handschriftlicher Kopien des *Hagakure* in Saga zeigt, dass es bis zum Ende der Edo-Zeit 1868 unter dem Kriegeradel von Saga relativ verbreitet war. Für seine Bekanntheit über die Grenzen Sagas hinaus gibt es allerdings keine Hinweise. Und obwohl eine erste gekürzte Druckversion des *Hagakure* 1906 herauskam, dauerte es bis zur Ausgabe des berühmten Moralphilosophen und Nationalideologen Watsuji Tetsurō 1940, bis das *Hagakure* einer breiten Öffentlichkeit zugänglich wurde.

Die in der zweiten Hälfte der 1930er Jahre wachsende Einflussnahme des japanischen Militärs auf alle Aspekte der japanischen Gesellschaft und die fortschreitende Kontrolle des Militärs über die japanische Politik gipfelte Ende 1941 im Eintritt Japans in den Zweiten Weltkrieg. Vor diesem Hintergrund passte das Ideal des »draufgängerischen Haudegens«, wie es im *Hagakure* vertreten wird, zur Denkart des japanischen Militärs, weil man Soldaten und Untertanen brauchte, die auch unter verzweifelten Umständen nicht aufhörten zu kämpfen.

Nach Japans Kapitulation 1945 wurde das Land durch die US-Besatzung weitgehend entmilitarisiert, martialisches Schriftgut wie das *Hagakure* wurde verboten, während wirtschaftliche Not das generelle Interesse an kriegerischem Gedankengut zum Erliegen brachte. Erst der gescheiterte Putschversuch Mishima Yukios 1970, an dessen Ende er rituellen Selbstmord beging, lenkte die öffentliche Aufmerksamkeit auf den 1967 von ihm veröffentlichten Kommentar zum *Hagakure*, ein Werk, in dem man nun die Ursachen für sein gewaltsames Ende suchte. Dies führte zu den ersten Übersetzungen des *Hagakure* ins Englische (aus diesem Grunde gehört es zu den wenigen *Bushidō*-Schriften, die in westlichen Sprachen eben als Übersetzungen aus dem Englischen, nicht aus der Originalsprache, früh erhältlich waren).

Es ist nicht übertrieben zu behaupten, dass das *Hagakure* im 20. Jahrhundert einen sehr viel größeren Einfluss auf das moderne Japan als im 18. und 19. Jahrhundert auf das feudale Japan ausüben konnte. Daher sollte man das *Hagakure* einerseits nicht aufgrund seines Missbrauchs als Quelle militaristischer Ideologie in Japan vor 1945 beurteilen, andererseits wäre es aber auch ein Fehler, es als hehre, universal gültige Philosophie misszuverstehen. Vielmehr sollte es als wertvolles Zeitdokument und als ein Stück vormoderner Literatur verstanden werden, das ein lebendiges Bild von den existentiellen Sorgen und dem Bedürfnis nach Selbstbestätigung einer von Arbeitslosigkeit bedrohten Kriegergesellschaft in Friedenszeiten präsentiert.

Inhalt